ALBRECHT ENGELMANN-PILGER

Die Grenzen der Rechtskraft des Zivilurteils im Recht der Vereinigten Staaten

Schriften zum Prozessrecht

Band 35

Die Grenzen der Rechtskraft des Zivilurteils im Recht der Vereinigten Staaten

Eine Darstellung mit rechtsvergleichenden Anmerkungen

Von

Dr. Albrecht Engelmann-Pilger

DUNCKER & HUMBLOT / BERLIN

Alle Rechte vorbehalten
© 1974 Duncker & Humblot, Berlin 41
Gedruckt 1974 bei Berliner Buchdruckerei Union GmbH., Berlin 61
Printed in Germany
ISBN 3 428 03141 5

Vorwort

Die vorliegende Arbeit ist im wesentlichen während eines Studienaufenthalts in den USA entstanden, der mir durch die großzügige Hilfe des DAAD ermöglicht wurde. Ihm und den gastfreundlichen Fakultäten der Harvard Law School und der School of Law der University of California at Berkeley bin ich zu großem Dank verpflichtet.

Insbesondere habe ich den Professoren Kaplan, Shapiro, von Mehren (Harvard Law School), Ehrenzweig, Riesenfeld, Vetter und Degnan (U.C. at Berkeley) zu danken, mit denen ich eine Reihe von anregenden Gesprächen führen durfte.

Daß ich mich entschlossen habe, ausgerechnet den vielen Schriften zum Thema der Rechtskraft eine weitere hinzuzufügen, daran ist Professor Dr. Jochen Schröder schuld, der die Arbeit angeregt und gefördert hat und dem ich an dieser Stelle für seine Hilfe danken möchte.

Daß dann nach meiner Rückkehr aus einer Kiste voller gesammelter Materialien tatsächlich noch ein kleines Buch geworden ist, verdanke ich dem Spott derer, die seine Entstehung aus nächster Nähe miterleben mußten bzw. durften.

Bonn, Herbst 1973

A. Engelmann-Pilger

Inhaltsverzeichnis

Einleitung 17

A. Die verschiedenen Wirkungen von Zivilurteilen im US-amerikanischen Recht

I. Die Lehre vom *Stare Decisis* 21

II. Die Lehre vom *Law of the Case* 23

III. Die Lehre von der *Res Judicata* 25

B. Die Rechtskraft im US-amerikanischen Zivilprozeß

I. Formelle und materielle Rechtskraft 31

II. Die dogmatische Einordnung der materiellen Rechtskraft 33
    1. „Materiellrechtliche" und „prozessuale" Rechtskrafttheorie 33
    2. Haltung des amerikanischen Prozeßrechts zu diesem Theorienstreit 34
    3. Versuch einer dogmatischen Einordnung der *Res Judicata*-Lehre ... 34
        a) Art und Weise der Geltendmachung der Rechtskraftwirkung .. 34
        b) Abweisendes Urteil: Sach- oder Prozeßurteil? 34
        c) Sprachliche Betrachtung 36

III. Materielle Rechtskraft und Parteiherrschaft 37

IV. Voraussetzungen der materiellen Rechtskraft 38
    1. Unanfechtbarkeit des Urteils? 38
    2. Wirksames Urteil — nichtiges Urteil — erschlichenes Urteil 39
    3. Art des Urteils 41
        a) (Zumindest für die Instanz) endgültiges Urteil 41
        b) Entscheidung *on the Merits* 42

V. Die objektiven Grenzen der Rechtskraft 43
    1. *Bar* und *Merger* 44
        a) Die Begriffe 44
        b) Die Dimensionen der *Cause of Action* 44
        c) Darstellung anhand von Fällen 47

aa) Fälle der unerlaubten Handlung *(Torts)* 47
    aaa) Eine unerlaubte Handlung als Ursache für die gleichzeitige Verletzung mehrerer subjektiver Recht des Klägers 47
    bbb) Eine Mehrzahl oder Kombination von einzelnen Tathandlungen als Ursache eines einzigen Verletzungserfolges 49
    ccc) Mehrere Rechtsverletzungen in zeitlicher Aufeinanderfolge als Folge eines einzigen rechtswidrigen Verhaltens 49
    ddd) Zukünftige Schäden — Fortgesetzte Beeinträchtigung von Grundstücken 50
bb) Fälle des Vertragsrechts 51
    aaa) Verschiedene Vertragsbrüche desselben Vertrages 51
    bbb) Der sog. *Separable* oder *Divisible Contract* 53
    ccc) Die Verletzung verschiedener Verträge 53
cc) Verschiedene rechtliche Begründungen für denselben Anspruch 54
dd) Präklusion des nicht vorgebrachten Tatsachenstoffs 55
ee) Die zeitliche Grenze der Tatsachen- und Anspruchspräklusion 56
ff) Allgemeine Ausnahmen von der *Rule Against Splitting of an Entire Cause of Action* 56
    aaa) Unmöglichkeit des gleichzeitigen Vorbringens aus prozessualen Gründen 56
    bbb) Täuschung durch den Prozeßgegner 56
    ccc) Versäumnis des Beklagten, die Einrede geltend zumachen 57
gg) *Merger* und *Bar* als Aspekte der Rechtskraftwirkung *gegen* den Beklagten 57
    aaa) Grundsätze von *Bar* und *Merger* gelten auch für die Widerklage 57
    bbb) *Compulsory Counterclaim Rules* 57
    ccc) Verteidigungsvorbringen zugleich Grundlage für eine Widerklage 58
    ddd) Verbot, denselben Streit in seiner Umkehrung anhängig zu machen 59

d) Vergleichende Bemerkungen 60
  aa) Die Regeln des deutschen Rechts 60
  bb) Ausnahmen im deutschen Recht 63
    aaa) Gesetzliche Ausnahmen 63
    bbb) Durch Rechtsprechung und Lehre geschaffene Ausnahmen 66
  cc) Unterschiedliche Grundauffassungen 67
  dd) Wertung der beiden Systeme 69

2. *Collateral Estoppel* 72
  a) Allgemeines 72
  b) Voraussetzungen des *Collateral Estoppel* 73
    aa) Allgemein anerkannte Voraussetzungen 73
      aaa) *Matter or Point Must Have Been Litigated* 74

bbb) *Matter or Point Must Have Been Determined* 76
ccc) *Determination of Matter or Point Must Have Been Necessary to the Result* 77
bb) Häufig geforderte zusätzliche Einschränkungen 79
aaa) Die Unterscheidung zwischen *Mediate* und *Ultimate Facts* und das Kriterium der Vorhersehbarkeit künftiger Prozeßführung 79
bbb) *Collateral Estoppel* und *Questions of Law* 81
c) Vergleichende Bemerkungen 82
aa) Das gegenwärtig in Deutschland geltende Recht 82
bb) Die Entstehungsgeschichte von § 322 ZPO im deutschen und der Doktrin vom *Collateral Estoppel* im amerikanischen Recht 86
aaa) Vom germanischen Recht zu § 322 ZPO 86
bbb) Vom germanischen Recht zur Doktrin vom *Collateral Estoppel* 90
cc) Wertung der beiden Rechtssysteme 92

VI. Die subjektiven Grenzen der Rechtskraft 98

1. Interessenlage 98
2. Grundsatz: Rechtskraftwirkung nur zwischen *Parties* und *Privies* 99
   a) *Parties* 99
   aa) Auseinanderfallen von Prozeßführungsbefugnis und materieller Rechtsinhaberschaft 100
   bb) *Purely Nominal Parties* 101
   cc) Rechtskraftwirkung zwischen Streitgenossen? 101
   dd) *Intervention* 103
   b) *Privies* 103
   aa) Allgemeines 103
   bb) Übersicht über die *Privity*-Fälle 104
   aaa) *Those Who Control* 104
   bbb) *Those Who Are Represented* 107
   (1) *Real Parties in Interest* 107
   (2) Ausdehnung des Konzepts 108
   (3) *Person with Future Interests* 109
   (4) *Class Actions* 110
   (5) *Bailor-Bailee*-Verhältnis 111
   ccc) *Nonparty Successors in Interest* 112
   (1) Rechtsnachfolge nach Urteilserlaß 112
   (2) Rechtsnachfolge während des Prozesses 113
   (3) Rechtsnachfolge vor Prozeßbeginn 114
   cc) Von der Unmöglichkeit einer vollständigen Erfassung aller *Privity*-Fälle 115

3. Ausnahmen vom Grundsatz: *Strangers* 116
   a) Die *Mutuality Rule* 116
   b) Die traditionellen Ausnahmen von der *Mutuality Rule* 118
   aa) *Nonparties with Right of Indemnity Against Parties* 118

        bb) *Nonparty Indemnitors and Nonparties Derivatively Liable without Indemnity* ... 120
        cc) Vor Prozeßbeginn erfolgte Rechtsnachfolge ... 121
        dd) Verdeckte Kontrolle der Prozeßführung ... 121
    c) Die neuere Entwicklung ... 122
    d) Vergleichende Anmerkungen ... 126
  4. Ausnahmen vom Grundsatz: *In Rem*-Urteile ... 128
    a) Vorbemerkung ... 128
    b) Die verschiedenen Verfahrenstypen ... 128
        aa) *Actions in Personam* ... 128
        bb) *Actions in Rem* ... 130
            (1) Verfahren *Strictly in Rem* ... 131
            (2) (Einfache) Verfahren *in Rem* ... 133
            (3) Verfahren *Quasi in Rem* ... 133
    c) Ausblick ... 135
  5. Der rechtsstaatliche Schutz der betroffenen Dritten ... 136
    a) Die Bedeutung der *Due Process*-Klausel ... 136
    b) Zusätzliche Sicherung der Rechte Dritter ... 137

Schrifttumsverzeichnis ... 140

Entscheidungsverzeichnis ... 149

Abkürzungsverzeichnis

A.(2d)	Atlantic Reporter (Second Series)
a. A.	anderer Ansicht
A.B.A.J.	American Bar Association Journal
Abg.	Abgeordneter
AcP	Archiv für die civilistische Praxis
aff'd	affirmed
ZAkDR	Zeitschrift der Akademie für Deutsches Recht
Ala.L.Rev.	Alabama Law Review
A.L.I.	American Law Institute
A.L.R.(2d)(3d)	American Law Reports Annotated (Second Series) (Third Series)
Amend.	Amendment
Am.J.Comp.L.	American Journal of Comparative Law
AmJur2d	American Jurisprudence, Second Series
Anm.	Anmerkung
AP	Arbeitsrechtliche Praxis
App.Div.	New York Supreme Court, Appellate Division Reports
Ariz.	Arizona; Arizona Reports
Ark.	Arkansas; Arkansas Reports
Art.	Artikel
Assn.	Association
Aufl.	Auflage
BAG	Bundesarbeitsgericht
BayObLG	Bayerisches Oberstes Landesgericht
Bd.	Band
Bem.	Bemerkung
betr.	betreffend
BGB	Bürgerliches Gesetzbuch
BGH	Bundesgerichtshof
BGHZ	Entscheidungen des Bundesgerichtshofs in Zivilsachen
Buff.L.Rev.	Buffalo Law Review
B.U.L.Rev.	Boston University Law Review
c.	chapter
Cal.(2d)	California Reports (Second Series)
Cal.C.Civ.P.	California Code of Civil Procedure
Cal.Civil Code	California Civil Code
Cal.Corp. Code	California Corporation Code
Cal.Ev. Code	California Evidence Code
CalJur2d	California Jurisprudence, Second Series
Cal.L.Rev.	California Law Review
cert.den.	certiorari denied
Cir.	Circuit
C.J.S.	Corpus Juris Secundum

Co.	Company
Colo.	Colorado; Colorado Reports
Col.L.Rev.	Columbia Law Review
Conn.	Connecticut; Connecticut Reports
Const.	Constitution
Corn.L.Q.	Cornell Law Quarterly
Corp.	Corporation
Del.	Delaware; Delaware Reports
ders.	derselbe
d. h.	das heißt
diss.	dissenting
DR	Deutsches Recht
Duke L.J.	Duke Law Journal
ed.	edition
Ed. Note	Editorial Note
EheG	Ehegesetz
Einl.	Einleitung
Entw.	Entwurf
F.(2d)	Federal Reporter (Second Series)
FamRZ	Zeitschrift für das gesamte Familienrecht
Fed.R.Civ.P.	Federal Rules of Civil Procedure
Festschr. f.	Festschrift für
Festg. f.	Festgabe für
Fn.	Fußnote
ff.	folgende
F.R.D.	Federal Rules Decisions
F.Supp.	Federal Supplement
Ga.	Georgia; Georgia Reports
Ga.App.	Georgia Appeals Reports
Geo.Wash.L.Rev.	George Washington Law Review
GG	Grundgesetz für die Bundesrepublik Deutschland
GRUR	Gewerblicher Rechtsschutz und Urheberrecht
GVG	Gerichtsverfassungsgesetz
Harv.L.Rev.	Harvard Law Review
Hast. L.J.	Hastings Law Journal
h. M.	herrschende Meinung
HRR	Höchstrichterliche Rechtsprechung (Beilage der Juristischen Rundschau)
Idaho	Idaho; Idaho Reports
i. d. R.	in der Regel
Ill.App.(2d)	Illinois Appellate Reports (Second Series)
Ill.L.Rev.	Illinois Law Review
illus.	illustration
Inc.	Incorporated
Ind.	Indiana; Indiana Reports
Ind.App.	Indiana Appellate Court Reports
Ind.L.J.	Indiana Law Journal
Ins.	Insurance
insb.	insbesondere

Iowa	Iowa; Iowa Reports
Iowa L.Rev.	Iowa Law Review
Isr.L.Rev.	Israel Law Review
i. V. m.	in Verbindung mit
i. w. S.	im weiteren Sinne
J.	Judge
Japan A.L.P.	Japan Annual of Law and Politics
J.Pub.L.	Journal of Public Law
JR	Juristische Rundschau
JuS	Juristische Schulung
JW	Juristische Wochenschrift
JZ	Juristenzeitung
Kan.	Kansas; Kansas Reports
Ky.	Kentucky; Kentucky Reports
L.Ed.(2d)	Lawyers' Edition, United States Supreme Court Reports (Second Series)
LG	Landgericht
Mass.	Massachusetts; Massachusetts Reports
m. a. W.	mit anderen Worten
Md.	Maryland; Maryland Reports
MDR	Monatsschrift für Deutsches Recht
Mich.	Michigan; Michigan Reports
Mich.L.Rev.	Michigan Law Review
Minn.	Minnesota; Minnesota Reports
Minn.L.Rev.	Minnesota Law Review
Misc.(2d)	New York Miscellaneous (Second Series)
Miss.	Mississippi; Mississippi Reports
Mo.	Missouri; Missouri Reports
Mot.	Motive
m. w. Nw.	mit weiteren Nachweisen
n.	note
N.C.	North Carolina; North Carolina Reports
N.D.	North Dacota; North Dacota Reports
N.E.(2d)	North Eastern Reporter (Second Series)
Neb.	Nebraska; Nebraska Reports
N.H.	New Hampshire; New Hamshire State Reports
N.J.Eq.	New Jersey Equity
N.J.L.	New Jersey Law
N.J.Super.	New Jersey Superior Court Reports
NJW	Neue Juristische Wochenschrift
N.L.R.B.	National Labor Relations Board
N.M.	New Mexico; New Mexico Reports
Nw.	Nachweise
N.W.(2d)	North Western Reporter (Second Series)
N.Y.(2d)	New York Reports (Second Series)
N.Y.Civ.Pr.L.R.	New York Civil Practice Law and Rules
N.Y.U.L.Rev.	New York University Law Review
N.Y.S.(2d)	New York Supplement (Second Series)

ÖJBl.	Österreichische Juristische Blätter
Ohio St.	Ohio; Ohio State Reports
Ohio App.	Ohio Appellate Reports
Okl.	Oklahoma; Oklahoma Reports
Ore.	Oregon; Oregon Reports
Ore.L.Rev.	Oregon Law Review
P.(2d)	Pacific Reporter (Second Series)
Pa.	Pennsylvania; Pennsylvania State Reports
PatG	Patentgesetz
Rdn.	Randnote
RGZ	Entscheidungen des Reichsgerichts in Zivilsachen
RHpflG	Reichshaftpflichtgesetz
R.I.	Rhode Island; Rhode Island Reports
Rkr.	Rechtskraft
Rspr.	Rechtsprechung
RsprEinhG	Gesetz zur Wahrung der Einheitlichkeit der Rechtsprechung der obersten Gerichtshöfe des Bundes
Rspr.Nw.	Rechtsprechungsnachweise
Ry.	Railway
s.	siehe
S.	Seite
S.C.	South Carolina; South Carolina Reports
S.Cal.L.Rev.	Southern California Law Review
S.Ct.	Supreme Court Reporter
S.E.(2d)	South Eastern Reporter (Second Series)
Serv.	Service
SeuffArch.	Seufferts Archiv für Entscheidungen der obersten Gerichtshöfe der deutschen Staaten
So.(2d)	Southern Reporter (Second Series)
sog.	sogenannt
Stan.L.Rev.	Stanford Law Review
StVG	Straßenverkehrsgesetz
St.Louis U.L.J.	St. Louis University Law Journal
Supp.	Supplement
SV	Sachverhalt
S.W.(2d)	South Western Reporter (Second Series)
Tenn.	Tennessee; Tennessee Reports
Tenn.L.Rev.	Tennessee Law Review
Tex.	Texas; Texas State Reports
Tex.L.Rev.	Texas Law Review
Tul.L.Rev.	Tulane Law Review
u. a.	unter anderem; und andere
U.Chi.L.Rev.	University of Chicago Law Review
U.C.	University of California
U.C.L.A.L.Rev.	University of California at Los Angeles Law Review
U.Pa.L.Rev.	University of Pennsylvania Law Review
U.S.	United States Supreme Court Reports
U.S.C.A.	United States Code Annotated
usw.	und so weiter
Utah	Utah; Utah Reports

v.	versus
Va.	Virginia; Virginia Reports
Va.L.Reg.(n.s.)	Virginia Law Register, New Series
Va.L.Rev.	Virginia Law Review
vgl.	vergleiche
vol.	volume
Vorbem.	Vorbemerkung
Vt.	Vermont; Vermont Reports
Wash.(2d)	Washington Reporter (Second Series)
Wash.L.Rev.	Washington Law Review
Wisc.L.Rev.	Wisconsin Law Review
WPM	Wertpapier-Mitteilungen
W.Va.	West-Virginia; West Virginia Reports
Yale L.J.	Yale Law Journal
z. B.	zum Beispiel
ZfRV	Zeitschrift für Rechtsvergleichung
Ziff.	Ziffer
ZPO	Zivilprozeßordnung
Zshg.	Zusammenhang
z. T.	zum Teil
ZZP	Zeitschrift für Zivilprozeß

Einleitung

Der Zivilprozeß als rechtlich besonders geregeltes Verfahren zur Feststellung und in bestimmten Fällen auch zur Gestaltung vorwiegend privater Rechte durch die Zivilgerichte verfolgt ein zweifaches Ziel: Er dient einmal der Bewährung des materiellen Rechts[1], zum zweiten der Schaffung und Erhaltung von Rechtsgewißheit und Rechtsfrieden[2, 3].

---

[1] Die Frage, ob diese Rechtsbewährung in erster Linie als Schutz subjektiver privater Rechte zu verstehen ist oder umgekehrt dieser Schutz nur reflexmäßige Folge der Bewährung des objektiven Rechts ist, kann nicht vom jeweiligen verfassungsmäßig vorgegebenen Staats- und Menschenbild losgelöst werden; ihre Beantwortung kann daher in dieser oder jener Zeit und in diesem oder jenem Land anders ausfallen. Für das Recht der Bundesrepublik wird man die Durchsetzung der subjektiven Rechte des einzelnen als eigentliche Aufgabe des Zivilprozesses betrachten dürfen, die Bewährung des objektiven Rechts nur als notwendige Folge; vgl. z. B. Stein-Jonas-Pohle, Einl. C I; Grunsky, § 1 II; Rosenberg-Schwab, § 1 III 2; Baur, S. 103; für ein „Sowohl-als-auch" Gaul, AcP 168 (1968), 46 f.
  a. A. Pawlowski, ZZP 80 (1967), 345 ff., der — ausgehend von Sinn und Zweck der Revisionsinstanz — die Bewährung des objektiven Rechts und die Rechtsfortbildung für vorrangig gegenüber der „Schutzfunktion" des Zivilprozesses hält, der im übrigen aber von einer Identität der Interessen des einzelnen und der Allgemeinheit am Prozeß ausgeht (S. 356 ff.).

[2] Im wesentlichen besteht hier Einigkeit in der Lehre; unterschiedlich beurteilt wird allein die von einigen Autoren aufgeworfene Frage nach der Rangordnung der Zwecke; vgl. z. B. Stein-Jonas-Pole, Einl. C VI; Grunsky, § 1 II; Rosenberg-Schwab, § 1 III 2, 3.
  In jüngerer Zeit wird zusätzlich immer stärker die Rechtsfortbildung als Aufgabe des Prozesses herausgestellt; vgl. Blomeyer, § 1 I; Stein-Jonas-Pohle, Einl. C V; Lent-Jauernig, § 1 II.

[3] Grundsätzlich gegen diese — seiner Ansicht nach widersprüchliche — Doppelformel zur Umschreibung des Prozeßzwecks wendet sich aus rechtssoziologischer Sicht Luhmann, S. 16 ff. Nach Luhmann ist die Rechtsschutz und Rechtsfrieden beinhaltende Doppelformel Ergebnis des Bemühens, mit dem Problem der unrichtigen Entscheidungen fertig zu werden. Damit aber komme ein Moment der Beliebigkeit in die Institution, das den Sinn des Verfahrens aufhebe. In der Tat legt diese Doppelformel den Verdacht nahe, daß hier von den Prozeßfolgen rückschließend eine Aussage über den bestimmungsgemäßen Prozeßzweck versucht wird und daß das, was dabei zum selbständigen Prozeßzweck erhoben wird, in Wahrheit nichts anderes als der Zweck der Rechtskraft ist. Aber dieser Verdacht ist unbegründet: daß außer der Rechtsbewährung auch die Wahrung des Rechtsfriedens zu den ureigensten Zwecken des Zivilprozesses gehört, läßt sich schon historisch aus dem Verbot der Selbsthilfe herleiten; vgl. dazu z. B. Gaul, AcP 168 (1968), 59.

Im „Ideal- und Regelfall"[4], in welchem die Endentscheidung des konkreten Verfahrens der wirklichen Rechtslage entspricht, realisiert der Richterspruch beide Zielsetzungen uno actu. Da aber die Prozeßordnung und die Durchführung des Prozesses im Einzelfall das Werk unvollkommener Menschen sind, besteht stets die Möglichkeit eines unrichtigen Urteils. Auch Rechtsmittelsysteme mindern nur die Gefahr eines Fehlurteils, schließen sie aber nicht aus.

Demnach läßt sich das Ziel der Rechtsbewährung nie absolut verwirklichen; ihr Relativitätsgrad ist auch durch eine Verlängerung des Instanzenzuges über zwei oder drei Instanzen hinaus nicht wesentlich zu vermindern. Andererseits schiebt jede Anfechtung, ja bereits die bloße Möglichkeit der Anfechtung die Rechtsgewißheit zumindest hinaus. Daher ist es von der Sache her geboten, den aus der gedanklichen Möglichkeit der Unrichtigkeit jedes Urteils resultierenden potentiellen Konflikt zwischen der Gerechtigkeitsidee und dem Ordnungszweck des Prozesses zum Ausgleich zu bringen. Das Urteil wird zwar grundsätzlich der Anfechtbarkeit unterworfen; diese Anfechtbarkeit findet jedoch ihre Begrenzung im ordentlichen Rechtsmittelzug und durch die Einführung von Rechtsmittelausschlußfristen. So wird der potentielle Konflikt zwischen Gerechtigkeitsidee und Ordnungszweck durch eine Dominanz der Friedensfunktion des Prozesses gelöst[5].

Das Prinzip der Rechtskraft hindert eine Fortsetzung des Streites in demselben Verfahren („formelle" Rechtskraft) und normiert die Verbindlichkeit der Entscheidung auch für ein *neues* Verfahren, das entweder denselben Streitgegenstand hat oder in dem die abgeurteilte Frage Vorgreiflichkeit erlangt („materielle" Rechtskraft). Der oben schon angedeutete Konflikt zwischen dem Ziel der Gerechtigkeitsverwirklichung im Einzelfall und dem öffentlichen Interesse an einer möglichst rationellen und zügigen Entscheidung von Rechtsstreitigkeiten spitzt sich zu bei der Bestimmung der subjektiven Grenzen der Rechtskraft, wenn es also um die Frage geht, ob und in welchem Maße andere als die unmittelbar den Prozeßverlauf bestimmenden Parteien von der Endgültigkeit der Entscheidung berührt werden. Im deutschen Recht wird hier in letzter Zeit gegen eine allzu weite Ausdehnung der Urteilswirkungen auf Dritte immer mehr der mit Verfassungsrang ausgestattete Gedanke des Anspruchs auf rechtliches Gehör (Art. 103 GG) in die Argumentation eingeführt[6].

---

[4] So Habscheid, Festschr. f. Fragistas, S. 3.
[5] Vgl. Habscheid, Festschr. f. Fragistas, S. 4.
[6] Vgl. BVerfG 21, 132; BayObLG FamRZ 1966, 639 mit Anm. von Grunsky; Schlosser, Gestaltungsklagen, S. 164 ff.; ders., JZ 1967, 431 ff.; Brox, FamRZ 1963, 397, rückt Art. 19 IV GG in den Vordergrund; Grunsky, §§ 25 II 2, 47 VI 1, 49; ablehnend Stein-Jonas-Pohle, vor § 128 Anm. IX 2 a *(Forts. S. 19).*

Die einleitenden Überlegungen dürften bereits aufgezeigt haben, daß die Rechtskraft[7] ein universelles Rechtsinstitut ist[8], auf das kein Rechtssystem verzichten kann, und das sich infolgedessen geradezu zur vergleichenden Betrachtung anbietet[9, 10]. Um so erstaunlicher ist die Tatsache, daß die Rechtskraft bislang von der vergleichenden Prozeßrechtswissenschaft ausgesprochen stiefmütterlich behandelt worden ist; das gilt insbesondere für einen Vergleich mit den Rechtsordnungen des anglo-amerikanischen Rechtskreises[11]. Die vorliegende Untersuchung will in dieser Hinsicht eine Lücke schließen. Um eine Lücke handelt es sich deshalb, weil — wie sich ergeben wird — die Kenntnis der anglo-amerikanischen Rechtskraftlehre keineswegs nur für die spezielle, internationalprozeßrechtliche Problematik der Anerkennung ausländischer Urteile im amerikanischen Recht[12] und amerikanischer Urteile im deutschen Recht[13], sondern darüber hinaus auch noch für eine Vielzahl anderer Problemkreise interessant ist, insbesondere für die Frage, wie man die ohnehin schon überlasteten Gerichte vor exzessiver Prozeßführung über gleiche oder ähnliche Streitfragen schützen kann.

Der Rechtsvergleicher muß allerdings vor zu hochgespannten Erwartungen gewarnt werden; denn Amerika ist auf dem Gebiete des Zivilprozesses in vielen Bereichen hinter der kontinentaleuropäischen Entwicklung zurückgeblieben[14].

Beachte neuerdings auch § 640 e ZPO, der eine Beiladung des Kindes im Verfahren in Kindschaftssachen für notwendig erklärt.
Gegen eine Ausdehnung des Rechts auf rechtliches Gehör auf nicht unmittelbar am Verfahren Beteiligte Stein-Jonas-Pohle, vor § 128 Anm. IX 2 a; Stein-Jonas-Schumann-Leipold, § 325 Anm. I 1 (Fn. 2).
[7] Die anglo-amerikanische Rechtssprache verwendet den gemeinrechtlichen Begriff der „res judicata", der aus dem römischen Recht übernommen worden ist.
[8] Vgl. Habscheid, Festschr. f. Fragistas, S. 5; Vestal, S. 501; Lauterpacht, S. 204; Schlesinger, S. 326; Millar, 39 Mich.L.Rev. 1, 2 (1940); Ed. Note, 65 Harv.L.Rev. 818, 821 (1952); Arkansas Gates v. Mortgage Loan and Insurance Agency, 200 Ark. 276, 284, 139 S.W.2d 19, 23 (1940): "The doctrine of res judicata is a principle of universal jurisprudence forming part of the legal systems of all civilized nations ..."
[9] Vgl. Esser, S. 346 ff.
[10] Das gilt um so mehr, als die Rechtskraftlehre als „der wohl schwierigste, aber andererseits auch einer der interessantesten und lohnendsten Teile des Prozeßrechts" gilt; so z. B. Grunsky, Vorbem. zu § 47.
[11] Vgl. Einmahl, Buchbesprechung (Geimer-Schütze, Internationale Urteilsanerkennung II, München 1971), NJW 1972, 1612; die bisher einzigen Darstellungen in deutscher Sprache sind: Mendelssohn Bartholdy, S. 197 ff. (zwischenzeitlich völlig überholt); Peterson, S. 61 ff.; Cohn, Festschr. f. Nipperdey, S. 875.
[12] Vgl. hierzu Peterson, S. 61 ff.
[13] Vgl. dazu Stein-Jonas-Schumann-Leipold, § 328 Anm. I 1a; Baumbach-Lauterbach, § 328 Anm. 1 c; Geimer, S. 27; Riezler, S. 520; Müller, ZZP 79 (1966), 205 f.
[14] Zu weitgehend wohl Ehrenzweig, ZfRV 1960, 146, der Amerika auf dem Gebiete des Zivilprozesses ganz allgemein um ein Jahrhundert zurückgeblieben wähnt.

Die Arbeit handelt über die Rechtskraftlehre des US-amerikanischen[15] Rechts allgemein, nicht über die des Rechts eines einzelnen Staates der USA[16]. Zwar kann das geltende Zivilprozeßrecht in den Vereinigten Staaten noch keineswegs als einheitlich bezeichnet werden[17], aber auf dem Gebiete der res judicata weichen die einzelstaatlichen Regelungen nur in relativ unwichtigen Detailfragen voneinander ab.

Darüber hinaus kann die amerikanische Rechtskraftlehre — in ihrer Grundkonzeption jedenfalls — als repräsentativ für das Recht des gesamten anglo-amerikanischen Rechtskreises auf diesem Gebiet angesehen werden.

Das Recht der res judicata ist so gut wie ausschließlich common law (i. S. von ungeschriebenem Recht)[18]. Soweit es sich aber bei der Beschreibung der Einordnung der Doktrin des res judicata in den Rahmen des amerikanischen Zivilprozesses als nötig erweist, auf andere Aspekte des amerikanischen Prozeßrechts einzugehen, wird vornehmlich Bezug genommen auf die Bestimmungen der *Federal Rules of Civil Procedure*, die für die unteren Bundesgerichte und den obersten Bundesgerichtshof gelten, und auf die der beiden fortschrittlichsten einzelstaatlichen Prozeßordnungen, der *New York Civil Practice Law and Rules* und des *California Code of Civil Procedure*.

---

[15] Der Einfachheit halber wird im folgenden das Wort amerikanisch synonym für US-amerikanisch gebraucht.
[16] Die Ordnung des Zivilprozesses an den einzel-staatlichen Gerichten in den USA ist Angelegenheit der jeweiligen Einzelstaaten.
[17] Vgl. z. B. Farnsworth, S. 98.
[18] Vgl. Vestal, S. 504 ff.

A. Die verschiedenen Wirkungen von Zivilurteilen im US-amerikanischen Recht

Bevor sich die Untersuchung ihrem eigentlichen Thema, der Rechtskraft, zuwendet, sind einige Anmerkungen zu den übrigen Wirkungen eines Zivilurteils im amerikanischen Recht angebracht.

Der umfangreichste der einschlägigen Kommentare des amerikanischen Zivilprozesses kennt außer der *res judicata* nur noch zwei Urteilswirkungen: die aus den Doktrinen vom *stare decisis* und vom *law of the case* folgenden Wirkungen[1].

I. Die Lehre vom Stare Decisis[2]

Jedes Präjudiziensystem basiert auf einer Grundnorm, die die Verbindlichkeit der Vorentscheidung gebietet. Im anglo-amerikanischen Rechtskreis ist dies die Doktrin vom *stare decisis*. Sie baut auf dem Grundsatz auf, daß im Rahmen eines souveränen Jurisdiktionsbereichs der spätere Richter an das von dem früheren Richter entdeckte und im konkreten Fall angewendete Recht gebunden ist[3]; die Entscheidungen in den Präzedenzfällen sind „bindend" *(are binding on the courts)*, d. h. sie müssen befolgt werden — und zwar grundsätzlich ohne Rücksicht darauf, ob die Entscheidung dem späteren Richter richtig oder falsch erscheint. Jede Entscheidung enthält nicht nur die Lösung eines individuellen Streitfalls, sondern ein Rechtsprinzip, das auf spätere gleiche Fälle anzuwenden ist. Das *stare decisis* ist notwendig zur Wahrung von Rechtsgleichheit und Rechtssicherheit. Ohne bindende Kraft von Präzedenzfällen würden Prozesse angestrengt in der Hoffnung, einen Richter

---

[1] 1B Moore's Federal Practice, § 0.401.
[2] Vgl. hierzu generell: Catlett, 21 Wash.L.Rev. 158 ff. (1946); Moore-Oglebay, 21 Tex.L.Rev. 514 ff. (1943); von Mehren, S. 826 ff.; Fulda, S. 31 f. und 47 ff.; Farnsworth, S. 45 ff.; Schlesinger, S. 410 ff.; Blumenwitz, S. 21 ff.; für das englische Recht: David, S. 124 ff.; Cross, Precedent in English Law, 1968; Radbruch, S. 46 ff.; Esser, S. 183 ff., 275 ff.
[3] Der früher durch Präjudiz ausgesprochene Rechtssatz ist allerdings nur insoweit verbindlich, als er zu der Entscheidung des damaligen Rechtsfalles notwendig war; ist er damals weiter gefaßt worden, als notwendig gewesen wäre, so ist er insoweit nicht eine für die Zukunft maßgebliche ratio decidendi *(holding)*, vielmehr ein unmaßgebliches obiter dictum *(dictum)* des Richters. Die Literatur zu dem Umgang mit Präjudizien ist unübersehbar; vgl. für alle Farnsworth, S. 50 f.; Blumenwitz, S. 28 ff. m. w. Nw.

mit einer anderen Auffassung zu finden. Außerdem nimmt die Rechtsprechung dadurch einen objektiven und unpersönlichen Charakter an[4].

Das Prinzip vom *stare decisis* kann aber nicht ausnahmslos gelten. Es wird in jedem System immer wieder vorkommen, daß eine frühere Entscheidung als irrig oder mit dem modernen Rechtsempfinden unvereinbar angesehen wird, gleichviel ob die frühere Entscheidung das ungeschriebene *Common Law* anwandte oder eine Gesetzesauslegung[5] enthielt. Zur Lösung des damit entstehenden Konflikts zwischen Rechtssicherheit und materieller Gerechtigkeit wird den Gerichten die Befugnis zuerkannt, vom Präzedenzfall abzuweichen. Die Bereitschaft hierzu hängt in hohem Maße von der rechtlichen Materie des Falles, dem Rang des Gerichts in der hierarchischen Gerichtsorganisation und der allgemeinen Aufgeschlossenheit des Gerichts gegenüber den Entwicklungen in der Gesellschaft ab; in manchen Staaten findet man eine stärkere Tendenz zur Mißbilligung von Präzedenzfällen als in anderen[6]. Letzten Endes dürfte das Resultat davon abhängen, ob das Gericht von dem Unrecht der bisherigen Rechtsprechung in so hohem Maße überzeugt ist, daß es deren Fortbestand vom Standpunkt des öffentlichen Interesses und einer gesunden „Fortbildung" des Rechts für unerträglich hält[7].

Obwohl nach der traditionellen Theorie[8] der deutsche Richter kein Schöpfer des Rechts und Entscheidungen keine bindenden Präzedenzfälle sind, ist auch dem deutschen Richter der gerade dargestellte Konflikt geläufig. Denn es ist kein Geheimnis, daß Theorie und Wirklichkeit auf diesem Gebiet sehr weit auseinanderfallen. Am deutlichsten geht dies aus den §§ 136, 137 GVG und §§ 1, 2 RsprEinhG hervor[9]. § 136 GVG bestimmt die Zuständigkeit der Großen Senate für Zivil- und Strafsachen in allen Fällen, in denen ein Zivilsenat oder Strafsenat von der

---

[4] Vgl. Catlett, 21 Wash.L.Rev. 158 (1946); Farnsworth, S. 50 ff.; Fulda, S. 32.
[5] Neben dem ungeschriebenen *Common Law* gewinnt im anglo-amerikanischen Rechtskreis das geschriebene, von gesetzgebenden Körperschaften gesetzte Recht ständig an Umfang und Bedeutung *(statute law)*.
[6] Vgl. Blumenwitz, S. 38 f.; Fulda, S. 48.
[7] Vgl. Fulda, S. 48 ff. (mit Beispielen); 1B Moore, § 0.402 (3); Lüderitz, AcP 168 (1968), 336.
[8] Zunehmend geht man aber der Frage nach, ob die Rücksichtnahme der Praxis auf Präjudizien nicht etwa nur ein bemerkenswerter rechtssoziologischer Befund ist, sondern normative Dignität besitzt, und dies letztere nicht nur dann, wenn ein „Gerichtsgebrauch" zum Gewohnheitsrecht erstarkt. Vgl. dazu Esser, S. 267 ff.; ders., Festschr. f. v. Hippel, S. 95 ff.; Larenz, AT, S. 9 f.; ders., Festschr. f. Schima, S. 247 ff. (Präjudizien, sofern sie „richtig" sind, „Rechtserkenntnisquelle"!, die „Richtigkeit" hat Vorrang vor dem Postulat, gleichliegende Fälle gleich zu entscheiden); Kruse, Das Richterrecht als Rechtsquelle des innerstaatlichen Rechts, 1971; Meyer-Cording, S. 66 ff.
[9] Vgl. auch §§ 121 II GVG, 28 II FGG, Art. III des 3. MietRÄndG.

Entscheidung eines anderen Senats abweicht; § 137 GVG besagt, daß der Große Senat in Fragen von „grundsätzlicher Bedeutung" entscheide, „wenn nach seiner Auffassung die Fortbildung des Rechts oder die Sicherung einer einheitlichen Rechtsprechung es erfordert". Nach § 2 RsprEinhG schließlich entscheidet der Gemeinsame Senat, „wenn ein oberster Gerichtshof in einer Rechtsfrage von der Entscheidung eines anderen obersten Gerichtshofs oder des Gemeinsamen Senats abweichen will". Diese Vorschriften zeigen, daß Widersprüche zwischen Entscheidungen höherer Gerichte vermieden werden sollen und daß die Rechtsentwicklung bzw. -fortbildung nicht nur dem Gesetzgeber, sondern auch dem höchsten Gericht obliegt. Damit ist aber die angebliche Unvereinbarkeit der deutschen und anglo-amerikanischen Auffassung von der Natur der richterlichen Tätigkeit sehr stark in Frage gestellt[10]. Denn wenn einer einmal gefällten Entscheidung keine Bedeutung zukäme, dann wäre eine spätere Abweichung eines anderen Senats bzw. obersten Gerichtshofs kein Problem. Die Abweichung ist aber deshalb so bedeutsam, weil die höchstrichterliche Rechtsprechung als autoritativ angesehen wird und werden soll[11].

II. Die Lehre vom Law of the Case[12]

Die Doktrin vom *law of the case* steht in enger Verwandtschaft zur Rechtskraftlehre[13]. Sie verbietet dem Revisionsgericht, von der eigenen Entscheidung in Rechtsfragen abzuweichen, wenn der Fall — nach vorher erfolgter Zurückverweisung an das Prozeßgericht — durch erneutes Einlegen eines Rechtsmittels zum zweitenmal dem Revisionsgericht zur Entscheidung vorgelegt wird.

In früheren Zeiten wurde diese Doktrin genauso strikt und ausnahmslos angewandt wie die Regeln der Rechtskraft. Das galt sogar dann, wenn in der Zwischenzeit die Rechtsauffassung des Rechtsmittelgerichts *overruled* worden war durch eine eigene Entscheidung oder durch die Entscheidung eines anderen Gerichts in einem anderen, aber rechtlich gleichgelagerten Fall, an die das Revisionsgericht normalerweise wegen des Prinzips vom *stare decisis* gebunden gewesen wäre[14].

---

[10] Vgl. Zweigert-Kötz, Bd. I, S. 318; Esser, S. 14 ff.; Kriele, S. 245; Fulda, S. 47; Blumenwitz, S. 28.
[11] Vgl. dazu die oben in Fn. 8 genannten Autoren.
[12] Vgl. dazu allgemein: 1B Moore, § 0.404; Moore-Oglebay, 21 Tex.L.Rev. 514 (1943).
[13] Vgl. Ed. Note, 65 Harv.L.Rev. 818, 822 (1952).
[14] Vgl. Ed. Note, 65 Harv.L.Rev. 818, 822 (1952).

Mittlerweile wird die Anwendung der Grundsätze vom *law of the case* ganz überwiegend in das Ermessen der Gerichte gestellt[15]. In der Regel ist eine erneute Überprüfung der in der ersten Entscheidung enthaltenen Rechtsauffassung unzulässig bei bloßen Zweifeln an der Richtigkeit[16], zulässig dagegen in Fällen offensichtlichen Irrtums *(palpable error)* oder unerträglicher Ungerechtigkeit *(manifest injustice)*[17].

Die soeben dargestellte Lehre vom *law of the case* darf keinesfalls als unmittelbare Entsprechung zur sog. „innerprozessualen Bindungswirkung" des § 318 ZPO aufgefaßt werden, die von der herrschenden deutschen Prozeßrechtslehre als besondere, eigenständige, wenn auch mit der Rechtskraft verwandte Urteilswirkung verstanden wird[18].

§ 318 ZPO bestimmt, daß das Gericht die von ihm erlassene Entscheidung nicht mehr abändern kann und an ihren Inhalt gebunden ist. Ein solcher Gedanke ist dem amerikanischen Prozeßrecht fremd[19]. Vielmehr kann dort das Gericht bei Vorliegen besonderer Gründe innerhalb bestimmter Fristen die eigene Entscheidung überprüfen, abändern oder sogar für nichtig erklären und eine neue Verhandlung anordnen; das kann auf eigene Initiative oder auf Antrag der Parteien geschehen[20].

Allerdings wird für das deutsche Recht aus § 318 ZPO auch die Regel abgeleitet, die der Lehre vom *law of the case* weitgehend entspricht: Wird nach einer Zurückverweisung in der Berufungs- oder Revisionsinstanz erneut ein Rechtsmittel eingelegt, dann hat das Berufungs- oder Revisionsgericht bei seiner Entscheidung die rechtliche Begründung des in der gleichen Sache bereits erlassenen Berufungs- oder Revisionsurteils zu beachten[21].

---

[15] Vgl. 1B Moore, § 0.404 (2—4).
[16] Vgl. Bruce v. O'Neal Flying Serv., Inc., 234 N.C. 79, 66 S.E.2d 312 (1951); White v. Higgins, 116 F.2d 312 (1940).
[17] Vgl. Connecticut Gen. Life Ins. Co. v. Bryson, 148 Tex. 86, 219 S.W.2d 799 (1949).
Ein weitgehend anerkannter Grund, die erste Rechtsauffassung zu mißachten, ist eine zwischenzeitliche Änderung des Rechts durch Gesetz oder Präzedenzfall; vgl. z. B. Petty v. Clark, 113 Utah 205, 192 P.2d 589 (1948) — durch Gesetz; Stephens v. Coca-Cola Bottling Co., 232 S.W.2d 181 (1950) — durch Präzedenzfall.
[18] Vgl. Stein-Jonas-Schumann-Leipold, § 322 Anm. II 2 und § 318 Anm. I 1.
[19] Vgl. Schopflocher, 1940 Wisc.L.Rev. 234, 256.
[20] Vgl. Fed.R.Civ.P. 59, 60 (b); Cal.C.Civ.P. §§ 473, 657; James, § 11.5.
[21] Modifizierend jetzt der Gem.S.d.OBG NJW 1973, 1273 f. = BGHZ 60, 392 (396)): Keine Bindungswirkung, wenn das Revisionsgericht seine der Zurückweisung zugrunde liegende Rechtsauffassung vor seiner zweiten Entscheidung geändert *und* bekanntgegeben hat; allerdings wird nach dieser Entscheidung die Selbstbindung des Revisionsgerichts im zweiten Rechtsgang nicht mehr aus § 318 ZPO hergeleitet, da dieser keine Bindung an die rechtlichen Gründe anordne, sondern als Folgewirkung des § 565 II ZPO begriffen.

III. Res Judicata

Nach der heute herrschenden Terminologie umfaßt der Begriff der *res judicata* sämtliche Präklusionswirkungen, die ein (ordnungsgemäß verkündetes) Urteil zugunsten oder zuungunsten einer der Parteien in einem späteren Prozeß entfaltet[22]. Das gilt auch für die sog. *collateral estoppel*-Wirkung[23], die man lange Zeit nicht unter den *res judicata*-Begriff einordnen wollte[24].

Unter den Begriff der *res judicata* müßten somit auch zwei Urteilswirkungen fallen, die im deutschen Recht als von der Rechtskraft wesensmäßig verschieden angesehen werden: die sog. „Tatbestandswirkung" und die „Gestaltungswirkung". Von einer Tatbestandswirkung (auch Nebenwirkung)[25] spricht man, wenn bestimmte weitere Rechtsfolgen an den Erlaß eines Urteils geknüpft sind, wenn also der Erlaß des Urteils als Tatbestandsmerkmal in einer Rechtsnorm auftaucht[26].

Ob im anglo-amerikanischen geschriebenen oder nichtgeschriebenen Recht an irgendwelchen Stellen eine Tatbestandswirkung angeordnet wird, dürfte schwierig festzustellen sein; denn es ist in Rechtsprechung und Prozeßrechtsliteratur — soweit ersichtlich — eine „Tatbestandswirkung"[27] als eigenständiges Phänomen weder anerkannt noch dogmatisch einzuordnen versucht worden.

Man wird aber wohl davon ausgehen können, daß zumindest der Gesetzgeber hin und wieder von einer solchen Technik Gebrauch gemacht hat. Das Fehlen einer entsprechenden theoretischen Durchdringung darf an dieser Stelle nicht erstaunen; denn soweit sich die Tatbestandswirkung ausschließlich im Verhältnis der Prozeßparteien zuein-

---

[22] Vgl. Restatement of Judgments, Introductory Note, c. 3, S. 160 f.; James, § 11.9; Scott, 56 Harv.L.Rev. 1 f. (1942); Vestal, S. 6; Ed. Note, 65 Harv.L.Rev. 818, 820 (1952).
[23] Vgl. hierzu unten Teil B V 2.
[24] Vgl. zur Geschichte des Begriffs unten Teil B V 2 zu u. in Fn. 98 ff.
[25] Grundlegend hierzu Kuttner, Die privatrechtlichen Nebenwirkungen der Zivilurteile, 1908.
[26] Vgl. Stein-Jonas-Schumann-Leipold, § 322 Anm. II 5.
[27] Das Restatement of Judgments würde wohl auch hier den Begriff vom *judgment as an operative fact* verwenden, den es gebraucht, wenn in einer vertraglichen Vereinbarung die Verpflichtung des einen Teils an die aufschiebende Bedingung des Erlasses eines Urteils zwischen den beiden Vertragsschließenden oder Dritten geknüpft wird. Eine solche Vereinbarung findet sich i. d. R. im Verhältnis zwischen Haftpflichtversicherer und Versicherungsnehmer: Der Versicherungsschutz ist zu gewähren, ohne daß noch einmal nachzuprüfen ist, ob der Versicherte im Haftpflichtprozeß zu Recht verurteilt worden ist; vgl. Restatement of Judgments § 111; Vestal, S. 205 f.
Im deutschen Recht wird hier häufig von einer Tatbestandswirkung aufgrund Vertrages gesprochen; vgl. z. B. Huber, JuS 1972, 623 f.

ander äußert, wirft sie keine besonderen Probleme auf[28], ist also uninteressant für eine Prozeßrechtslehre, die „ihrem Wesen nach keine analytisch-dogmatische Darstellung eines Systems von Rechtssätzen", sondern mehr eine praktische „Kunstlehre" ist[29].

Anders sehen die Dinge bei einer Tatbestandswirkung zu Lasten Dritter aus. Hier fragt sich — wie auch bei der Rechtskraft und der Gestaltungswirkung — ob Dritte ohne weiteres den Tatbestandswirkungen unterworfen werden können, ohne die Möglichkeit gehabt zu haben, im Verfahren ihren Standpunkt geltend zu machen[30]. Eine solche Tatbestandswirkung zu Lasten Dritter gibt es im amerikanischen Recht mit Sicherheit nicht; denn angesichts der überragenden Bedeutung der *due process*-Klausel[31] der amerikanischen Verfassung für das Prozeßrecht wären derartige Fälle sonst schon längst Gegenstand von gerichtlichen Entscheidungen und von Darstellungen der subjektiven Grenzen der Rechtskraft und ähnlicher Urteilswirkungen geworden. Weder in der Literatur noch in der Unzahl von Entscheidungen zur *due process*-Klausel und dem daraus fließenden fundamentalen Verfahrensgrundsatz, daß jeder von einer Entscheidung Betroffene seinen *day in court* und eine *opportunity to be heard* gehabt haben müsse, finden sich Hinweise auf eine etwaige Tatbestandswirkung zu Lasten Dritter.

Anders verhält es sich mit der Urteilswirkung, die im deutschen Recht als „Gestaltungswirkung" bezeichnet wird und die bei Urteilen, die eine Änderung der Rechtslage, über die entschieden wird, herbeiführen, neben die Rechtskraft tritt[32].

---

[28] Vgl. Grunsky, § 49.
[29] Vgl. (für das engl. Recht) Cohn, Festschr. f. Nipperdey, S. 880.
[30] In Deutschland ist das Problem bisher vorwiegend für § 6 EheG erörtert worden (vgl. Schlosser, Gestaltungsklagen, S. 171 f., 217), doch stellt es sich im Hinblick auf Art. 19 IV, 103 I GG und das Rechtsstaatsprinzip ganz allgemein.
[31] Vgl. dazu unten Teil B VI 5 a.
[32] Dagegen wurde bei Urteilen, die eine Gestaltung aussprechen, die materielle Rkr. früher überwiegend verneint. Die jetzt vorherrschende Lehre spricht aber mit Recht auch den Gestaltungsurteilen materielle Rkr. zu. Zwar wird die Rechtsgestaltung selbst durch die Gestaltungswirkung herbeigeführt, ohne daß es dazu der Annahme einer materiellen Rkr. bedürfte. Werden aber z. B. Schadensersatz- oder Bereicherungsansprüche mit der Begründung erhoben, die Gestaltung sei zu Unrecht erfolgt, so steht dem die Gestaltungswirkung des ersten Urteils nicht entgegen. Richtiger Ansicht nach müssen aber diese Ansprüche durch die materielle Rkr. des Gestaltungsurteils ebenso ausgeschlossen sein, wie etwa die Rkr. des Leistungsurteils einer Rückforderung oder einem Schadensersatzanspruch wegen Nichtbestehens der Schuld entgegensteht. Es ist also eine materielle Rkr. des Gestaltungsurteils anzuerkennen, durch die das Bestehen des Gestaltungsgrundes (die Berechtigung zur Herbeiführung der Gestaltung) festgestellt wird; vgl. BAG NJW 1973, 1902 (1904); Grunsky, § 47 IV 2; Rosenberg-

III. Res Judicata 27

Natürlich gibt es auch im amerikanischen Recht Urteile, die man hierzulande als Gestaltungsurteile bezeichnet: Auch in den USA werden Ehen geschieden oder für nichtig erklärt; Schiedssprüche können gerichtlich für ungültig erklärt werden[33]; *partnerships* und juristische Personen können durch Gerichtsbeschluß aufgelöst und liquidiert werden[34, 35]; bestimmte Hauptversammlungsbeschlüsse können für nichtig erklärt werden[36]; Patente können für nichtig erklärt werden[37]; wie im Falle des § 315 III BGB kann unter bestimmten Voraussetzungen die Inhaltsbestimmung einer Leistung vom Gericht getroffen werden[38], und dergleichen mehr.

Diese Art von Urteilen wird allerdings im amerikanischen Prozeßrecht weder als besondere, eigenständige Urteilsart begriffen, noch wird sie begrifflich von den Leistungs- und Feststellungsurteilen *(judgments for coercive relief, ordering judgments, executory judgments* und *declaratory judgments)* geschieden. Wenn man sich überhaupt einmal mit der kontinentaleuropäischen Urteilslehre auseinandersetzt, dann wird zunächst einmal bezweifelt, daß diese „Gestaltungsurteile"[39] analytisch etwas von den Feststellungsurteilen Verschiedenes seien[40]. und es wird versucht, eine Verbindung herzustellen mit einer für das anglo-amerikanische Prozeßrecht ebenso fundamentalen wie für uns fremdartigen Einteilung der Urteile in *in personam-, in rem-* und *quasi in rem judgments*[41].

Die Einteilung der Urteilsarten wird an einer anderen Stelle dieser Arbeit noch eingehender zu untersuchen sein[42]. Im gegenwärtigen Zusammenhang soll die Feststellung genügen, daß man einigen der als

---

Schwab, § 95 III 2; Gaul, FamRZ 1957, 237 ff.; Schönke-Kuchinke, § 75 II 5 b; Schlosser, Gestaltungsklagen, S. 406 ff.; Stein-Jonas-Schumann-Leipold, § 322 Anm. V 7 m. w. Nw.
[33] Vgl. N.Y.Civ.Pr.L.R. § 7511; Cal.C.Civ.P. § 1286; 5 AmJur2d, Arbitration and Ward, § 145.
[34] Vgl. Uniform Partnership Act §§ 32 ff.; 60 AmJur2d, Partnerships, §§ 186 ff.
[35] Vgl. z. B. Cal.Corp. Code §§ 4650 ff.; 19 AmJur2d, Corporations, §§ 1628 ff.
[36] Vgl. Cal.Corp. Code §§ 2236 ff.; 19 AmJur2d, Corporations, §§ 705 ff.
[37] Vgl. McCormick Harvesting Mach.Co. v. Aultman-Miller Co., 169 U.S. 606, 42 L.Ed. 875 (1898); United States v. American Bell Telephone Co., 128 U.S. 315, 32 L.Ed. 450, 9 S.Ct. 90 (1888); 60 AmJur2d, Patents, § 325.
[38] Vgl. z. B. Cal.Civil Code §§ 1654 f.; 12 CalJur2d, Contracts, §§ 132 f., 140; 50 CalJur2d, Vendor and Purchase, § 22; 17 AmJur2d, Contracts, §§ 246, 255 f.
[39] Es wird dann von *constitutive* oder *transforming judgments* gesprochen; vgl. Rheinstein, Book Review (Ehrenzweig's Treatise on Conflict of Laws), 8 J.Pub.L. 551, 553 (1959); Louisell-Hazard, S. 351; Borchard, S. 24 f., 105; Kaplan- v. Mehren-Schaefer, 71 Harv.L.Rev. 1193, 1254 (1958).
[40] Vgl. Louisell-Hazard, S. 351 f.
[41] Vgl. Louisell-Hazard, S. 351 f.; Rheinstein, Book Review, 8 J.Pub.L. 551, 553 f. (1959).
[42] Vgl. Näheres zu dieser Einteilung der Urteile unten Teil B VI 4 b.

in rem angesehenen Urteile wegen überwiegender öffentlicher Interessen eine Rechtskraftwirkung inter omnes beimißt und daß zu diesen Urteilen die meisten derjenigen gehören, die man im deutschen Prozeßrecht als Gestaltungsurteile oder als Feststellungsurteile mit inter omnes-Wirkung einordnet; Hauptbeispiel ist hier die Ehescheidung, es gehören zu dieser Gruppe aber überhaupt alle sich auf den Personenstand beziehenden Urteile.

Nach der wohl immer noch h. L. im deutschen Prozeßrecht soll die Gestaltungswirkung — im Gegensatz zur Rechtskraft — gegenüber jedermann eintreten[43]; dadurch erhält sie überhaupt erst ihre praktische Bedeutung[44]. Ist die Ehe geschieden, so sind die Ehegatten in Zukunft für jedermann unverheiratet. Der hier bestehende Unterschied bei der Bestimmung der subjektiven Grenzen der Urteilswirkungen soll es erforderlich machen, zwischen Feststellungs- und Gestaltungsurteilen zu unterscheiden. Daß dies nicht immer ohne weiteres möglich ist, ist mittlerweile anerkannt[45].

Interessant an dieser Stelle ist, daß sich die Lehre von der Wirkung der Gestaltungsurteile gegenüber jedermann nicht auf eine allgemeine Gesetzesvorschrift stützen kann. Wesentlich dürfte das darauf beruhen, daß den Verfassern der ZPO wie des BGB eine von der sachlichen Rechtskraft wesensverschiedene Gestaltungswirkung fremd gewesen zu sein scheint[46]. Die Materialien zur ZPO erwähnen eine Gestaltungswirkung weder wörtlich noch dem Sinne nach. In den Motiven zum Entwurf I des BGB, der eine Reihe von Bestimmungen über die Wirkung bestimmter, insbesondere familienrechtlicher Urteile für und gegen jedermann enthält[47], ist nie von Gestaltungswirkung, sondern immer nur von Rechtskraft und ihrer Ausdehnung auf Dritte die Rede[48]. So sprechen auch die §§ 636 a, 640 h ZPO, die auf diese Erwägungen der Verfasser des BGB zurückgehen, nur ganz einfach davon, daß das Urteil „für und gegen alle wirke".

---

[43] Vgl. Stein-Jonas-Schumann-Leipold, § 253 Anm. II 3; Lent-Jauernig, § 65 I 4; Thomas-Putzo, Anm. II 3 vor § 253; Schlosser, Gestaltungsklagen, S. 160 ff.

[44] Vgl. Schlosser, Gestaltungsklagen, S. 160 ff.; Lent-Jauernig, § 65 I 4; Grunsky, § 48 II.

[45] Vgl. Grunsky, § 38 II 3; Blomeyer, § 94 I. Problematisch könnte z. B. die Einordnung des der Anfechtungsklage aus § 1593 BGB stattgebenden Urteils sein: Hier ließe sich mit guten Gründen die Auffassung vertreten, die von Anfang an bestehende Unehelichkeit werde durch das Urteil lediglich festgestellt. Andererseits spricht auch manches dafür, daß das Urteil das Kind für die Rechtsordnung erst nichtehelich macht, also ein Gestaltungsurteil ist; so die absolut h. L., z. B. Gaul, FamRZ 1963, 630 ff. m. w. Nw.

[46] Vgl. Brox, FamRZ 1963, 392.

[47] Entw. I §§ 1256, 1269 f., 1271, 1477, 1632.

[48] Mot. I, S. 380, IV S. 62 f., 101, 104, 673, 1006.

Vor diesem Hintergrund ist es nicht erstaunlich, daß sich langsam die Ansicht durchzusetzen beginnt, daß die Annahme einer inter omnes-Wirkung von Gestaltungsurteilen keineswegs so selbstverständlich sei, wie es den Anschein habe, und daß ein Dritter — wenn sich nicht die Rechtskraft gem. §§ 325 ff. ZPO auf ihn erstreckt — das Gegebensein des zugrundeliegenden Gestaltungsgrundes, insbesondere im Lichte der Art. 103 I und 19 IV GG, in der Regel — das heißt, wenn keine öffentlichen Interessen tangiert werden — nicht anzuerkennen habe[49]; infolgedessen sei es gleichgültig, wie man die Grenze zwischen Feststellungs- und Gestaltungsklage bestimme[50]. — Die Diskussion hierüber reduziert sich also zu einer bloß akademischen Streitfrage. Denn Scheidungs- und andere „Personenstandsurteile", bei denen das öffentliche Interesse eine inter omnes-Wirkung verlangt, bilden von vornherein eine besondere Gruppe von Urteilen, deren Heranziehung für die Abgrenzung von Feststellungs- und Gestaltungsurteilen in jedem Falle ohne Aussagewert ist[51]. Daß eine Ehe mit Wirkung für und gegen jedermann aufgelöst wird, läßt sich nicht bezweifeln. Der Personenstand muß im öffentlichen Interesse einheitlich feststehen. Daraus kann jedoch nicht gefolgert werden, daß *alle* Gestaltungsurteile jedermann gegenüber wirken. Die Personenstandsurteile sind in diesem Zusammenhang schon deshalb nicht beweiskräftig, weil das Gesetz in diesem Bereich auch bei unzweifelhaften Feststellungsurteilen eine Wirkung für und gegen alle anordnet, so z. B. in § 638 S. 2 ZPO für das Urteil, durch das eine Ehe als bestehend festgestellt wird.

Angesichts dieser unklaren Lage und der keineswegs zwingenden von der bisher herrschenden Prozeßrechtslehre angebotenen Lösungen, ist es nicht verwunderlich, daß das anglo-amerikanische Prozeßrecht einen grundlegend anderen Zugang zu der Problematik von Urteilswirkungen für und gegen jedermann zu gewinnen sucht.

Das anglo-amerikanische Prozeßrecht kennt also nicht die zweifelhafte Trennung von Feststellungs- und Gestaltungsurteilen und erkennt infolgedessen auch keine „Gestaltungswirkung" im uns geläufigen Sinne als besondere, neben die Rechtskraft tretende Urteilswirkung an.

Eine im öffentlichen Interesse gebotene Wirkung eines Urteils für und gegen jedermann wird durch die Anerkennung bestimmter Ver-

---

[49] Für eine Relativierung der Gestaltungswirkung z. B. Brox, FamRZ 1963, 394, 397 f.; Grunsky, § 48 II; Blomeyer, § 94 II.
Schlosser, JZ 1967, 435, lehnt zwar eine Relativierung der Gestaltungswirkung ab, will dann aber mit der Einführung des Instituts der notwendigen Beiladung in den Zivilprozeß helfen. Kritisch zur inter-omnes-Wirkung auch schon Bettermann, S. 94 ff.
[50] Grunsky, § 38 II 3.
[51] Grunsky, § 48 II.

fahren als *strictly in rem* erreicht, wobei diese Wirkung als Rechtskraftwirkung verstanden wird, und nicht etwa als eine von dieser verschiedene, wenn auch verwandte Wirkung des Urteils.

In der Lehre von der Bindungswirkung der *in rem*-Urteile spielt seit jeher die das rechtsstaatliche Verfahren sichernde *due process*-Klausel der amerikanischen Verfassung eine überragende Rolle, die in diesem Zusammenhang verlangt, daß die Betroffenen — soweit das irgend möglich ist — tatsächliche Kenntnis von dem Beginn des Verfahrens bekommen und die Gelegenheit erhalten, sich daran zu beteiligen[52].

---

[52] Vgl. unten Teil B VI 5. — Es handelt sich hier um die gleiche Diskussion, die im deutschen Prozeßrecht noch relativ jung ist: Inwieweit dürfen Nichtparteien trotz der Art. 19 IV, 103 I GG und des Rechtsstaatsprinzips von Urteilswirkungen inter omnes beeinträchtigt werden? — Vgl. Einleitung Fn. 6.

B. Die Rechtskraftlehre im US-amerikanischen Zivilprozeß

I. Formelle und materielle Rechtskraft

Bekanntlich unterscheidet das deutsche Prozeßrecht zwischen „formeller" und „materieller" Rechtskraft[1]. Formelle Rechtskraft bedeutet Unanfechtbarkeit des Urteils nach Erschöpfung des Instanzenzuges bzw. nach Ablauf der Rechtsmittelfristen.

Um zu verhindern, daß die unterlegene Partei in einem zweiten Prozeß den alten Streitgegenstand erneut zur Entscheidung stellt, bedarf das Institut der formellen Rechtskraft der Ergänzung durch das Schwesterprinzip der materiellen Rechtskraft, welches die Verbindlichkeit des Richterspruchs auch für ein neues Verfahren normiert, das entweder denselben Streigegenstand hat oder in dem die abgeurteilte Frage Vorgreiflichkeit erlangt.

Widersprechenden Urteilen über den gleichen Streitgegenstand wird dadurch vorgebeugt, daß man die Rechtshängigkeit bis zum Zeitpunkt des Eintritts der formellen Rechtskraft andauern läßt. Eine neue Klage über denselben Streitgegenstand wird daher wegen entgegenstehender Rechtshängigkeit als unzulässig abgewiesen.

Kann das Urteil noch in dem anhängigen Verfahren angefochten werden und erlangt die abgeurteilte Frage Vorgreiflichkeit in einem anderen Verfahren, dann ist das Urteil dort nicht verbindlich[2].

Dem anglo-amerikanischen Juristen ist diese Unterscheidung zwischen *formal res judicata* und *substantial res judicata* fremd[3]. Wenn in der

---

[1] Die gleichen Unterscheidungen treffen die Rechte von Österreich, der Schweiz, Schwedens, Italiens, Spaniens, Griechenlands, der UdSSR usw.; vgl. Habscheid, Festschr. f. Fragistas, S. 13 f.

[2] Vgl. Grunsky, § 47 I; Stein-Jonas-Schumann-Leipold, § 322 Anm. II 1.

[3] Vgl. Schopflocher (1940) Wisc.L.Rev. 234, 257 f. Die kontinentaleuropäische Auffassung wird von Millar im Hinblick darauf, daß formelle und materielle Rechtskraft immer zusammenfallen, als „elegantia iuris" bespöttelt; vgl. Millar, 39 Mich.L.Rev. 1, 7 (1940).

Vgl. auch Peterson, S. 62; wie Peterson allerdings behaupten kann, ein der formellen Rechtskraft ähnliches Ergebnis werde im amerikanischen Recht durch die Lehre der *finality* erreicht (vgl. zum Erfordernis der *finality* Punkt B II 3 c aa), bleibt unerfindlich. Wahrscheinlich will er damit nur

anglo-amerikanischen Rechtssprache der Begriff *res judicata* benutzt wird, dann bedeutet er immer nur Rechtskraft im materiellen Sinne, und diese besitzt das Urteil, sobald es erlassen ist, unabhängig davon, ob es noch mit ordentlichen oder außerordentlichen Rechtsmitteln angefochten werden kann[4].

Uneinheitlich ist die Beurteilung der Rechtslage in der Frage, wie sich die tatsächlich erfolgte Einlegung eines Rechtsmittels, z. B. *appeal* oder *motion for a new trial*, auf die Rechtskraft der ursprünglichen Entscheidung auswirkt. Die von der Mehrheit der Gerichte vertretene Ansicht geht dahin, daß das Schweben eines Rechtsmittelverfahrens die Rechtskraftwirkung des Urteils in keiner Weise berührt[5]. Ein anderes Urteil, das vor der Entscheidung im Rechtsmittelverfahren ergeht und auf solch einer rechtskräftigen Entscheidung beruht — sei es, daß der Streitgegenstand der gleiche ist, sei es, daß die entschiedene Streitfrage vorgreiflich ist —, ist ein vollwertiges Urteil, das seinerseits wieder *res judicata*-Wirkungen hat, auch wenn die ursprünglich zugrundeliegende Entscheidung im Rechtsmittelverfahren aufgehoben oder abgeändert wird. Dieses Urteil kann dann seinerseits allerdings wieder durch ordentliche oder außerordentliche Rechtsmittel mit der Begründung angefochten werden, daß das zugrundeliegende Urteil im Rechtsmittelverfahren abgeändert oder gar aufgehoben worden sei[6].

---

dasselbe sagen, was er in der dazugehörigen Fußnote 236, S. 62, vermerkt: Ebenso wie die formelle Rkr. im deutschen Recht ist die „finality" des Urteils eine Voraussetzung der Anerkennung eines ausländischen oder schwesterstaatlichen Urteils in den USA.

[4] Vgl. Ed. Note, 65 Harv.L.Rev. 818, 836 (1952) m. w. Nw.; Schopflocher (1940) Wisc.L.Rev. 234, 258; Millar, 39 Mich.L.Rev. 1, 7 (1940); 1B Moore, § 0.416 (1).

[5] Vgl. People v. Bank of San Luis Obispo, 159 Cal. 65, 112 P. 866 (1910); Harris v. Barnhardt, 97 Cal. 546, 32 P. 589 (1893); Pope v. Shipp, 38 Ga. App. 483, 144 S.E. 345 (1928).

Restatement of Judgments § 41, comment d: "There mere fact that a party has made a motion in the trial court to vacate the judgment or to enter a different judgment does not deprive the judgment of its conclusive effect in another action between the parties."

2 Freeman, § 722; 1B Moore, § 0.416 (3). Die in einigen wenigen Entscheidungen — z. B. Hughes v. Dundee Mortgage & Trust Investment Co., 28 F. 40 (1886); Guaranty Underwriters, Inc. v. Johnson, 133 F.2d 54 (1943) — vertretene Gegenmeinung wird abgelehnt, da sie gegen die Grundsätze verstoße, auf denen die gesamte Rechtskraftlehre beruhe; denn sie erlaube eine doppelte Prozeßführung, solange die Rechtsmittelverfahren noch schwebten, und sie versage in dieser Zeit dem Rechtsmittelgegner als dem wahrscheinlichen endgültigen Gewinner der Auseinandersetzung den Schutz vor Ausgaben und mehrfacher Prozeßführung. — Warum man hier das Verfahren nicht weiterhin als anhängig ansieht und dem Rechtsmittelgegner die *plea of pendency* gibt, bleibt unerfindlich. Vgl. hierzu Ed. Note, 65 Harv.L.Rev. 818, 836 (1952).

[6] Vgl. 1B Moore, § 0.416 (1); Restatement of Judgments § 44.
Vgl. dazu als Parallele im deutschen Recht § 580 Nr. 6 ZPO.

II. Die dogmatische Einordnung der materiellen Rechtskraft

1. Über die dogmatische Einordnung der materiellen Rechtskraft hat man sich im deutschen Recht lange Zeit erbittert gestritten. Im ersten Drittel unseres Jahrhunderts glaubte man, es hier mit einer der wichtigsten, wenn nicht überhaupt der wichtigsten Frage des Prozeßrechts zu tun haben. Es handelt sich um ein doktrinäres Uraltproblem, bei dessen Beantwortung sich die Anhänger der sog. „materiellrechtlichen" und die der sog. „prozessualen" Rechtskrafttheorie gegenüberstehen, wobei jede Theorie ihrerseits wieder in verschiedenen Spielarten vertreten wird[7].

a) Die materiellrechtliche Theorie in der Ausprägung, daß das Urteil einen (an die Stelle oder neben den ursprünglichen tretenden) neuen Rechtstatbestand schafft *(res iudicata facit ius inter partes)*, die Bindung des Zweitrichters an das erste Urteil also letztlich nichts anderes als die Bindung in der Anwendung des materiellen Rechts darstellt, wird heute nur noch von einer Mindermeinung vertreten. In der Version, daß das Urteil die unwiderlegliche Vermutung für die entsprechende materielle Rechtslage begründet, hat sie immerhin noch einige prominente Vertreter[8].

b) Demgegenüber besagt die prozessuale Rechtskraftlehre, die materielle Rechtslage bestehe unabhängig vom Prozeß und werde durch das Urteil in keiner Weise betroffen. Die Rechtskraft eines unrichtigen Urteils verändere das materielle Recht nicht, sondern bilde lediglich ein Hindernis dafür, in einem zweiten Prozeß ein dem materiellen Recht gemäßes Urteil zu erlassen.

c) Der Sieg in der Auseinandersetzung ging an die prozessuale Theorie, die heute als herrschend angesehen werden kann[9]; ob dies wegen der besseren Argumente geschah, oder — wie Grunsky bemerkt — „weil die Verfechter dieser Auffassung zahlreicher und lautstärker waren als ihre Gegner"[10], mag hier dahinstehen. Mittlerweile setzt sich die Ansicht durch, daß die Art und Weise, mit der diese Auseinandersetzung geführt wurde und zum Teil noch wird, unserer Prozeßrechts-

---

[7] Als Überblick vgl. dazu die Darstellungen bei Stein-Jonas-Schumann-Leipold, § 322 Anm. III; Blomeyer, § 88 III; Rosenberg-Schwab, § 152; alle mit reichen Nachweisen, insbesondere der Literatur aus dem ersten Drittel dieses Jahrhunderts.
[8] Vgl. Pohle, Gedächtnisschr. f. Calamandrei II, S. 379 ff.; ders., ÖJBl. 1957, 113; J. Blomeyer, JR 1968, 409 ff.; Baumgärtel-Mes, S. 63 ff.
[9] Vgl. z. B. für den Zivilprozeß: Lent-Jauernig, § 62 II; Rosenberg-Schwab, § 152 III; Thomas-Putzo, § 322 Bem. 3 b; BGHZ 34, 337 (342).
[10] Vgl. Grunsky, § 47 III 1.

wissenschaft nicht zum Ruhme gereiche, da es für die Praxis gleichgültig sei, welcher Theorie man sich anschließe[11].

2. Seltsamerweise ist aber dieser akademische Streit — wenn auch wohl nicht mit einer derartigen Verbissenheit wie in Deutschland — in so gut wie sämtlichen kontinentaleuropäischen Rechten ausgetragen worden[12].

Unberührt davon ist allerdings das angelsächsische und folglich auch das amerikanische Prozeßrecht geblieben, eine Tatsache, die Habscheid wohl zutreffend darauf zurückführt, daß in dem dortigen Rechtskreis „die wissenschaftliche Befassung mit dem Prozeßrecht weniger dogmatisch-analytischer Natur ist, Prozeßrecht dort vielmehr eher als eine praktische Kunstlehre verstanden wird"[13]. Eine praktische Kunstlehre aber befaßt sich naturgemäß nicht mit Theorien, denen allenfalls eine Lehr- und Erklärungsfunktion zukommt.

3. Wem nun daran liegt, anderwärts für Bekanntes Parallelen zu finden, der mag in die Versuchung geraten, zu überlegen, ob sich nicht die Gerichte im anglo-amerikanischen Rechtskreis — bei Lichte besehen — *unbewußt* für eine der beiden Richtungen entschieden haben, selbst auf die Gefahr hin, daß amerikanische Juristen diese Art von mehr oder weniger spekulativen Überlegungen mit Erstaunen aufnehmen würden.

a) Sicherlich lassen sich keine Schlüsse aus der Art und Weise der Geltendmachung der Rechtskraftwirkung ziehen. Das amerikanische Recht läßt die Einrede der Rechtskraft in sämtlichen Stadien des Verfahrens zu: Durch *motions to dismiss, motions for a summary judgment, pleading an answer or by introducing evidence concerning the earlier lawsuit*[14]. Das gilt sowohl in den Fällen der Identität des Streitgegenstandes als auch in denen der Vorgreiflichkeit des früheren Urteils bzw. der Urteilsgründe[15].

b) Die Frage wäre schnell und eindeutig zu entscheiden — zumindest für die Fälle mit identischem Streitgegenstand —, wenn sich feststellen

---

[11] So z. B. Stein-Jonas-Schumann-Leipold, § 322 Anm. III 3, und Grunsky, § 47 III 1, die für eine Kombination der Theorien eintreten.
So auch von den Vertretern der proz. Theorie Blomeyer, § 88 III 3; Habscheid, ZZP 78 (1965), 424; Schwab, ZZP 77 (1964), 132 (für die Drittwirkung); von einem Vertreter der mat. Theorie: J. Blomeyer, JR 1968, 409.
Praktische Folgen des Theorienstreits werden heute nur noch von Lent-Jauernig, § 62 II 3; Schönke-Kuchinke, § 75 II 1 und Rosenberg-Schwab, § 152 III behauptet.
[12] Vgl. Habscheid, Festschr. f. Fragistas, S. 5 ff.
[13] Vgl. Habscheid, Festschr. f. Fragistas, S. 6, Fn. 6, unter Bezugnahme auf die allgemeine Charakterisierung des anglo-amerikanischen Prozeßrechts bei Cohn, Festschr. f. Nipperdey, S. 880.
[14] Vgl. dazu Näheres bei Vestal, S. 527 ff.; 46 AmJur2d, Judgments, §§ 580 ff.
[15] Letztere sind die Fälle des *collateral estoppel;* vgl. dazu unten Teil B V 2.

3. Versuch einer dogmatischen Einordnung

ließe, daß das zweite Urteil, das die Klage wegen der entgegenstehenden Rechtskraft des ersten Urteils abweist, als Prozeßurteil angesehen wird; denn das wäre nach richtiger Ansicht nur bei Zugrundelegung einer prozessualen Rechtskrafttheorie möglich.

Gerade diese Feststellung erweist sich aber als ausgesprochen schwierig, da das anglo-amerikanische Prozeßrecht eine so scharfe begriffliche Trennung zwischen Prozeßurteil und Sachurteil, wie wir sie im deutschen Recht haben, nicht kennt. Unterschieden wird lediglich zwischen Urteilen *on the merits* und solchen *not on the merits*. Mit dem ersten Begriff wird ein Urteil bezeichnet, das aufgrund einer Verhandlung ergangen ist, in der sich das Gericht mit den tatsächlichen und rechtlichen Fragen befaßt hat, von deren Beantwortung Bestehen oder Nichtbestehen des materiellen Anspruchs abhängt. Ein Urteil ist dann nicht *on the merits*, wenn es den Anspruch aus rein formellen Gründen abweist, die nichts mit dem Bestehen bzw. Nichtbestehen des materiellen Anspruchs zu tun haben. So ist z. B. ein Urteil dann nicht *upon the merits*, wenn es wegen Fehlens der *jurisdiction*[16], wegen mangelnder Prozeßfähigkeit, wegen nichterfolgter oder falscher subjektiver Klagehäufung (*misjoinder* oder *nonjoinder of parties*), wegen fehlender örtlicher Zuständigkeit *(venue)* und dergleichen ergeht[17].

Obwohl diese Unterscheidung auf den ersten Blick völlig der des deutschen Prozeßrechts zwischen Prozeß- und Sachurteil zu entsprechen scheint, ergibt sich bei einer näheren Prüfung, daß es sich nur um eine Übereinstimmung im wesentlichen handelt[18]. Ohne daß diese Betrachtung hier vertieft werden könnte, läßt sich aber folgendes sagen: Ein Urteil, das in Amerika als *on the merits* angesehen wird, wäre nach deutschem Recht in jedemFalle Sachurteil. Da das amerikanische Recht als selbstverständlich davon ausgeht, daß die wegen der entgegenstehenden Rechtskraft eines früheren Urteils abweisende Entscheidung *on the merits* — also Sachurteil — ist[19], kann die Frage nach

---

[16] Vgl. zu diesem Begriff Text zu Fn. 39 unten und die dort angeführte Literatur; vgl. ferner unten Teil B VI 4.
[17] Vgl. zu dieser sehr allgemeinen Darstellung: Ed. Note, 65 Harv.L.Rev. 818, 836 ff. (1952); von Moschzisker, 38 Yale L.J. 299, 318 (1929); Restatement of Judgments § 49, comment a; James, § 11.17.
[18] z. B. ist eine wegen Verjährung erfolgte Abweisung der Klage nicht *on the merits*, da die Verjährung nach amerik. Auffassung eine prozessuale Frage ist; vgl. McElmoyle v. Cohen, 38 U.S. 312, 10 L.Ed. 177 (1839).
z. B. wird ein Urteil, das aufgrund eines *demurrer* ergeht (eine Art Antrag auf Abweisung wegen Unschlüssigkeit), weithin — die Frage ist strittig — nicht als *on the merits* angesehen; vgl. dazu James, § 11.7 m. w. Nw.; Ed. Note, 65 Harv.L.Rev. 818, 836 f. (1952); 2 Freeman, § 744; Rosenberg-Weinstein, S. 935 ff.; Restatement of Judgments § 50 and comment c.
[19] Sehr mißverständlich hier Ehrenzweig-Louisell, S. 105 f., 125 f., die aber nicht im entgegengesetzten Sinne verstanden werden dürfen.

einer etwaigen unbewußt getroffenen Entscheidung der amerikanischen Gerichte zugunsten einer der beschriebenen Rechtskrafttheorien auf diese Art nicht beantwortet werden.

c) Zu Ergebnissen könnte dagegen eine sprachliche Betrachtung führen, mag sie hier auch über eine Verbalinterpretation nicht hinausgehen. Da allerdings die anglo-amerikanische Rechtssprache — zumindest auf dem Gebiete des Zivilprozeßrechts — bei weitem nicht die analytische und begriffliche Klarheit besitzt wie die deutsche, ist Vorsicht geboten, aus dem Gebrauch bestimmter Begriffe zu weitgehende Schlüsse auf die dogmatische Einordnung der von ihnen bezeichneten Rechtsinstitute zu ziehen.

Wenn ein Kläger seinen Prozeß verliert, *he is barred by the judgment from relitigation of the same claim or cause of action*[20]. Aber *bar of relitigation* muß nicht notwendigerweise als Ausschluß einer erneuten Prozeßführung (i. S. eines Wiederholungsverbots) verstanden werden, sondern kann auch schlicht das Verbot bedeuten, in eine erneute Sachprüfung bestimmter Fragen einzutreten, und das Gebot, die erste Prozeßentscheidung als unwiderlegliche Vermutung im Zweitprozeß zugrundezulegen.

Wenn ein Kläger dagegen erfolgreich ist, dann ist *his claim or cause of action extinguished or merged in the judgment;* er kann nicht *relitigate the matter in hopes of winning a larger award.* Unstreitig[21] bezeichnen die Begriffe *claim* und *cause of action* in diesem Zusammenhang nicht nur das Klagerecht zur Durchsetzung eines Anspruchs, sondern auch den materiellen Anspruch selbst. Wo aber der materielle Anspruch „ausgelöscht" oder vom Urteil „konsumiert" wird, bleibt auch die materielle Rechtslage vom Urteil nicht unberührt.

Aus den oben genannten Gründen mag es zweifelhaft sein, ob eine solche (rein semantische) Betrachtungsweise an dieser Stelle nicht zu spitzfindig und zu formal ist. Immerhin wird diese Ansicht aber von namhaften Rechtsgelehrten geteilt, die eine Parallele zwischen „merger" und dem römisch-rechtlichen Institut der *consumptio* aufzeigen[22], das bekanntlich das materielle Recht berührte[23].

---

[20] Beide Begriffe werden in diesem Zusammenhang als Synonyma verwendet; vgl. Näheres dazu unten Teil B V 1 a.
[21] Vgl. für alle James, § 11.9; Schopflocher, 21 Ore.L.Rev. 319, 320 f. (1942); Hoegen, 55 Mich.L.Rev. 799 f. (1957).
[22] Vgl. Millar, 39 Mich.L.Rev. 1, 5 (1940); Peterson, S. 64, Fn. 243; Mendelssohn Bartholdy, S. 208 f.; im Ergebnis so wohl auch Hoegen, 55 Mich.L.Rev. 799, 824 (1957), ohne den Hinweis auf die Konsumtion des römischen Rechts.
[23] Zur Konsumtion des römischen Rechts vgl. Kaser, S. 227 f., 292 f.; Hellwig I, S. 297; Dogmengeschichte bei Bruns, § 43 V 1 a aa.

III. Materielle Rechtskraft und Parteiherrschaft

In der deutschen Zivilprozeßrechtslehre ist es allgemeine Meinung, daß die materielle Rechtskraft in erster Linie dem Interesse der im Vorprozeß siegreichen Partei zu dienen bestimmt ist[24]. Diese soll sicher sein können, einen endgültigen Sieg errungen zu haben, und nicht Gefahr laufen, die Früchte ihres Sieges in einem zweiten Verfahren zu verlieren *(nemo bis vexari potest pro una et eadem causa)*. Dieser Gesichtspunkt könnte dafür sprechen, die Rechtskraft der Parteidisposition zu unterstellen. Es ist aber auch allgemein anerkannt, daß die materielle Rechtskraft nicht *nur* dem Parteiinteresse dient, sondern auch von einem unverzichtbaren öffentlichen Interesse gefordert wird *(interest rei publicae ut sit finis litium)*. Insbesondere soll das Gericht nicht verpflichtet sein, seine Arbeitskraft mehrmals in den Dienst derselben Sache stellen und möglicherweise widersprechende Entscheidungen fällen zu müssen. Infolgedessen versagt das deutsche Prozeßrecht der siegreichen Partei, das Gericht durch einen Verzicht auf die Rechtskraft zu einer erneuten Sachentscheidung zwingen zu können, sondern fordert vielmehr von dem Gericht, das Vorliegen der Rechtskraft von Amts wegen nachzuprüfen[25].

Auch das anglo-amerikanische Recht geht davon aus, daß die materielle Rechtskraft nicht nur dem Parteiinteresse[26], sondern auch dem öffentlichen Interesse dient[27]. Trotzdem wird sie dort im Zweitverfahren nicht von Amts wegen, sondern nur auf Parteivorbringen beachtet[28]. Und obwohl in letzter Zeit angesichts der Arbeitsüberlastung der Gerichte immer stärker das öffentliche Interesse als eine der Grundlagen der Doktrin der *resjudicata* in den Vordergrund gerückt wird, sieht sich dieses *relative concept of res judicata* seltsamerweise — soweit ersichtlich — keiner Kritik von seiten der Rechtslehre ausgesetzt[29].

---

[24] Vgl. für alle Grunsky, § 47 vor I; Stein-Jonas-Schumann-Leipold, § 322 Anm. III 4.
[25] Absolut h. M.: vgl. z. B. BGH FamRZ 1958, 58; BGHZ 36, 367; BAG AP § 322 Nr. 1; Stein-Jonas-Schumann-Leipold, § 322 Anm. IX 4; Grunsky, § 47 III 4; Rosenberg-Schwab, § 152 V 2.
a. A. wohl nur Schlosser, Einverständliches Handeln, S. 12 ff.
[26] Zu den verschiedenen Nuancen bei der Wertung des Parteiinteresses im deutschen und amerikanischen Recht vgl. unten Teil B V 1 d dd.
[27] Vgl. James, § 11.10; C. E. Clark, S. 144 ff.; Blume, 45 Mich.L.Rev. 797 (1947); Vestal, 9 St. Louis U.L.J. 29, 31 f. (1964); Blume, 42 Mich.L.Rev. 257, 283 (1943); Cleary, 57 Yale L.J. 839, 848 f. (1948); von Moschzisker, 38 Yale L.J. 299, 300 (1929).
[28] Folgerichtig läßt das amerik. Recht auch den Ausschluß der Rechtskraftwirkung durch Parteivereinbarung zu; vgl. Cokins v. Frandsen, 141 N.W.2d 796 (N.D. 1966); Brummund v. Vogel, 168 N.W.2d 24 (Neb. 1969); Restatement of Judgments § 62.
[29] Eine zaghafte Kritik findet sich bei Harnon, 1 Isr.L.Rev. 539, 549 f. (1966): "This approach reflects an undue emphasis on the private interests in the doctrine of res judicata."

Das Fehlen einer solchen Kritik ist um so erstaunlicher, als selbst in Rechtsordnungen, die bisher traditionellerweise in der materiellen Rechtskraft ein allein im Privatinteresse geschaffenes Institut sahen — z. B. Frankreich, Belgien, Italien und Spanien —, sich wachsender Widerspruch regt[30].

Erkennt man an, daß das Institut der materiellen Rechtskraft auch dem öffentlichen Interesse an Rechtsfrieden, Rechtssicherheit und einer möglichst rationellen Rechtspflege dient, dann dürfte wohl alles für die Lösung sprechen, die Rechtskraft vom Gericht sua sponte berücksichtigen zu lassen. Letztlich verbietet sich eine Parteidisposition über die Rechtskraft im Interesse anderer Rechtsschutzsuchender[31]. Die Gründe, deretwegen sich die englische[32] und amerikanische Jurisprudenz dieser Auffassung verschließen, scheinen eher historisch und emotional als rational bedingt zu sein[33].

Wahrscheinlich spielt auch mit, daß parteiliche „Verzichte" auf die Einrede der Rechtskraft praktisch nicht vorkommen; deshalb besteht für das anglo-amerikanische Recht gar kein Anlaß, in eine Diskussion dieser Frage einzutreten.

Es soll aber nicht verschwiegen werden, daß immerhin noch gegen Ende des letzten Jahrhunderts vor der Verabschiedung der Reichszivilprozeßordnung auch in Deutschland eine lebhafte Diskussion über die Frage herrschte, ob die Rechtskraft nur auf Parteirüge oder von Amts wegen zu berücksichtigen sei[34].

IV. Voraussetzungen der materiellen Rechtskraft

1. Daß der Eintritt der materiellen Rechtskraft im amerikanischen Recht nicht die Unanfechtbarkeit des Urteils durch ordentliche Rechts-

---

[30] Vgl. Habscheid, Festschr. f. Fragistas, S. 14 f.
[31] Vgl. Grunsky, § 47 III 4.
[32] Cohn erklärt die engl. Rechtsauffassung damit, daß die mat. Rkr., die in England als ein Anwendungsfall der Lehre vom *estoppel* betrachtet werde, ein Abschneiden von Vorbringen aus formalem Grunde bedeute, ein solches Abschneiden indes traditionellerweise als „odious" angesehen werde (Halsbury, Laws of England, 3. Aufl. 1956, Bd. 15, S. 203: „Estoppels are odious") und der Staat sich scheue, ein Odiosum ex officio zu berücksichtigen; vgl. Cohn, Festschr. f. Nipperdey, S. 885 f. — Daß heutzutage *estoppels* nicht mehr als *odious* angesehen werden, zeigt ein Satz bei Bigelow, S. 10: "In modern times the doctrine of estoppel has lost all grounds of odium and become one of the most important, useful, and just factors of the law."
[33] So auch Habscheid, Festschr. f. Fragistas, S. 15 f.
[34] Vgl. Dogmengeschichte bei Bruns, § 43 V 1 a bb m. w. N.
Nur so ist z. B. die Regelung der §§ 580 Nr. 7 a, 582 ZPO zu erklären; vgl. Gaul, Wiederaufnahmerecht, S. 89 f., 94.

2. Wirksames Urteil — nichtiges Urteil — erschlichenes Urteil 39

mittel voraussetzt, sondern der bloße Erlaß des Urteils genügt, wurde oben schon ausgeführt.

2. Als *Urteils*wirkung setzt die materielle Rechtskraft allerdings den Erlaß eines Urteils als Mindesterfordernis voraus, und zwar den Erlaß eines wirksamen Urteils. Ein sog. Nichturteil[35], das nur den Schein eines Urteils erweckt, oder ein sonst wirkungsloses (= absolut nichtiges) Urteil[36] kann keine Rechtskraft äußern. Dabei ist freilich zu bedenken, daß ein sonst fehlerbehaftetes Urteil allenthalben grundsätzlich nur anfechtbar und somit (auflösend bedingt) wirksam und nur ausnahmsweise nichtig ist; d. h. grundsätzlich spricht eine Vermutung für die Wirksamkeit eines Urteils[37].

Die Beurteilung, wann ein die absolute Nichtigkeit rechtfertigender Fehler vorliegt oder nicht, ist zum Teil im amerikanischen und deutschen Recht unterschiedlich. Der Kreis der absolut nichtigen Urteile ist im amerikanischen Prozeßrecht größer als im deutschen; denn seit jeher herrscht im amerikanischen Prozeßrecht unangefochten ein elementarer Grundsatz: Ein Urteil ist von Anfang an absolut nichtig *(ab initio void)*, wenn es erlassen worden ist, ohne daß das Gericht bzw. der Staat die *jurisdiction over the subject matter or over the parties* erlangt hatte[38]. Der Begriff der *jurisdiction* bedeutet im anglo-amerikanischen Recht einerseits richterliche Gewalt (Gerichtsbarkeit), andererseits auch internationale bzw. interstaatliche *(jurisdiction over the parties)* und sachliche *(jurisdiction over the subject matter)* Zuständigkeit, nicht aber die örtliche Zuständigkeit *(venue)*[39]. Mit dieser — zugegebenermaßen ungenauen — Begriffsbestimmung kann es hier sein Bewenden haben; an anderer Stelle der vorliegenden Untersuchung wird noch näher auf die Theorie der *jurisdiction*, insbesondere wie sie zu erlangen ist, einzugehen sein[40].

Die Nichtigkeit eines Urteils wegen *lack of jurisdiction* kann zu jedem Zeitpunkt geltend gemacht werden[41]. Das geschieht entweder durch ein

---

[35] Grundsätzlich zum sog. Nichturteil vgl. Jauernig, S. 6 ff.
[36] Zum wirkungslosen Urteil, d. h. zum Urteil, das immerhin den Tatbestand einer gerichtl. Entscheidung aufweist, vgl. im einzelnen Jauernig, S. 141 ff.
[37] Vgl. Lent-Jauernig, § 60 I; Rosenberg-Schwab, § 61 II 2; für das amerikanische Recht: 1 Freeman, § 333; James, § 11.6.
[38] Vgl. Restatement of Judgments §§ 4 ff.; James, § 11.6.
Rügeloses streitiges Verhandeln zur Sache gilt i. d. R. als Anerkennung der Zuständigkeit und verschafft dem Gericht *jurisdiction*.
[39] Vgl. Peterson, S. 41; Kegel, S. 421. Näheres über das mehrdeutige Wort *jurisdiction* bei Ehrenzweig, S. 72 ff.; Heldrich, S. 10 ff., 98 ff.; de Vries-Lowenfeld, 44 Iowa L.Rev. 306 ff. (1959); Nußbaum, 41 Col.L.Rev. 221 ff. (1941); Smit, 10 Am.J.Comp.L. 164 ff. (1961) und unten Teil B VI 4.
[40] Vgl. unten Teil B VI 4.
[41] Es sei denn, der Mangel der *jurisdiction* ist zurückzuführen auf eine fehlerhafte gerichtliche Entscheidung in einer *debatable question* und die

Angreifen des Urteils auf dem Wege eines *direct attack*, nach deutscher Terminologie also mit den ordentlichen oder außerordentlichen Rechtsmitteln, oder aber mit einem *collateral attack*. Unter *collateral attack* versteht man die Geltendmachung der Unwirksamkeit eines Urteils innerhalb eines Verfahrens, das gar nicht die Feststellung der Fehlerhaftigkeit oder Nichtigkeit dieses Urteils zum Gegenstand hat, sondern in dem es nur als Vorfrage darauf ankommt[42]. Wenn sich also eine Partei im Vollstreckungsverfahren oder in irgendeinem späteren Prozeß auf die Beweis- oder Rechtskraftwirkung eines solchen Urteils stützen will und die andere Partei innerhalb dieses Verfahrens die Einführung des ersten Urteils durch Geltendmachung seiner Unwirksamkeit verhindern will, dann handelt es sich um einen *collateral attack*[43].

Abgesehen von den Fällen, in denen das Gericht durch eine unerlaubte Handlung einer Partei, insbesondere Betrug, dazu gebracht wird, die die *jurisdiction* begründenden Voraussetzungen fälschlicherweise als gegeben anzunehmen, wird die arglistige Erwirkung (insbesondere Erschleichung) eines Urteils ähnlich behandelt wie im deutschen Recht: Ein solches Urteil ist grundsätzlich wirksam und rechtskräftig[44], solange es nicht mit außerordentlichen Rechtsmitteln angefochten worden ist.

Im deutschen Recht werden diese Fälle durch einzelne Wiederaufnahmegründe des § 580 ZPO und die allerdings sehr umstrittene[45] Anwendung des § 826 BGB abgedeckt.

Im amerikanischen Recht früherer Zeit oblag es typischerweise den *Equity*-Gerichten zu verhindern, daß die Rechtskraft arglistig erschlichener Urteile *(judgments obtained by fraud)*, die als solche erkannt waren, ausgenutzt werden konnte. Einem Antrag auf *equitable relief* folgte ein unabhängiges, neues Verfahren vor einem *Equity*-Gericht, das bei Durchdringen des Beschwerdeführers zwar nicht zu einer Aufhebung des alten Urteils führte, aber doch immerhin zu einer Beseitigung der Urteilswirkungen, was im Ergebnis auf das gleiche hinauslief. Neben *fraud* waren noch einige andere Gründe für *equitable relief* anerkannt:

Parteien haben tatsächlich um diese *debatable question* gestritten; dann — und nur dann — soll die Entscheidung des Gerichts über die *jurisdiction* im vorliegenden Fall abschließend sein, d. h. sie kann nur auf dem Wege des rechtzeitigen *appeal* in Frage gestellt werden, nicht aber mit einem späteren *collateral attack;* vgl. dazu James, § 11.6 m. w. Nw. in Fn. 24 - 33.

[42] Vgl. Restatement of Judgments § 11, comment a; James, § 11.5; 1 Freeman, §§ 306 ff.; Ed. Note, 65 Harv.L.Rev. 818, 850 (1952).

[43] Zu dem Streit, wie die Nichtigkeit des Urteils zu beweisen sei, vgl. Restatement of Judgments § 12 and comments a, c.

[44] Anders offenbar das engl. Recht; vgl. Cohn, Festschr. f. Nipperdey, S. 890 ff.

[45] Vgl. zum Stand dieses Streites Gaul, JuS 1962, 2 ff.; Rosenberg-Schwab, § 163; Stein-Jonas-Schumann-Leipold, § 322 Anm. XI 4 mit reichen Nw.

3. Art der Urteile

die bloße Ausnutzung eines als unrichtig erkannten Urteils; neu aufgetauchte Beweismittel, die auch bei Anwendung vernünftiger Sorgfalt nicht rechtzeitig gefunden werden konnten, in Einzelfällen sogar entschuldbare Nachlässigkeit bei der Prozeßführung, usw.[46]. Auch nach der Aufhebung der Trennung von *law* und *equity* ist das außerordentliche Rechtsmittel des *equitable relief* beibehalten worden[47].

Allerdings hat es in seiner praktischen Bedeutung ein wenig verloren, seit die verschiedenen Prozeßordnungen die meisten der *equitable grounds* übernommen haben als Gründe für die von ihnen gesetzlich geregelten außerordentlichen Rechtsbehelfe (*motions to modify or to vacate a judgment*)[48].

Seit der Verschmelzung von *law* und *equity* beginnt sich auch die Ansicht durchzusetzen, daß — wenn nicht sogar alle *equitable grounds* — so doch zumindest *fraud* als Grund für einen *collateral attack* angesehen werden solle[49, 50]. Die arglistige Erwirkung des Urteils kann dann als sog. *equitable defense* im Zweitverfahren geltend gemacht werden, was dazu führt, daß die durch *fraud* erlangten Urteile praktisch den wegen *lack of jurisdiction* nichtigen Urteilen gleichstehen.

Eine analoge Entwicklung scheint sich im deutschen Recht anzubahnen, wenn der BGH auch eine *einredeweise* Geltendmachung des § 826 BGB — z. B. bei Präjudizialitätswirkung der rechtskräftigen Feststellung — für möglich hält[51].

3. a) Was die *Art* des Urteils angeht, so sind — wie im deutschen Recht — nur Urteile der Rechtskraft fähig, die eine (zumindest für die

---

[46] Vgl. James, § 11.8; 3 Freeman, §§ 1246 - 1248, 1253; 3 Pomeroy, Equity Jurisprudence, § 836; Arnold-James, S. 55 ff.
[47] Vgl. Fed.R.Civ.P. 60 (b); Cal.C.Civ.P. § 473; zu den Grundsätzen, die beim *equitable relief* gelten, vgl. Restatement of Judgments § 112, comment b; zu den Umständen, unter denen *equitable relief* gewährt wird, vgl. §§ 117 - 126; zu den Grenzen des *equitable relief* vgl. §§ 127 - 130.
[48] Vgl. Fed.R.Civ.P. 60 (b); Cal.C.Civ.P. § 473. Die praktische Bedeutung des *equitable relief* liegt noch hauptsächlich darin, daß für ihn nicht die Fristen gelten, die i. d. R. für die gesetzlich geregelten Formen der *direct attacks* vorgeschrieben sind, und daß er nicht nur von dem Prozeßgericht gewährt werden kann.
[49] Vgl. Restatement of Judgments § 112, comments a, b; James, § 11.7; Ed. Note, 65 Harv.L.Rev. 818, 850 (1952).
[50] Dieses Verfahren erspart den Umweg, der sonst manchmal nötig wäre: *Equitable relief* in einem selbständigen Verfahren gegen das erste Urteil und anschließend, wenn das Urteil im Zweitprozeß schon erlassen sein sollte, noch einmal Antrag auf *equitable relief* gegen das Urteil im Zweitprozeß; vgl. das gleiche Verfahren nach § 580 Ziff. 6 ZPO.
Vor einer zu weiten Ausdehnung des Gedankens wird aber gewarnt, weil sie zu einer Aushöhlung der *res judicata*-Lehre führen könne; vgl. Ed. Note, 65 Harv.L.Rev. 818, 852 (1952).
[51] Vgl. BGH NJW 1964, 1672 (Die Form der Einrede ließ der BGH offen).

Instanz) endgültige Entscheidung beinhalten[52]. Vorläufige Zwischenentscheidungen oder -verfügungen haben keinen *res judicata*-Effekt[53].

b) Weitere Voraussetzung für die materielle Rechtskraft ist, daß es sich um ein *judgment on the merits*, um eine in der Sache ergangene Entscheidung, handelt[54]. Daß sich der Begriff des *judgment on the merits* nur grob mit dem des Sachurteils im deutschen Prozeßrecht deckt, wurde oben schon angedeutet[55]. Es soll auch hier nicht versucht werden, die genauen Unterschiede herauszuarbeiten. Es soll nur vermieden werden, daß aus dem Satz, Voraussetzung für eine *res judicata*-Wirkung sei ein *judgment on the merits*, der Schluß gezogen wird, *judgments not on the merits* besäßen überhaupt keine Rechtskraft. Sie sind vielmehr in dem gleichen Maße rechtskraftfähig wie Prozeßurteile im deutschen Recht[56]. Eine Entscheidung *not on the merits* erwächst hinsichtlich der tatsächlich entschiedenen Fragen in Rechtskraft, obwohl das den Kläger nicht an dem Versuch hindert, den behaupteten materiellen Anspruch in einem neuen Verfahren durchzusetzen[57]; mehr besagt der obengenannte Grundsatz nicht. Das Restatement of Judgments nennt diesen Effekt eines Urteils *not on the merits direct estoppel*[58]. Wenn also ein Urteil wegen *lack of jurisdiction over the person or the subject matter*[59] oder wegen *lack of capacity to sue* (fehlende Prozeßfähigkeit) oder wegen *improper venue* (Mangel der örtlichen Zuständigkeit) abgewiesen worden ist, dann kann der Kläger wegen entgegenstehender Rechtskraft — oder wegen des *direct estoppel* in der Terminologie des Restatement of Judgments — das behauptete materielle Recht in einer erneuten Klage solange nicht mit Aussicht auf Erfolg geltend machen, wie er diesmal nicht den Fehler vermeidet, der im ersten Prozeß zur Abweisung der Klage aus prozessualen Gründen geführt hat.

---

[52] Vgl. Restatement of Judgments § 41; Ed. Note, 65 Harv.L.Rev. 818, 835 f. m. w. Nw.
Daß für diese Voraussetzung der *finality* nicht Unanfechtbarkeit der Entscheidung, also „formelle" Rechtskraft nötig ist, wurde oben (Punkt B I) schon gesagt.
[53] Vgl. O'Brien v. O'Brien, 362 Pa. 66,66 A.2d 309 (1949).
[54] Vgl. Restatement of Judgments § 48; James, § 11.17; Ed. Note, 65 Harv. L.Rev. 818, 835 f. (1952).
[55] Vgl. oben Teil B II 3 b.
[56] Für das dt. Recht vgl. z. B. Rosenberg-Schwab, § 153 II; Stein-Jonas-Schumann-Leipold, § 322 Anm. V 6; Grunsky, § 47 II 1, 47 V 1.
[57] Vgl. Mellen v. Hirsch, 171 F.2d 127 (1948): "A final decision not on the merits, although it does not preclude bringing another suit on the same cause of action, is conclusive as to the questions actually determined." Vgl. auch Ed. Note, 65 Harv.L.Rev. 818, 836 Fn. 121 (1952).
[58] Vgl. Restatement of Judgments § 49, comment b; Peterson, S. 63, Fn. 238.
[59] Zu dem Begriff der *jurisdiction* vgl. oben zu Fn. 39 und unten Teil B VI 4.

V. Die objektiven Grenzen der Rechtskraft

Die Bestimmung der objektiven Grenzen der Rechtskraft im amerikanischen Recht setzt eine getrennte Betrachtung zweier verschiedener Wirkungsarten der *res judicata* voraus: Zum einen handelt es sich um die Doktrin von *bar* und *merger*, zum anderen um die vom sog. *collateral estoppel*. Die Doktrin von *bar* und *merger* hat ihren Anwendungsbereich dort, wo es um die Rechtskraftwirkung eines Urteils in einem späteren Prozeß mit demselben Streitgegenstand[1] — oder nach amerikanischer Terminologie, mit derselben *cause of action, claim* oder *demand*[2] — geht. Die Doktrin vom *collateral estoppel* behandelt die *res judicata*-Wirkung eines Urteils in einem späteren Prozeß, der einen anderen Streitgegenstand hat, also die Fälle, in denen das Ersturteil oder die Urteilselemente des Ersturteils vorgreiflich sind[3].

Die wohl berühmteste Formulierung dieses Unterschiedes stammt von Justice Field in *Cromwell v. County of Sac*[4]. Die entscheidende Passage dieses *leading case* wird immer wieder von Gerichten und Autoren zitiert, wenn sie sich mit den verschiedenen Aspekten der *res judicata*-Wirkung auseinanderzusetzen haben[5]:

"In the former case, the judgment, if rendered upon the merits, constitutes an absolute bar to a subsequent action. It is finality as to the claim or demand in controversy, concluding parties and those in privity with them, not only as to every matter which was offered and received to sustain or defeat the claim or demand, but as to any other admissible matter which might have been offered for that purpose ... Such demand or claim, having passed into judgment, cannot again be brought into litigation between the parties in proceedings at law upon any ground whatever.
But where the second action between the same parties is upon a different claim or demand, the judgment in the prior action operates as an estoppel only as to those matters in issue or points controverted, upon the determination of which the finding or verdict was rendered ..."[6].

---

[1] Der Begriff des Streitgegenstandes wird hier zunächst mit Vorbehalten benutzt; Peterson, S. 63 ff., übersetzt *cause of action, claim* oder *demand* in diesem Zusammenhang mit dem verschwommenen Begriff „Anspruch"; genauso für das engl. Recht Cohn, Festschr. f. Nipperdey, S. 886, und Habscheid, Festschr. f. Fragistas, S. 20. — Es wird sich aber im folgenden herausstellen, daß die obengenannten Begriffe auf dem Gebiete der *res judicata* sachgerechter mit „Streitgegenstand" übersetzt werden, zumal um sie der gleiche Streit ausgetragen wird wie im deutschen Recht um den Begriff des Streitgegenstandes.
[2] Diese Begriffe werden im Zusammenhang mit der *res judicata* als Synonyma gebraucht; vgl. z. B. James, § 11.9.
[3] Vgl. z. B. Lawlor v. National Screen Service Corp., 349 U.S. 322, 75 S.Ct. 865, 99 L.Ed. 1122 (1955); Restatement of Judgments, Introductory Note, c. 3, S. 157 ff., §§ 45 (c), 47, 48; James, § 11.9; Scott, 56 Harv.L.Rev. 1 ff. (1942); Ed. Note, 65 Harv.L.Rev. 818, 820 ff. (1952).
[4] 94 U.S. 351, 24 L.Ed. 195 (1876).
[5] Vgl. z. B. von Moschzisker, 38 Yale L.J. 299, 300 ff. (1929); Millar, 39 Mich.L.Rev. 238, 253 ff. (1940); Ehrenzweig, S. 227.
[6] 94 U.S. 351, 352 f., 24 L.Ed. 195, 197 f. (1876).

1. *Bar und Merger*

a) Die Begriffe

Der Begriff von *merger* beschreibt die Wirkung eines zugunsten des Klägers ergangenen Urteils[7]. Durch ein solches Urteil erlischt *the entire claim or cause of action*, die Streitgegenstand des Prozesses war; mit anderen Worten: Das Urteil *merges the entire claim or cause of action in the judgment,* konsumiert also Anspruch und Klagerecht. Der Kläger ist von nun an beschränkt auf die Durchsetzung seines Urteils. Er kann denselben Streitgegenstand oder alles, was als dazugehörig betrachtet wird *(the original cause of action or any item thereof)* nicht mehr zur gerichtlichen Entscheidung stellen. Das gilt nicht nur für die Ansprüche und Gründe, die der Kläger im Prozeß tatsächlich geltend gemacht bzw. vorgebracht hat, sondern darüber hinaus für alle zum Streitgegenstand gehörigen Ansprüche und Gründe, die der Kläger — aus welchen Gründen auch immer — im Prozeß geltend zu machen bzw. vorzubringen versäumt hat.

Der Begriff *bar* beschreibt die Wirkung eines zugunsten des Beklagten ergangenen Urteils[8]. Ein solches Urteil läßt *the entire cause of action or claim,* die Streitgegenstand des Prozesses war, und alles, was als dazugehörig erachtet wird, erlöschen, unabhängig davon, ob der Kläger alle zum Streitgegenstand gehörigen Ansprüche und Gründe tatsächlich geltend gemacht bzw. vorgebracht hat[9]. Die *bar*-Wirkung verwehrt also dem unterlegenen Kläger, dieselbe, *cause of action* oder Teile derselben erneut zum Gegenstand gerichtlicher Entscheidung zu machen.

b) Die Dimensionen der *Cause of Action*

Aus den eingangs gegebenen Definitionen des *bar* und *merger*-Effekts dürfte klar geworden sein, daß es für die Bestimmung der objektiven Grenzen der *res judicata*-Wirkung entscheidend auf die Dimensionen ankommt, die man dem Inhalt der Begriffe *cause of action, claim* oder *demand* gibt. Die entscheidende Frage ist, inwieweit man den Kläger drängen soll, alle materiellen Ansprüche und rechtlichen Begründungen, die sich für ihn aus dem die Rechtsverletzung verursachenden Lebensvorgang ergeben, in ein und demselben Prozeß geltend zu machen; mit anderen Worten: inwieweit man es dem Kläger verwehren soll, die Geltendmachung der Ansprüche, die sich aus einem bei

---

[7] Vgl. Restatement of Judgments § 45 (a), comment a; James, § 11.9; Ed. Note, 65 Harv.L.Rev. 818, 824 (1952).
[8] Vgl. Restatement of Judgments § 45(b) und comment b, § 48; Ed. Note, 65 Harv.L.Rev. 818, 824 (1952); James, § 11.9.
[9] Vgl. den ersten Absatz der zitierten Passage aus Cromwell v. County of Sac; Restatement of Judgments § 68, comment 1; James, § 11.9.

natürlicher Betrachtungsweise einheitlichen Vorgang ergeben, in eine Vielzahl von unabhängigen Klagen gegen den Gegner aufzuteilen[10].

Dies ist gleichzeitig die Frage nach dem Zweck der Rechtskraft. Nach amerikanischer Auffassung soll die Rechtskraft in erster Linie durch Vermeidung übermäßiger Prozeßführung den Rechtsfrieden wahren *(repose and stability of social institutions)*, die Prozeßökonomie fördern, die Belästigung für den Beklagten gering halten und das Ansehen der Gerichte stärken durch die Verhinderung von widersprüchlichen Entscheidungen in derselben Sache[11].

Die Frage, wie weit man bei der Verfolgung dieses Zweckes gehen kann, ohne die Interessen des Klägers über Gebühr zu beeinträchtigen, ist nicht mit Logik allein zu lösen, vielmehr stehen Zweckmäßigkeits- und Zumutbarkeitserwägungen im Vordergrund.

Genau wie bei der Bestimmung der objektiven Grenzen der Rechtskraft im deutschen Recht eine kaum noch zu überblickende Diskussion um den Begriff des Streitgegenstandes geführt wurde und wird[12], gibt es im amerikanischen Recht in Rechtsprechung und Lehre eine atemberaubende Vielzahl von Definitionsversuchen der *dimensions of single claim or cause of action for the purpose of the doctrine of res judicata.*

Ohne daß hier der Anspruch auf Vollständigkeit erhoben werden könnte[13], soll der Stand der Diskussion kurz beschrieben werden. Die einzelnen Lösungsversuche lassen sich im wesentlichen in drei Gruppen einteilen:

(1) Die Vertreter der ersten Gruppe begrenzen den Bedeutungsinhalt von *cause of action* auf das Klagerecht zur Durchsetzung eines aus einer ganz bestimmten Rechtsnorm fließenden materiellen Anspruchs[14]. Es handelt sich hier um die engste der vertretenen Auffassungen. Im Endeffekt würde sie dem Kläger erlauben, wegen einer einzigen Rechtsverletzung, die Ergebnis einer einzigen Handlung ist, so viele gesonderte Klagen zu bringen, wie er rechtliche Begründungen für seinen Anspruch finden kann, und zwar so lange, bis er Erfolg hat — ein Gedanke, der auf fast einhellige Ablehnung gestoßen ist[15].

---

[10] Vgl. Blume, 42 Mich.L.Rev. 257 (1943); ders., 45 Mich.L.Rev. 797 (1947); Schopflocher, 21 Ore.L.Rev. 319 (1942); C. E. Clark, S. 144 ff.
[11] Vgl. James, § 11.10; von Moschzisker, 38 Yale L.J. 299 f. (1929); Vestal, S. 7 ff.; Morris, 56 Cal.L.Rev. 1067 f. (1968); Ed. Note, 65 Harv.L.Rev. 818, 820 (1952).
[12] Als Überblick vgl. Schwab, JuS 1965, 81 ff.
[13] Die wohl vollständigsten Darstellungen der verschiedenen Definitionen finden sich in den Beiträgen von Judge Clark: Vgl. C. E. Clark, 33 Yale L.J. 817 (1924); ders., 82 U.Pa.L.Rev. 354 (1934); und in Ed. Note, 65 Harv.L.Rev. 818, 824 ff. (1952).
[14] Hauptvertreter dieser Ansicht war McCaskill, 34 Yale L.J. 614 ff. (1925); so wohl auch Schopflocher, 21 Ore.L.Rev. 319, 323 (1942).
[15] James, § 11.10.

(2) Die Vertreter der zweiten Gruppe definieren *cause of action* mit Begriffen wie *single delict or breach of a primary duty*. Hiernach liegt eine einzelne Verletzungshandlung dann vor, wenn es sich um ein Verhalten des Beklagten handelt, das sich durch eine gewisse natürliche Einheit oder einen zeitlichen oder räumlichen Zusammenhang oder eine sonstige logische Verbindung zwischen den Einzelakten auszeichnet, so daß es bei natürlicher Betrachtungsweise den Charakter eines einheitlichen Vorgangs *character of a single occurrence or transaction)* hat[16]. Die Dimensionen der *cause of action* werden aber hier begrenzt durch den Begriff der *primary rights,* durch die Begrenzung auf die Verletzung subjektiver „Primär"-Rechte also; wenn z. B. der Kläger in einem Unfall einen Eigentums- und Gesundheitsschaden erleidet, sind zwei *primary rights* verletzt, es handelt sich um zwei *causes of action,* der Kläger kann beide Ansprüche in gesonderten Verfahren geltend machen.

(3) Die dritte Ansicht, der mittlerweile die wohl meisten Gerichte folgen, gibt dem Begriff von der *cause of action* einen rein tatsächlichen Gehalt[17]. Unter ihren Vertretern besteht jedoch Uneinigkeit über den Umfang des Tatsachenkomplexes, der als eine *cause of action* betrachtet werden soll und damit als Maßstab für das, was der Kläger in einer einzigen Klage vorzubringen hat, will er nicht mit den von ihm geltend gemachten Ansprüchen und Gründen, die sich für ihn aus dem Tatsachenkomplex ergeben, ausgeschlossen werden.

Die engste Version dieser Ansicht will einen zweiten Prozeß nur verhindern, wenn in diesem dieselben Beweise zu erheben seien wie in dem ersten. Die weniger enge Spielart dieser Ansicht erfordert keine Identität der zu erhebenden Beweise, sondern huldigt einer rein pragmatischen Betrachtungsweise; danach gehören zu dem eine *single cause of action* bestimmenden Tatsachenkomplex alle sog. *operative facts,* Tatsachen, die nach Ansicht des Gerichts unter dem Gesichtspunkt der Prozeßökonomie, des Parteiinteresses, der Erfordernisse des Geschäftsverkehrs usw. als Einheit betrachtet werden sollten[18].

Keiner dieser Lösungsversuche gibt dem Begriff der *cause of action* eine so breite Definition, daß der Kläger gezwungen wäre, sämtliche Ansprüche in einem einzigen Prozeß geltend zu machen, die er nach den Grundsätzen der objektiven Klagehäufung geltend machen könnte

---

[16] Vgl. z. B. Pomeroy, Code Remedies, §§ 346 - 356, 417.
[17] Vgl. z. B. C. E. Clark, S. 137 ff.; Arnold, 19. A.B.A.J. 215 f. (1933); Ed. Note, 65 Harv.L.Rev. 818, 826 (1952).
[18] Vgl. Elliot v. Mosgrove, 162 Ore. 540, 93 P.2d 1070 (1934); C. E. Clark, S. 137 ff.; eine sehr anschauliche Darstellung der Spielarten dieser dritten Ansicht findet sich in Vasu v. Kohlers, Inc., 145 Ohio St. 321, 334 f., 61 N.E.2d 707, 714 f., 166 A.L.R. 855, 864 (1945).

(*permissive joinder of claims*)[19]; das ginge nach allgemeiner Ansicht zu weit[20].

Auf der anderen Seite wehrt sich das amerikanische Recht gegen eine so enge Definition des Streitgegenstandes, wie sie im deutschen Zivilprozeß herrscht[21]; deshalb hat es auch diese, einigen Autoren unüberwindlich erscheinenden Schwierigkeiten, eine befriedigende Definition der *cause of action* zu finden. Louisell-Hazard schlagen vor, den Begriff von der *cause of action or claim* vollkommen zu beseitigen und die Frage direkt zu stellen: Gibt es irgendeine befriedigende Erklärung oder Entschuldigung dafür, daß dieses Klagebegehren nicht schon in dem früheren Verfahren geltend gemacht worden ist[22]?

c) Darstellung anhand von Fällen

Den bisher recht theoretischen Ausführungen soll nun eine Darstellung der Auswirkungen der Doktrinen von *bar* und *merger* in der Praxis folgen:

aa) Fälle der unerlaubten Handlung (*Torts*)

aaa) Die Hauptfallgruppe, die auf dem Gebiete der unerlaubten Handlungen in diesem Zusammenhang interessant wird, bilden diejenigen Fälle, in denen das Verhalten des Beklagten als eine einzige unerlaubte Handlung anzusehen ist, aber die gleichzeitige Verletzung mehrerer subjektiver Rechte des Klägers verursacht hat. Der häufigste Fall ist der normale Straßenverkehrsunfall, bei dem der Kläger verletzt und sein Fahrzeug beschädigt wird. Die Meinungen der Gerichte sind hier geteilt; aber die absolut h. M. betrachtet den Vorgang als eine einzige *cause of action*, billigt dem Kläger also nur ein einmaliges Klagerecht zu[23].

---

[19] Vgl. Restatement of Judgments § 62, comment c. — Die Grundsätze der erlaubten objektiven Klagehäufung decken sich weitgehend mit denen des dt. Rechts; vgl. Fed.R.Civ.P. 13 (b) und § 260 ZPO; Hoegen, 55 Mich.L.Rev. 799, 803 ff. (1957).
[20] Vgl. für alle James, § 11.10.
[21] Abgesehen von Cleary, der geneigt scheint, den Gegenstand der Rechtskraft auf das Bestehen oder Nichtbestehen des geltend gemachten Anspruchs aufgrund des vorgetragenen Tatsachenkomplexes zu beschränken, der aber dann in jedem Falle die Kosten des — eigentlich vermeidbaren — Zweitprozesses dem Kläger auferlegen will; vgl. Cleary, 57 Yale L.J. 339, 350 (1948).
[22] Louisell-Hazard, S. 590. — Ob allerdings die neu formulierte Fragestellung die Lösung des Problems erleichtert, dürfte fraglich sein; ablehnend deshalb auch James, § 10.10.
[23] Vgl. z. B. Wills v. De Wees, 141 W.Va. 782, 93 S.E.2d 484 (1958); dazu Ann., Simultaneous Injury to Person and Property as Giving Rise to Single Cause of Action, 62 A.L.R.2d 977 ff. (1958): In dieser Anmerkung werden 31 Staaten aufgeführt, die der *single action rule* folgen, nur 9 Staaten und England (!), die der Mindermeinung folgen und zwei verschiedene „Streitgegenstände" annehmen.

Die herrschende Ansicht stützt sich auf die breitere Version des dritten oben angeführten Definitionsversuchs der *cause of action*[24]. Wenn überhaupt einmal eine tiefergehendere Begründung versucht wird, wird zumeist unmittelbar auf die Zwecke der *res judicata*[25] selbst zurückgegriffen: also auf das Interesse der Allgemeinheit[26] und des einzelnen, durch Verhinderung widersprüchlicher Entscheidungen[27] und einer unnötigen Vielzahl von Klagen[28] den Rechtsfrieden soweit als möglich zu wahren und die Prozeßökonomie zu fördern; häufig wird daneben noch ein spezifisches Interesse des Beklagten betont, wegen *einer* unerlaubten Handlung mit nicht mehr als *einer* Klage belästigt zu werden[29].

Für die Mindermeinung wird normalerweise die oben als zweite dargestellte Definition der *cause of action*[30] angeführt[31]. Die Protagonisten der *two-action theory* leugnen, daß der Zweck der Rechtskraft hier eine so weitgehende Präklusionswirkung erfordere; sie weisen im übrigen auf verschiedene praktische Schwierigkeiten hin, die nach ihrer Ansicht von der *single-action theory* nicht befriedigend gelöst werden können[32].

---

[24] Vgl. oben zu Fn. 17 f.
[25] Vgl. oben zu und in Fn. 11.
[26] *Public policy* als entscheidender Grund angeführt z. B. in Levitt v. Simco Sales Serv., Inc., — Del. —, 135 A.2d 910 (1957).
[27] So in Booth v. Frankenstein, 209 Wisc. 362, 245 N.W. 191 (1932).
[28] Vgl. Levitt v. Simco Sales Serv., Inc., — Del. —, 135 A.2d 910 (1957).
[29] So z. B. in Commercial Standard Ins. Co. v. Winfield, 24 Cal.App.2d 477, 75 P.2d 525 (1938); Wills v. De Wees, 141 W.Va. 782, 93 S.E.2d 484 (1958). — Nicht ernstzunehmen ist das in Georgia R. & Power Co. v. Endsley, 167 Ga. 439, 145 S.E. 851, 62 A.L.R. 256 (1928) gebrachte Argument, die *single-action theory* diene auch den Interessen des Klägers, da er von Verzögerung und zusätzlichen Ausgaben verschont bleibe; denn die Regel zwingt ihn ja möglicherweise gerade gegen seinen Willen zu einem bestimmten prozessualen Verhalten.
[30] Vgl. oben zu Fn. 16.
[31] z. B. Vasu v. Kohlers, Inc., 145 Ohio St. 321, 333, 61 N.E.2d 707, 714 (1945); Carter v. Hinkle, 189 Va. 1, 7, 52 S.E.2d 135, 138 (1949). — Aber wie Judge Clark bemerkt, ist dieses Ergebnis nicht unbedingt zwingend, da das Recht des Klägers, nicht verletzt zu werden, weder in seiner Gesundheit noch in seinem Leben, auch als ein einziges *primary right* angesehen werden kann; vgl. C. E. Clark, S. 135 f.
[32] *Erstens:* Die Verjährungsfristen für die verschiedenen Ansprüche könnten verschieden lang sein. — Antwort der h. M.: Es sei nicht ungewöhnlich, und es spreche nichts dagegen, in solchen Fällen den verjährten Teil der Ansprüche von dem noch nicht verjährten zu trennen.
Zweitens: Die geltenden Grundsätze für die Schadensbestimmung seien weitgehend unterschiedlich. — Antwort der h. M.: Das führe nur dazu, daß die zu erhebenden Beweise nicht absolut identisch bei den einzelnen Ansprüchen seien; im wesentlichen aber seien die Beweise doch identisch, so z. B. für die wichtige Frage des Verschuldens.
Drittens: Das Verhalten könne in bezug auf das Eigentum schuldhaft sein, was nicht umgekehrt auch für die Gesundheitsbeschädigung gelten müsse. — Antwort der h. M.: Diese Fälle könnten theoretisch zwar konstruiert werden,

Die h. M. begegnet dem jedoch durch die schlichte Kreierung mehrerer Ausnahmen von der *single cause of action*-Regel, insbesondere bei Abtretung bzw. *subrogation* des Anspruchs auf Sachschadensersatz[33] und in dem Fall, wo der Verletzte außerdem noch weitere Ansprüche wegen Verletzung oder Tötung von Familienmitgliedern in dem gleichen Unfall erwirbt[34].

bbb) Bisher ging die Betrachtung davon aus, daß die unerlaubte Handlung des Beklagten in einer einzigen Tathandlung bestand. Die Fälle, in denen das Verhalten des Beklagten nur einen einzigen Verletzungserfolg verursacht, werden genauso behandelt, auch wenn sich dieses Verhalten aus einer Mehrzahl oder Kombination von einzelnen Tathandlungen zusammensetzt, d. h. auch hier ist nur eine einzige Klage möglich[35]. Das gilt insbesondere, wenn der Verletzungserfolg durch eine länger andauernde Handlung herbeigeführt wurde[36].

ccc) Wenn aber das Verhalten des Beklagten mehr als einen rechtsverletzenden Erfolg nach sich zieht, wird auf den zeitlichen und räumlichen Zusammenhang der einzelnen Rechtsverletzungen und darauf abgestellt, ob die das Verhalten ausmachenden Einzelakte im wesentlichen gleichartig sind, so daß sich die Beweismittel weitgehend decken[37]; nur dann wird eine Klagehäufung vom Kläger verlangt; denn nur dann steht ein prozeßökonomischer Gewinn zu erwarten. Je weniger sich die zu erhebenden Beweise decken, desto geringer ist die Wahrscheinlichkeit, daß die Gerichte eine *single cause of action* annehmen[38].

---

kämen in der Praxis aber nicht vor (vgl. die interessante Darstellung dieses Problems bei 2 Harper-James, § 18.2).
Viertens: Die Ansprüche auf Sachschadensersatz seien abtretbar, nicht dagegen die auf Ersatz der Gesundheitsschäden: Was solle also geschehen, wenn die ersteren an eine Versicherung abgetreten worden oder durch *subrogation* übergegangen seien? — Die h. M. sieht diesen Einwand als einzig begründeten an und macht hier eine Ausnahme von der *single-action*-Theorie.

[33] Vgl. dazu Diskussion in Mills v. De Wees, 141 W.Va. 782, 93 S.E.2d 484, 62 A.L.R.2d 965 (1956); näheres bei James, §§ 9.5, 11.11.
[34] Vgl. Southern Railway v. King, 160 F. 332 (1908); Chamberlain v. Mo.-Ark. Coach Lines, 354 Mo. 461, 189 S.W.2d 538 (1945); Albritton, 12 Ala.L.Rev. 364, 372 ff. (1960).
Im dt. Recht wären das die Ansprüche aus §§ 844, 845, 618 III BGB, 3 II RHpflG, 10 II StVG, etc.
[35] Vgl. Restatement of Judgments § 63, comment b; James, § 11.11.
[36] Vgl. Szostak v. Chevrolet Motor Co., 279 Mich. 603, 237 N.W. 284 (1937), wo es um den Einsturz zweier Gebäude ging, der durch dauernde Vibrationen verursacht worden war, die von einer Fabrik in der Nachbarschaft ausgingen.
[37] Vgl. Chicago, Indianapolis & Louisville Ry. Co. v. Ramsey, 168 Ind. 390, 81 N.E. 79 (1907).
[38] Vgl. Missouri Pacific Ry. Co. v. Scammon, 41 Kan. 521, 21 P. 590 (1889); C. E. Clark, S. 486.

Bei Rechtsverletzungen in unmittelbarer Aufeinanderfolge z. B. findet die Regel gegen das *splitting of an entire cause of action*[39] Anwendung, z. B. wenn der Beklagte den Kläger an mehreren aufeinanderfolgenden Tagen in dem Besitz seines Grundstücks gestört hat.

Das *Restatement of Judgments* will das sogar für folgenden Fall gelten lassen: Ein Passagier bricht sich beim Aussteigen aus der Straßenbahn den Arm, weil der Fahrer in dem Moment gerade schuldhafterweise anfährt; unmittelbar danach fällt der Kläger in einen von der Straßenbahngesellschaft schuldhafterweise zurückgelassenen und nicht abgedeckten Graben neben der Straße und bricht sich ein Bein[40]. Auch hier also muß der Kläger in einer Klage alle seine Ansprüche geltend machen, die vor der Klageerhebung entstanden sind; andernfalls verliert er die Ansprüche, die er nicht geltend gemacht hat. Unerheblich ist, daß jede der Rechtsverletzungen mit der dazugehörigen Ursache — isoliert betrachtet — Grundlage für eine selbständige Klage hätte sein können.

ddd) Im amerikanischen Schadensersatzrecht gilt das *priciple of single recovery*[41]. Ein schadenstiftendes Ereignis stellt nur *eine* cause of action dar. Der Kläger hat den gesamten Schaden, sowohl den schon eingetretenen als auch den zukünftigen, in einer einzigen Klage geltend zu machen und hat grundsätzlich nur Anspruch auf Schadensersatz in Form einer einmaligen Kapitalabfindung, nicht also auf eine Rente oder andere wiederkehrende Leistungen. Eine zweite Klage zur Geltendmachung etwaiger unvorhersehbarer Folgeschäden ist nicht zulässig. Das führt naturgemäß zu großen Schwierigkeiten bei der Bestimmung des Schadensersatzes für zukünftige Schäden[42] und stellt insbesondere den Ersatzberechtigten, der darauf angewiesen ist, in Zukunft von dem

---

[39] Häufig wird auch von der *rule of required or compulsory joinder of claims* gesprochen; vgl. Blume, 45 Mich.L.Rev. 797 (1947); Hoegen, 55 Mich.L. Rev. 799 (1957); James, § 11.9.
[40] Vgl. Restatement of Judgments § 62, comment f, illustration 10.
[41] Vgl. z. B. McCormick, Damages, §§ 13; 90; McGregor, S. 31; 2 Harper-James, §§ 25.2, 25.9 m. w. Nw.; Ed. Note, 61 Harv.L.Rev. 113, 123 (1947). Bezeichnend für den Stand der Rechtsentwicklung ist der Fall Ash v. Mortensen, 24 Cal.2d 654, 150 P.2d 876 (1944): Nachdem der Kläger ein Urteil auf Ersatz seines Körperschadens erlangt hatte, war sein gesundheitl. Zustand durch fehlerhafte ärztliche Behandlung verschlimmert worden. In dem Verfahren gegen den behandelnden Arzt hielt das Gericht längere Erörterungen für erforderlich, daß dieses Verfahren eine andere *cause of action* zum Gegenstand habe und der Kläger so eine zweite Schadensersatzklage anstrengen dürfe, obwohl es sich um dieselbe *cause of action* gehandelt hätte, wenn das erste Verfahren gegen den ursprünglichen Schädiger erst nach der fehlerhaften Behandlung begonnen worden wäre. (Denn auch der Schaden durch eine fahrlässige ärztliche Falschbehandlung gilt als zurechenbar verursacht; vgl. McCormick, Damages, § 76.)
[42] Vgl. 2 Harper-James, § 25.2: "... This in turn faces the tribunal with the difficult and uncertain task of prophecy, with no chance for second-

Schadensersatz ganz oder zum Teil zu leben (z. B. bei Arbeitsunfähigkeit durch Unfall), vor das Problem, die beste Anlageform für seine Kapitalabfindung zu wählen.

Deshalb wird in zunehmendem Maße Kritik an der strikten Durchführung dieses Grundsatzes geübt[43]; aber die Gerichte wollen offenbar einer gesetzlichen Regelung nicht vorgreifen[44].

Auf einem Gebiet allerdings machen die Gerichte eine seit langem anerkannte Ausnahme von dem Grundsatz, daß ein einheitliches Geschehen nur den Grund für eine einmalige Klage auf Schadensersatz abgebe: Im Zusammenhang mit fortgesetzten Beeinträchtigungen von Grundstücksbesitz oder -eigentum sind die Schwierigkeiten bei der Bestimmung des zukünftigen Schadens übermächtig.

Es ist allgemein anerkannt, daß der Kläger den gesamten Schaden, der ihm durch Beeinträchtigung vor Klagebeginn entstanden ist, in einer einzigen Klage geltend machen muß[45]. Hinsichtlich der Entschädigung für zukünftige Beeinträchtigungen verlangt die absolut herrschende Ansicht vom Kläger nur dann die gleichzeitige Geltendmachung, wenn die Beeinträchtigung *permanent*, nicht nur *temporary* ist. Wann eine Beeinträchtigung als *permanent* anzusehen ist, ist im einzelnen umstritten. Jedenfalls ist sie dann *permanent*, wenn sie faktisch nicht beseitigt werden kann, wegen eines überwiegenden öffentlichen Interesses geduldet werden muß oder ihre Beseitigung aus sonstigen — insbesondere wirtschaftlichen — Gründen für den Beklagten nicht zumutbar ist *(equitable grounds)*[46].

bb) Fälle des Vertragsrechts

aaa) Jede Vertragsverletzung ist normalerweise — genau wie im deutschen Recht — Grundlage für eine gesonderte Klage. Liegen jedoch mehrere Vertragsbrüche desselben Vertrages vor Klagebeginn vor, so ist der Kläger gezwungen, die Ansprüche aus all diesen Vertragsbrüchen in derselben Klage geltend zu machen; andernfalls verliert er die Mög-

---

guessing where the prophecy turns out to be mistaken, or where the parties have failed to present all items of their claims."
Vgl. ferner Harper-James, Supp. vo vol. 2, comment to § 25.9 n. 2 m. w. Nw.
[43] Vgl. die sehr aufschlußreiche Entscheidung M & P Stores, Inc. v. Taylor, 326 P.2d 804 (Okt. 1958); Harper-James, Supp. to vol. 2, comment to § 25.2 n. 1; Ed. Note, 65 Harv.L.Rev. 818, 828 (1952).
[44] Gesetzliche Regelungen für eine Schadensersatzleistung in Rentenform sind z. B. schon Bestandteil sämtlicher *Workmen's Compensation Acts* (Gesetze betr. Unfallversicherung der Arbeiter).
[45] Vgl. James, § 11.11; Ed. Note, 65 Harv.L.Rev. 818, 828 f. (1952); McCormick, Damages, § 127; ders., 37 Harv.L.Rev. 574, 582 (1924).
[46] Vgl. James, § 11.11; Ed. Note, 61 Harv.L.Rev. 113, 123 f. (1947); McCormick, Damages, § 127.

lichkeit, später noch einmal aufgrund der nicht vorgetragenen Vertragsbrüche zu klagen[47], wenn der Beklagte nicht darauf verzichtet, die Einrede der *res judicata* in dem zweiten Prozeß geltend zu machen.

Nach dieser Regel wurde z. B. der Fall *Buchanan v. General Motors Corp.*[48] entschieden. Der Beklagte hatte von dem klagenden Patentinhaber eine Lizenz zur Herstellung von Eisbehältern für die Tiefkühlfächer von Eisschränken bekommen. Der Beklagte sollte zwei verschiedene Arten, *single trays* und *double trays*, herstellen und verkaufen dürfen. Er zahlte nur Lizenzgebühren für einen Teil der von ihm hergestellten *single trays* und behauptete, bei dem anderen Teil handele es sich um ein anderes Modell, das nicht unter die Lizenzabmachung falle. Der Kläger klagte auf die auf diesen Teil der vom Beklagten hergestellten *single trays* entfallenden Lizenzgebühren und wurde abgewiesen. Anschließend brachte er eine neue Klage, die die *double trays* betraf; er behauptete, diese bestünden aus zwei Einheiten, auf die jeweils eine doppelte Lizenzgebühr entfalle. Da der Beklagte nur die einfache Lizenzgebühr pro *double tray* gezahlt hatte, verlangte der Kläger den Rest. Das Gericht wies die Klage ab wegen des *bar*-Effekts des ersten Urteils; in der Begründung führte es aus, es habe sich um einen einzigen Vertrag gehandelt und von dem behaupteten Vertragsbruch hinsichtlich der *double trays* habe der Kläger schon vor Erhebung der ersten Klage gewußt. Im übrigen wurde auch diese Entscheidung auf Gründe der Prozeßökonomie und die Notwendigkeit gestützt, den Beklagten in derartigen Fällen wirksam vor mehrfachen Klageerhebungen zu schützen.

Das Erstaunliche für den deutschen Juristen liegt auch hier wieder in der Tatsache, daß jeder dieser Vertragsbrüche für sich — isoliert betrachtet — eine *cause of action* und damit Grundlage für eine gesonderte Klage gewesen wäre, daß aber — sobald einmal mehrere Vertragsbrüche geschehen sind — jeder dieser Vertragsbrüche nur noch als Teil einer unteilbaren *(entire) single cause of action* angesehen wird.

Es gilt also folgende Regel: Eine Partei kann die vertragliche Verpflichtung der anderen auch nach Bruch des Vertrages als fortbestehend betrachten und entweder mehrere aufeinanderfolgende Klagen für aufeinanderfolgende Vertragsbrüche anhängig machen, wenn sie die eben dargestellte *bar*-Wirkung vermeidet und jeweils sofort klagt; sie kann aber auch warten, bis die Liste der Vertragsbrüche voll ist, und dann in einer einzigen Klage alle die sich daraus ergebenden Ansprüche geltend machen[49]. Wenn jedoch der Vertragsbruch des Beklagten so

---

[47] 3A Corbin, § 698; Restatement of Judgments § 62, comment h.
[48] Buchanan v. General Motors Corp., 64 F.Supp. 16 (1946).
[49] 4 Corbin, § 946.

schwer wiegt, daß er eine totale Lösung vom Vertrage bedeutet, dann muß der Kläger normalerweise[50] den Vertrag als beendet betrachten und hat nur das Recht auf eine einmalige Klage, in der er alle Ansprüche auf Ersatz der schon eingetretenen und der zukünftigen Schäden geltend machen muß[51].

bbb) Dieses Konzept findet keine Anwendung, wenn es sich um einen sog. teilbaren Vertrag *(separable or divisible contract)* handelt[52].

Verträge werden aber in diesem Zusammenhang selten als *separable or divisible* behandelt. Es wird gesagt, es komme auf den Parteiwillen beim Vertragsschluß an[53]; der aber läßt sich in den seltensten Fällen feststellen[54].

Der am häufigsten vorkommende und in seiner Qualifikation unbestrittene Fall eines *divisible contract* ist der, in dem die Zahlungsverpflichtung einer Partei durch getrennte Wechsel für jede einzelne Rate verkörpert wird[55]. Hier kann der Inhaber so viele einzelne Klagen bringen, wie er Wechsel besitzt; er kann selbstverständlich die einzelnen Ansprüche auch in einer einzigen Klage nach den Grundsätzen des *permissible joinder* verbinden[56]. — Dagegen wird der Miet- oder Pachtvertrag — in diesem Zusammenhang jedenfalls — als Standardbeispiel für den *non divisible contract* angesehen[57].

ccc) Was für den einzelnen teilbaren Vertrag gesagt worden ist, gilt i. d. R. auch für mehrere Verträge. Es wäre jedoch irreführend, das mit dem argumentum a fortiori zu begründen[58]; denn es gibt — wenn auch seltene — Fälle, in denen verschiedene Verträge nicht als verschiedene *causes of action* angesehen werden. Das soll dann gelten, wenn die Verträge innerlich so miteinander verknüpft seien, daß man sie als Einheit betrachten müsse; insbesondere im Falle einer laufenden Rechnung, deren Einzelposten auf verschiedenen Vereinbarungen beruhen[59].

---

[50] Nach amerikanischem Vertragsrecht hat eine Vertragspartei häufig ein Wahlrecht, ob sie nach einem Vertragsbruch der anderen Partei den Vertrag als beendet oder als noch weiterhin bindend ansehen will.
[51] 4 Corbin, §§ 946, 983.
[52] Vgl. 3A Corbin, § 698, 4 Corbin, § 955; C. E. Clark, S. 480; James, § 11.12; Restatement of Judgments § 62, comment i.
[53] Vgl. Armstrong v. Illinois Bankers Life Assn., 217 Ind. 601, 29 N.E.2d 415, 131 A.L.R. 769 (1940); Restatement of Judgments § 62, comment i; C. E. Clark, S. 480.
[54] Vgl. James, § 11.12.
C. E. Clark, S. 483 f.
[55] Vgl. Restatement of Judgments § 62, comment i; 4 Corbin, § 952.
[56] Vgl. oben Fn. 19.
[57] Vgl. Hare v. Winfree, 131 Wash. 138, 229 P. 16 (1924); 3A Corbin, § 698;
[58] Vgl. Hoegen, 55 Mich.L.Rev. 799, 815 (1957).
[59] Vgl. C. E. Clark, S. 480 ff.

Auch dieses Ergebnis wird schlicht unter Hinweis auf die tragenden Prinzipien der *res judicata* gerechtfertigt.

cc) Verschiedene rechtliche Begründungen für denselben Anspruch

Die Doktrin von *merger* und *bar* stellt dem amerikanischen Prozeßrecht auch Probleme, wenn sich ein Anspruch auf mehrere verschiedene Grundlagen stützen läßt. Eine Körperverletzung z. B. kann die Grundlage zweier konkurrierender Schadensersatzansprüche sein, einmal wegen Vertragsverletzung, zum anderen wegen unerlaubter Handlung. Die tatsächliche Erbringung von Dienstleistungen kann die Grundlage für zwei alternative Ansprüche darstellen: einmal aus Vertrag, zum anderen aus ungerechtfertigter Bereicherung oder aus der Theorie des *quantum meruit*[60].

Keine Probleme entstehen selbstverständlich, wenn der Kläger mit der von ihm vorgetragenen Rechtsbegründung durchdringt; denn er hat nur *einen* Anspruch auf Befriedigung. Schwierigkeiten sieht das amerikanische Recht nur dann, wenn er mit seiner Anspruchsgrundlage nicht durchdringt und anschließend versucht, in einer zweiten Klage mit einer anderen Anspruchsgrundlage zum Ziel zu kommen; soll ihm diese zweite Klage gestattet sein? — Die bei weitem überwiegende Zahl der Gerichte[61] verwehrt ihm eine zweite Klage. Es steht ihm zwar nach den Regeln des modernen amerikanischen Prozeßrechts frei, während des Prozesses die rechtliche Begründung für seinen Anspruch zu ändern[62], aber — im Gegensatz zum deutschen Recht[63] — ist das Gericht nicht verpflichtet, selbständig alle Rechtssätze zu prüfen, die den Antrag aufgrund des vorgetragenen Sachverhalts als begründet erweisen können, so daß der Kläger alle Anspruchsgrundlagen finden und in den Prozeß einführen muß, will er nicht Gefahr laufen, mit den nicht vorgetragenen ausgeschlossen zu werden[64].

---

[60] Zum Verhältnis der Theorie des *quantum meruit* und des *unjust enrichment* vgl. Zweigert-Kötz, Bd. II, S. 263 ff.
[61] Vgl. z. B. Hennepin Paper Co. v. Fort Wayne Corrugated Paper Co., 153 F.2d 822 (1946); Ajamian v. Schlanger, 14 N.J. 483, 103 A.2d 9 (1954); dazu: Note, 104 U.Pa.L.Rev. 955, 966 f. (1956); 50 C.J.S. §§ 653 f., 676 m. w. Nw. James, § 11.14; C. E. Clark, S. 475 f.; Hoegen, 55 Mich.L.Rev. 967, 976 ff. (1957).
[62] Die Genehmigung einer solchen Änderung steht im Ermessen des Gerichts; vgl. C. E. Clark, S. 715.
[63] Im deutschen Recht hat bekanntlich das Gericht grundsätzlich alle Rechtssätze zu beachten, die den Antrag aufgrund des vorgetragenen Sachverhalts als begründet erweisen können (*iura novit curia*); zu den Ausnehmen vgl. Stein-Jonas-Schumann-Leipold, § 322 Anm. VI 5 c; Stein-Jonas-Pohle, Einl. E 2 b.
Kommt das Gericht dieser Pflicht nicht nach, so mag das Urteil unrichtig und mit Rechtsmitteln anfechtbar sein, doch rechtfertigt sich daraus nach heutiger allgemeiner Meinung keine Einschränkung der Rechtskraft (eine abweichende Ansicht wurde — soweit ersichtlich — nur von Lent vertreten, vgl. ZZP 72 [1959], 88 ff., 94 ff., und unten Fn. 89).

Die Gegenmeinung wird allerdings noch vertreten. Zwei Entscheidungen wichtiger Jurisdiktionen, die — soweit ersichtlich — zumindest noch die ausdrücklich *overruled* worden sind, gehen von einer extrem engen Definition der *single cause of action* aus und lassen eine zweite Klage aufgrund einer anderen Anspruchsgrundlage zu, weil die Tatsachen, die die andere Anspruchsgrundlage ausfüllten, nie völlig identisch seien mit denen, die im ersten Verfahren vorgetragen worden seien; daß diese Tatsachen ohne weiteres schon im ersten Verfahren hätten vorgetragen werden können, wird als nicht erheblich angesehen[65].

Die h. M. will dagegen nur dann eine zweite Klage aufgrund einer anderen Anspruchsgrundlage zulassen, wenn sie sich auf einen im wesentlichen neuen Tatsachenvortrag stützt[66].

dd) Präklusion des nicht vorgetragenen
Tatsachenstoffs

Nach den eingangs gegebenen Definitionen der Begriffe *bar, merger* und *cause of action* ist zum Umfang der Tatsachenpräklusion nichts

---

[64] Das amerikanische Recht ist hier also bereit, den Rechtsuchenden besonders hart für die Fehler seines Anwalts zu bestrafen.
Das darf allerdings nicht dahingehend verstanden werden, daß im amerikanischen Zivilprozeßrecht eine „Verhandlungsmaxime" auch auf rechtlichem Gebiet gelte. Vielmehr genügt es auch im amerikanischen Prozeß grundsätzlich, wenn der Kläger dem Gericht in den *pleadings* die seiner Ansicht nach wesentlichen Tatsachen vollständig vorträgt und sein Klagebegehren in einem Antrag formuliert; vgl. z. B. James, § 2.6. Das Gericht wird dann allerdings den Anspruch von sich aus qualifizieren, was weitgehend in seinem Ermessen steht, und nur über diesen materiellen Anspruch entscheiden, auch wenn sich eine weitere Anspruchsgrundlage anbieten sollte. — Stützt sich der Kläger (möglicherweise irrtümlich) nur auf eine von mehreren möglichen Anspruchsgrundlagen, so wird das Gericht dies als Ausübung eines Wahlrechts auffassen und nur über diesen geltend gemachten Anspruch entscheiden. — Zu der uneinheitlichen und wenig durchsichtigen Behandlung konkurrierender Ansprüche in der anglo-amerikanischen Gerichtspraxis, die historisch auf die Eigenarten des starren Writsystems zurückzuführen ist (vgl. Peter, S. 38), vgl. insbes. Prosser, S. 380 ff. m. w. Nw.; an deutschsprachiger Literatur: Georgiades, S. 57 ff.; Schlechtriem, S. 161 ff.
[65] Vgl. Smith v. Kirkpatrick, 305 N.Y. 66, 111 N.E.2d 209 (1953); Norwood v. McDonald, 142 Ohio St. 299, 52 N.E.2d 67 (1943).
In einem älteren Fall hatte ein Gericht die Klage eines Rechtsanwalts abgewiesen, da kein Vertrag zwischen ihm und dem Klienten zustandegekommen sei; eine zweite Klage wurde zugelassen und hatte Erfolg aufgrund der Theorie des *quantum meruit*; vgl. Thayer v. Harbican, 70 Wash. 278, 126 P. 625 (1912).
[66] Vgl. Hoegen, 55 Mich.L.Rev. 967, 980 (1957); 50 C.J.S., Judgments, §§ 649, 654 m. w. Nw., z. B. Schriver v. Eckenrode, 87 Pa. 213 (1878): "An action on the case for a deceit in falsely representing that a farm contained a certain number of acres, is not a bar to an action of assumpsit upon a guaranty that the farm contained that number of acres." — Das entspricht dem dt. Recht: Wenn z. B. der Kläger mit einer Kaufpreisklage abgewiesen wird, kann er immer noch aus einem für den Kaufpreis ausgestellten Wechsel klagen.

mehr zu sagen. Die Parteien sind für ein weiteres Verfahren mit derselben *cause of action* nicht nur mit dem Vorbringen von bereits im Erstverfahren geltend gemachten und vom Gericht verwerteten Tatsachen zur Erschütterung der im Ersturteil gezogenen Rechtsfolge ausgeschlossen, sondern grundsätzlich mit allen Fakten, die den geltend gemachten Anspruch oder die Ansprüche, die nach den obigen Erörterungen hätten geltend gemacht werden müssen, bei absprechendem Urteil zu begründen oder bei zusprechendem Urteil zu leugnen geeignet sind. Diese Wirkung wird als echte *res judicata*-Wirkung *(genuine effect of res judicata)* begriffen[67].

ee) Die zeitliche Grenze der Tatsachen- und Anspruchspräklusion

Als zeitliche Grenze der Tatsachen- und Anspruchspräklusion gilt das Ende der mündlichen Verhandlung in der ersten Instanz, im Gegensatz zum deutschen Recht, in dem für das Berufungsverfahren kein Novenverbot besteht.

ff) Allgemeine Ausnahmen von der
Rule against Splitting of a Cause of Action

aaa) Die Regel gegen das *splitting of a cause of action* findet keine Anwendung, wenn der Kläger aus irgendwelchen Gründen prozessualer Art die verschiedenen sich aus einer unerlaubten Handlung oder aus einem vertraglichen Verhältnis ergebenden Anspruchsarten gar nicht in ein und derselben Klage geltend machen konnte, was insbesondere in Staaten der Fall sein kann, in denen die Trennung von *law* und *equity* noch nicht aufgehoben ist[68]. Wenn z. B. der Beklagte dem Kläger widerrechtlich Vermögensstücke weggenommen und diesen um die Gebrauchsmöglichkeit gebracht hat *(conversion)*, dann kann der Kläger hinsichtlich der noch beim Beklagten vorhandenen Sachen *in equity* auf Rückgabe *(specific restitution)* und hinsichtlich des (weiterveräußerten oder zerstörten) Restes *at law* auf Wertersatz *(claim for value)* klagen[69].

bbb) Außerdem findet die Regel dann keine Anwendung, wenn der Kläger durch eine Täuschung von seiten des Beklagten dazu veranlaßt worden ist, einen Teil seiner Ansprüche oder Gründe nicht in dem ursprünglichen Prozeß geltend zu machen[70].

---

[67] Vgl. Hoegen, 55 Mich.L.Rev. 799, 820 u. 823 (1957).
Von dem Streit, ob es sich bei der Präklusion des nicht vorgebrachten Prozeßstoffs um eine echte Rechtskraftwirkung (so die h. L. im dt. Recht; vgl. statt vieler Henckel, Parteilehre und Streitgegenstand, S. 302 m. w. Nw.) oder um eine *neben* die Rechtskraftwirkung tretende Urteilswirkung handelt (so z. B. Habscheid, Streitgegenstand, S. 289 ff.), ist das amerikanische Prozeßrecht verschont geblieben. Zweifel meldet nur ein Kenner des kontinentalen Zivilprozesses an: vgl. Schopflocher, 21 Ore.L.Rev. 319, 363 f. (1942).
[68] Vgl. Restatement of Judgments, § 62, comment k.
[69] Vgl. Hoegen, 55 Mich.L.Rev. 799, 819 (1957).

ccc) Aus der Tatsache, daß die Rechtskraft im Recht der USA der Parteidisposition unterliegt[71], folgt ferner, daß die Doktrin von *bar* und *merger* nicht gilt, wenn der Beklagte es versäumt, eine entsprechende Einrede geltend zu machen[72].

gg) *Merger* und *Bar* als Aspekte der Rechtskraftwirkung gegen den Beklagten

Normalerweise ist der von *bar* und *merger* Begünstigte der Beklagte: Er kann die Einrede der *res judicata* in aufeinanderfolgenden Prozessen geltend machen, in gleichzeitigen die der Rechtshängigkeit *(plea of pendency)*. Er hat i. d. R. nur darauf zu achten, daß er alle ihm zur Verfügung stehenden[73] Einreden und Tatsachen, aus denen sich Einwendungen ergeben, vorträgt, da diese nach rechtskräftiger Entscheidung nicht mehr vorgetragen werden können, es sei denn, sie geben gleichzeitig einen Grund für einen *direct or collateral attack* ab[74].

aaa) Da das amerikanische Prozeßrecht aber auch das Institut der Widerklage *(counterclaim)* kennt, wird der Beklagte von der Regel *against splitting of an entire cause of action* noch weitergehend betroffen; denn nach allgemeiner Meinung gelten für seine Widerklage alle oben für den Kläger dargestellten Aspekte der Doktrin von *bar* und *merger*, d. h. er hat alle Ansprüche, die sich aus demselben Vertragskomplex bzw. derselben unerlaubten Handlung ergeben, und alle klagebegründenden Tatsachen, die bei vernünftiger Betrachtungsweise zu dem interessierenden Tatsachenkomplex gehören, in seiner Widerklage geltend zu machen.

bbb) In diesem Zusammenhang muß auch auf die Vorschriften über die *compulsory counterclaim* der *Federal Rules of Civil Procedure*[75] und einiger staatlicher Prozeßordnungen hingewiesen werden, die in gewissem Sinne die Doktrin gegen das *splitting of a cause of action* ergänzen[76]. Sie verlangen von dem Beklagten, jede mögliche Wider-

---

[70] Vgl. Restatement of Judgments § 62, comment 1; Ed. Note, 65 Harv.L. Rev. 818, 830 f. (1952).
Weitergehend offenbar das englische Recht, das eine Tatsachenpräklusion generell ablehnt, wenn der Prozeßstoff auch bei Anwendung vernünftiger Sorgfalt nicht vorgetragen werden konnte; vgl. Cohn, Festschr. f. Nipperdey, S. 887 mit Rspr.Nw.
[71] Vgl. oben Teil B I.
[72] Vgl. Restatement of Judgments § 62, comment m; C. E. Clark, S. 472.
[73] Sollte ein Verteidigungsmittel aus irgendwelchen prozessualen Gründen nicht zur Verfügung stehen — heutzutage ein seltener Fall —, dann tritt keine Ausschlußwirkung ein; vgl. zu Fn. 68 f.
[74] Vgl. 2 Freeman, § 774; James, § 11.16.
[75] Vgl. Fed.R.Civ.P. 13 (a); Cal.C.Civ.P. § 439.
[76] Vgl. C. E. Clark, S. 646 ff.; Wright, 38 Minn.L.Rev. 423 ff. (1954). — Grundsätzliche Bedenken werden in der amerik. Rechtslehre gegen die *compulsory counterclaim rules* erhoben, weil sie dem Kläger die Möglichkeit

klage zu erheben, die sich auf denselben Tatsachenkomplex stützen läßt, den der Kläger zur Begründung seiner Klage vorträgt[77], andernfalls hindert ihn der *res judicata*-Effekt[78] des ersten Urteils daran, später eine solche Klage in einem neuen Verfahren zu erheben[79]. Fehlt eine solche *compulsory counterclaim rule,* hat der Beklagte die Wahl, ob er Widerklage oder aber anschließend eine gesonderte Klage erheben will[80].

ccc) Schwierigkeiten besonderer Art entstehen, wenn der Beklagte dieselben Tatsachen sowohl als Verteidigungsvorbringen als auch als Grundlage für eine Widerklage benutzen kann.

In der Klage eines Arztes gegen seinen Patienten auf Bezahlung des Honorars z. B. kann der Beklagte zu seiner Verteidigung vortragen, die ärztlichen Verrichtungen seien fehlerhaft durchgeführt und hätten keinen Wert für ihn gehabt *(failure of consideration);* außerdem kann der Patient auf Schadensersatz für die durch die mangelhafte Behandlung entstandene Körperverletzung klagen. Soll der Beklagte — vorausgesetzt, daß keine *compulsory counterclaim rule* existiert — sich zunächst mit der fehlerhaften Behandlung verteidigen und dann einen zweiten Prozeß auf Schadensersatz wegen der fehlerhaften Behandlung anstrengen dürfen? Oder soll man ihn zwingen, die Schadensersatzklage als Widerklage in dem ursprünglichen Prozeß anhängig zu machen?

Das *Restatement of Judgments* will ihm auch hier ein Wahlrecht einräumen[81]. Aber die bei weitem überwiegende Mehrheit der Gerichte vertritt die Ansicht, daß der Beklagte, wenn er die Tatsachen tatsächlich in dem ersten Prozeß zu seiner Verteidigung vorgebracht hat,

---

eröffnen, mit einer unwichtigen und aussichtslosen Klage dem Beklagten zuvorzukommen und ihm so einen aus verschiedenen Gründen ungünstigeren Gerichtsstand aufzuzwingen; vgl. James, § 11.16; 1A Barron-Holtzoff, § 394.

[77] "... if it arises out of the transaction or occurence that is the subject matter of the opposing party's claim ..." (vgl. Fed.R.Civ.P. 13 [a]): Der Kläger wird also nicht gezwungen, alle nach den Grundsätzen der *permissive counterclaim* überhaupt möglichen Widerklagen zu erheben.

[78] Auch diese Wirkung wird im amerikanischen Recht als echte Rechtskraftwirkung verstanden, obwohl natürlich — genau betrachtet — über die nicht vorgetragenen Ansprüche gar nicht entschieden worden ist; vgl. Hoegen, 55 Mich.L.Rev. 967, 972 (1957).

[79] Wie im Falle eines *permissive joinder of claims* steht es aber auch hier im pflichtgemäßen Ermessen des Gerichts, die Trennung der Klagen anzuordnen, wenn die Gefahr besteht, daß das Verfahren zu umfangreich und kompliziert wird; vgl. Fed.R.Civ.P. 13 (i) i. V. m. 42 (b) und 54 (b); James, § 10.16.

[80] Vgl. Restatement of Judgments § 58; Ed. Note, 65 Harv.L.Rev. 818, 831 (1952); 2 Freeman, § 756; James, § 11.16.

[81] Vgl. Restatement of Judgments § 58, comment b, illustrations 9 - 12.

keinen zweiten Prozeß anstrengen darf, in dem er dieselben Tatsachen zur Klagebegründung vorträgt[82].

Diese Ansicht zwingt den Beklagten also nicht nur, in seiner Widerklage alle Ansprüche, die sich aus dem vom Kläger vorgetragenen Tatsachenkomplex ergeben, und alle dazugehörigen klagebegründenden Tatsachen geltend zu machen bzw. vorzutragen, sondern sie zwingt ihn darüber hinaus, überhaupt eine Widerklage zu erheben, und nimmt ihm im Grunde die Möglichkeit, sich auf die bloße Verteidigung zu beschränken. Deshalb unterstützt Hoegen[83] z. B. die Ansicht des Restatement. Eine so weitgehende Ausschlußwirkung sei vom Legitimationsgrund der *res judicata* nicht gerechtfertigt, jedenfalls so lange nicht, wie der Beklagte nicht durch Erhebung einer zweiten Klage (außerhalb des ursprünglichen Verfahrens) zu erkennen gegeben habe, daß er überhaupt selbst klagen wolle; nur in einem solchen Falle solle ihm im zweiten Prozeß die *plea of pendency* entgegengehalten werden können.

Allgemeine Übereinstimmung der Ansichten herrscht für den Fall, daß der Beklagte mit seinem Verteidigungsvorbringen keinen Erfolg hat; er kann anschließend keine neue Klage erheben, die sich auf dasselbe Vorbringen stützt[84]. Der Patient also kann keine Schadensersatzklage wegen Körperverletzung durch falsche Arztbehandlung bringen, wenn er in dem ursprünglichen Prozeß erfolglos versucht hat, sich mit dieser Begründung zu verteidigen. Allerdings folgt dieses Ergebnis nicht aus der problematischen Doktrin *against the splitting of an entire cause of action*, sondern ist eine Konsequenz der Lehre vom *collateral estoppel*, die es verbietet, daß einmal zwischen denselben Parteien entschiedene Rechts- und Tatsachenfragen (!) in einem Verfahren mit einem anderen Streitgegenstand bzw. *cause of action* erneut zur gerichtlichen Entscheidung gestellt werden[85].

ddd) Der Vollständigkeit halber sollte auch der Hinweis nicht fehlen, daß der frühere Beklagte im anglo-amerikanischen Prozeßrecht, obwohl das nirgendwo ausdrücklich gesagt wird, selbstverständlich denselben Streit nicht in seiner Umkehrung erneut anhängig machen kann[86]; denn

---

[82] Vgl. Leslie v. Mollica, 236 Mich. 610, 211 N.W. 267 (1926), wo der Supreme Court of Michigan über den oben als Beispiel angeführten Arzt/Patient-Fall zu entscheiden hätte; Silberstein v. Begun, 232 N.Y. 319, 133 N.E. 904 (1922); Ann., „Judgment in Action for Services of Physician or Surgeon as Bar to Action against Him for Malpractice", 49 A.L.R. 551 (1922); James, § 11.16.
[83] Vgl. Hoegen, 55 Mich.L.Rev. 967, 974 (1957).
[84] Vgl. Knotts v. Clark Construction Co., 191 Ind. 354, 131 N.E. 921 (1921); 2 Freeman, § 792; Restatement of Judgments § 58, comment c; James, § 11.16; Field-Kaplan, S. 771.
[85] Vgl. zur Lehre vom *collateral estoppel* unten Teil B V 2.
[86] Insbesondere also keine negative Feststellungsklage nach rechtskräf-

die rechtskräftige Feststellung (Bestehen einer Rechtsfolge) enthält zugleich die Feststellung des Nichtvorliegens des kontradiktorischen Gegenteils (Nichtbestehen der Rechtsfolge)[87].

d) Vergleichende Bemerkungen

aa) Die Regeln des deutschen Rechts

Die hier dargestellte Doktrin vom *merger* und *bar* — *bar* ist genaugenommen nur eine Spiegelung des *merger*-Effekts[88] — schließt selbstverständlich die Wirkung der Rechtskraft im deutschen Recht ein: Der Kläger kann nicht erneut denselben Anspruch geltend machen, der frühere Beklagte kann den Streit nicht in seiner Umkehrung (insbesondere durch eine negative Feststellungsklage) erneut anhängig machen.

Mit der weitergehenden Wirkungsweise der Doktrin, die gemeint ist, wenn von der Regel *against splitting an entire cause of action* oder für *required joinder of claims* die Rede ist, hat sich das amerikanische Recht darüber hinaus für eine wesentlich umfassendere Rechtskraftwirkung als das deutsche entschieden.

Was im deutschen Recht den Gegenstand der Rechtskraft bildet, ist vom Gesetzgeber nicht eben präzise beschrieben. § 322 I ZPO spricht davon, daß das Urteil nur insoweit in Rechtskraft erwächst, als über den durch die Klage erhobenen „Anspruch" entschieden worden ist. Wird eine zweite Klage erhoben, so greift die materielle Rechtskraft dann ein, wenn es sich um denselben „Anspruch" wie im ersten Verfahren handelt. Im wesentlichen besteht Einigkeit darüber, daß mit dem „Anspruch" i. S. des § 322 I ZPO der prozessuale Anspruch, nicht der materiell-rechtliche i. S. des § 194 I BGB gemeint ist[89]. Die Frage nach

---

tiger Verurteilung aufgrund einer Leistungsklage, positiven Feststellungsklage oder erfolgreichen Gestaltungsklage.

Fälle dieser Art sind — soweit ersichtlich — bisher noch nicht Gegenstand von Entscheidungen gewesen. Die Gewißheit jedoch, wie derartige Fälle entschieden würden, folgt aus dem breit angelegten Konzept der *res judicata* im anglo-amerikanischen Recht: Selbst wenn die Gerichte in derartigen Fällen keine Identität der *cause of action* annehmen sollten, etwa weil die Klage im zweiten Prozeß nicht vom Kläger, sondern vom Beklagten des früheren Prozesses ausgeht, so wird eine erneute Entscheidung in der Sache auf jeden Fall durch den *collateral estoppel*-Effekt des Urteils, also durch die Rechtskraft der Entscheidungsgründe verhindert; vgl. dazu im einzelnen unten Teil B V 2.

[87] Vgl. für das dt. Recht z. B. BGHZ 35, 165 (171); BGH NJW 1965, 42; Stein-Jonas-Schumann-Leipold, § 322 IX 1 a m. w. Nw.; Grunsky, § 47 IV 1 a; Rosenberg-Schwab, § 155 II; Lent-Jauernig, § 63 II.

[88] Vgl. Peterson, S. 64 f.

[89] Vgl. BGHZ 42, 340 (344); Stein-Jonas-Schumann-Leipold, § 322 Anm. VI 5 a; Rosenberg-Schwab, § 96 III; Brox, JuS 1962, 125.

Soweit ersichtlich, hat allein Lent die Auffassung vertreten, der „Anspruch" i. S. des § 322 ZPO sei identisch mit dem Anspruchsbegriff der

dem prozessualen Anspruch verweist zunächst auf die Frage nach dem Streitgegenstand, den die ZPO selbst nicht definiert und über dessen Umgrenzung noch immer tiefgreifende Meinungsverschiedenheiten bestehen.

Nach herrschender deutscher Prozeßrechtslehre ist als Gegenstand der Rechtskraft unmittelbar das Bestehen oder Nichtbestehen der geltend gemachten konkreten Rechtsfolge aufgrund des vorgetragenen Tatsachenkomplexes anzusehen[90]. Um die geltend gemachte Rechtsfolge zu bestimmen, ist vom Antrag des Klägers auszugehen. Vielfach genügt allein der Antrag, um die geltend gemachte Rechtsfolge so zu individualisieren, daß sie von anderen Rechtsfolgen unverwechselbar abzugrenzen ist. Dies ist bei Klagen auf Leistung individuell bestimmter Sachen, bei Gestaltungsklagen und bei den meisten Feststellungsklagen der Fall. In anderen Fällen, insbesondere bei Zahlungs-

---

traditionellen zivilistischen Konkurrenzlehre; vgl. Lent, ZZP 72 (1959), 88 ff. Dies ist die notwendige Konsequenz des von Lent gewählten Ausgangspunktes: Als einziger lehnt er jede Tatsachenpräklusion kategorisch ab; als Korrektiv will er in Einzelfällen allenfalls das Rechtsschutzbedürfnis bei der zweiten Klasse gelten lassen.
Hat der Käger einen Sachverhalt vollständig vorgetragen, soll es von der vom Gericht tatsächlich vorgenommenen Prüfung abhängen, welche einzelnen Ansprüche materieller Art in Rkr. erwachsen; hat das Gericht (bei abweisendem Urteil) die Prüfung einer möglichen Anspruchsgrundlage unterlassen, so soll die Entscheidung insoweit nicht in Rkr. erwachsen. Auch kann nach Lent der Kläger den Urteilsgegenstand ausdrücklich auf einen bestimmten materiell-rechtlichen Anspruch beschränken. — Heute herrscht Einigkeit darüber, daß derartige Konsequenzen dem Zweck der Rkr. zuwiderlaufen.
Die Gleichstellung des Anspruchs der ZPO mit dem Anspruch des materiellen Rechts ist nur dann zu halten, wenn man die hergebrachte zivilistische Konkurrenzlehre durch Verschieben der Grenze zwischen Anspruchs- und Gesetzeskonkurrenz revidiert. Darauf beruht der Vorschlag von Nikisch AcP 154 (1955), 282 f., in den Fällen, in denen die Annahme einer Anspruchskonkurrenz prozessual nicht befriedigt, nunmehr die Annahme einer Gesetzeskonkurrenz oder „Anspruchsgrundlagenkonkurrenz" zu bejahen; vgl. auch Larenz, AT, § 14 IV; Georgiades, S. 112 ff., 239 ff., insbes. 252 ff. Es ist allerdings festzuhalten, daß es sich hierbei nicht eigentlich um eine Förderung der Lehre vom Streitgegenstand handelt, sondern nur um eine Absicherung der schon früher im Prozeßrecht vollzogenen Entwicklung vom materiellen Recht her; zum übergreifenden Problem der Sachverhaltsabgrenzung macht diese Konkurrenzlehre keine neue Aussage.
[90] Vgl. Stein-Jonas-Schumann-Leipold, § 322 Anm. VI 5 b. Daß die Rechtskraft grundsätzlich durch den zur Entscheidung gestellten Sachverhalt mitbegrenzt wird, ist auch der Standpunkt der Rspr.; vgl. BGHZ 9, 22 (28); BAG AP § 322 Nr. 8.
Die Rechtskraftwirkung kann aber nicht allein darauf beschränkt werden, nur Angriffe gegen die Feststellung der *vorgetragenen* Tatsachen auszuschließen. Vielmehr sind ausgeschlossen in einem zweiten Prozeß auch alle Tatsachen, die bei einer natürlichen, vom Standpunkt der Parteien ausgehenden Betrachtungsweise zu dem durch den Vortrag des Klägers zur Entscheidung gestellten Tatsachenkomplex gehört hätten (sog. Tatsachenpräklusion) — und zwar ohne Rücksicht auf die Kenntnis des Klägers; vgl. z. B. BGH LM § 322 Nr. 27 = NJW 1960, 1460.

klagen und sonstigen Klagen auf nur der Gattung nach bestimmte Leistungen, ist zwar ebenfalls vom Antrag auszugehen, aber der vorgetragene Sachverhalt zum Verständnis des Antrags heranzuziehen, um zu ermitteln, um welche Rechtsfolge es sich handelt.

Wie die vorausgegangene Darstellung der anglo-amerikanischen *res judicata*-Lehre gezeigt haben dürfte, ist der Antrag des Klägers bzw. Widerklägers völlig belanglos bei der Bestimmung des Gegenstandes der Rechtskraft.

Um Mißverständnissen vorzubeugen: Genau wie im deutschen Recht[91] ist ein amerikanisches Gericht nicht befugt, einer Partei etwas zuzusprechen, was nicht beantragt ist[92]; in den Fällen des *required joinder of claims* geht das Gericht nicht über den Antrag des Klägers hinaus; es entscheidet nicht Streitfragen, die der Kläger gar nicht zur Entscheidung gestellt hat, es ist vielmehr die umfassende *res judicata*-Wirkung von *bar* und *merger*, die dazu führt, daß Ansprüche als rechtskräftig abgeurteilt gelten, die pflichtwidrig nicht in ein und demselben Prozeß geltend gemacht worden sind. Nach Ansicht des amerikanischen Rechts handelt es sich hierbei um eine *echte* Rechtskraftwirkung[93].

Im deutschen Recht steht es grundsätzlich dem Kläger bzw. Widerkläger — und nur ihm — zu, durch die Formulierung seines Antrags zu bestimmen, was vom Gericht rechtskräftig entschieden werden soll. Er hat keinerlei Regeln zu beachten, nach denen er gezwungen wäre, alle sich aus einem bestimmten Tatsachenkomplex ergebenden Ansprüche gleichzeitig geltend zu machen. Das gilt sowohl für sämtliche oben angeführten Beispielsfälle aus dem Bereich der unerlaubten Handlungen als auch für die aus dem Bereich des Vertragsrechts. Das deutsche Recht geht bekanntlich so weit, daß es dem Kläger gestattet, einen materiellen Anspruch in Teilen einzuklagen; das ist zwar in keinem Verfahrensgesetz expressis verbis vorgesehen, doch besteht darüber Einigkeit[94]. Dies gilt nicht nur dann, wenn der Betrag einen nach Zeitabschnitten oder dergleichen individualisierten Teil des Anspruchs

---

[91] Vgl. § 308 I ZPO.
[92] Entscheidet das Gericht über Dinge, die die Parteien gar nicht zur Entscheidung gestellt haben, dann ist die Entscheidung insoweit wegen fehlender *juristiction* unwirksam (= nichtig); vgl. Restatement of Judgments § 8, comment c; James, § 12.1.
[93] Vgl. z. B. Blume, 42 Mich.L.Rev. 257, 282 (1943); ders., 45 Mich.L.Rev. 797, 798 (1947); C. E. Clark, S. 473; Hoegen, 55 Mich.L.Rev. 799, 820, 823 (1957). Auch im Restatement of Judgments, §§ 61 ff., wird die Doktrin *against splitting of a cause of action* in dem Teil der *res judicata*-Wirkungen behandelt.
[94] Vgl. z. B. Blomeyer, § 43 II 3; Rosenberg-Schwab, § 156 III; Grunsky, § 47 IV 1 b; Stein-Jonas-Schumann-Leipold, § 322 VI 8 a.
Differenziert aber Bruns, § 44 II, III; vgl. dazu unten zu Fn. 122 ff.

(Mietraten usw.) darstellt, sondern auch dann, wenn es an einer solchen Individualisierung fehlt und in der ersten Klage kein Vorbehalt weiterer Forderungen zum Ausdruck gebracht wurde[95].

Der bloße Gedanke an eine solche Möglichkeit wird im amerikanischen Recht offenbar für so abwegig gehalten, daß er nicht einmal erwähnt wird. — Allenfalls kann ein Kläger, der nur den Ersatz eines Teils des ihm entstandenen Schadens verlangt, weil er nur diesen Teil beweisen kann, später in Ausnahmefällen wegen der Entdeckung neuen Beweismaterials eine neue Verhandlung beantragen *(motion for a new trial)* oder aber — nach Ablauf der gesetzlichen Frist — in einer unabhängigen Klage *equitable relief* suchen[96].

Dem allgemeinen Grundsatz, daß der Kläger bzw. Widerkläger den Gegenstand der Rechtskraft durch die Formulierung seines Antrags bestimmt, entspricht es, daß es im deutschen Recht keine allgemeine Verfahrensbestimmung gibt, die den Beklagten zwingt, die sich aus dem vom Kläger vorgetragenen Tatsachenkomplex für ihn ergebenden Ansprüche in demselben Verfahren in Form einer Widerklage geltend zu machen.

bb) Ausnahmen im deutschen Recht

Beide diese Grundregeln des deutschen Prozeßrechts haben jedoch an einigen — wenn auch wenigen — Stellen ihre Durchbrechungen[97].

aaa) Eine Gruppe dieser Ausnahmen beruht auf ausdrücklichen gesetzlichen Vorschriften:

So bestimmt § 54 PatG, daß derjenige, der eine Klage nach § 47 PatG (auf Unterlassung der Patentverletzung, auf Schadensersatz oder Entschädigung) erhoben hat, gegen den Beklagten wegen derselben oder gleichartigen Handlung aufgrund eines anderen Patents nur dann eine weitere Klage erheben kann, „wenn er ohne sein Verschulden nicht in der Lage war, auch dieses Patent in dem früheren Rechtsstreit geltend zu machen".

---

[95] Eine Nachforderung kommt nur dann nicht in Frage, wenn der Kläger darauf verzichtet hat oder sich aus dem Verhalten des Klägers eine materiellrechtliche Verwirkung der weiteren Anspruchsteile aufgrund widersprüchlichen oder arglistigen Verhaltens ergibt; vgl. Stein-Jonas-Schumann-Leipold, § 322 Anm. VI 8 c. Das gleiche gilt, wenn die Schadensersatzhöhe von vornherein in das Ermessen des Gerichts gestellt war.
[96] Vgl. Restatement of Judgment § 62, comment d. Für unvorhergesehene Folgeschäden gilt das unten zu Fn. 41 ff. Gesagte.
[97] Die folgende Aufzählung will keinen Anspruch auf Vollständigkeit erheben. — Vgl. zu den folgenden Fällen und die darüber hinausreichende Problematik insbes. Zeuner, S. 102 ff. m. w. Nw.

Der wohl bekannteste Fall dieser Art ist § 616 S. 1 ZPO: „Der Kläger, der mit der Scheidungsklage oder der Aufhebungsklage abgewiesen ist, kann das Recht, die Scheidung oder die Aufhebung der Ehe zu verlangen, nicht mehr auf Tatsachen gründen, die er in einem früheren Rechtsstreit geltend gemacht hat oder die er in dem früheren Rechtsstreit oder durch Verbindung der Klagen geltend machen konnte."

Satz 2 dieser Vorschrift ist übrigens — soweit ersichtlich — der einzige Fall des deutschen Prozeßrechts, in dem der Beklagte gezwungen wird, eine Widerklage zu erheben, will er nicht mit den Tatsachen, auf die er eine Widerklage hätte stützen können, ausgeschlossen werden[98].

§ 17 des früheren Mieterschutzgesetzes bestimmte, daß der Vermieter nach Abweisung seiner Aufhebungsklage eine neue Aufhebungsklage nicht auf Aufhebungsgründe stützen könne, die er in dem früheren Rechtsstreit hätte geltend machen können.

Schließlich gehört auch § 767 III ZPO in die Gruppe der gesetzlichen Ausnahmen: Bei der Vollstreckungsgegenklage muß „der Schuldner in der von ihm zu erhebenden Klage alle Einwendungen geltend machen, die er zur Zeit der Erhebung der Klage geltend zu machen imstande war".

Es kann hier nicht näher auf die Natur der in diesen Vorschriften verfügten Präklusionswirkungen eingegangen werden. Es sei nur die Feststellung erlaubt, daß man sich im wesentlichen darin einig ist, daß es sich um eine Ausschlußwirkung handelt, die zusätzlich neben die echte Rechtskraftwirkung des § 322 ZPO tritt[99].

Das amerikanische Prozeßrecht mit seinem wesentlich weiteren Begriff vom Streitgegenstand bzw. der *cause of action* begreift alle Ausschlußwirkungen des Urteils ausnahmslos als *genuine effects of res iudicata* und verzichtet auf die Unterscheidung zwischen echter Rechtskraftwirkung und rechtskraftfremder Präklusion. Zweifel werden — soweit ersichtlich — nur von Schopflocher angemeldet, der für einen engen Begriff der *cause of action* — ähnlich dem Streitgegenstand der h. L. im deutschen Recht — eintritt und alle darüber hinausgehenden Präklusionswirkungen als Urteilswirkungen besonderer Art *neben* der Rechtskraft ansieht. Der Begriff der *res judicata* solle frei sein von

---

[98] § 616 S. 2 ZPO lautet: „... Das gleiche gilt im Falle der Abweisung der Scheidungsklage oder der Aufhebungsklage für den Beklagten in Ansehung der Tatsachen, auf die er eine Widerklage zu stützen imstande war."
[99] Vgl. zu dieser Problematik Stein-Jonas-Schlosser, § 616 Anm. I, III; Stein-Jonas-Münzberg, § 767 Anm. V; Rosenberg-Schwab, § 156 II 2; Habscheid, FamRZ 1964, 174 f.; Benkard-Löscher, § 54 Rdn. 2; Klauer-Möhring-Hesse, § 54 Anm. II; Schwab, Streitgegenstand, S. 171; a. A. Bötticher, Festg. f. L. Rosenberg, S. 92, der eine eingeschränkte Rechtskraftwirkung annimmt.

Elementen des Verschuldens und der Sanktion für unterlassene Sorgfalt. Die Regel *against the splitting of a cause of action* aber enthalte gerade solche Elemente[100]. Die von Schopflocher aufgedeckten dogmatischen Unstimmigkeiten haben aber in der amerikanischen Prozeßrechtswissenschaft nicht einmal zu einer Diskussion geführt.

Die genannten Ausnahmevorschriften des deutschen Rechts beruhen nicht auf ein und demselben Gedanken des Gesetzgebers:

§ 54 PatG soll den Beklagten vor unnötig hohen Ausgaben durch mehrfache Prozeßführung schützen; die Erfahrung auf dem Gebiete des Patentrechts hatte nämlich gezeigt, daß die wirtschaftlich Stärkeren das Risiko solcher hohen Ausgaben ausnutzten, um sich einen schwächeren Partner gefügig zu machen[101].

In den drei anderen genannten Fällen geht es weniger um den Schutz des Beklagten; vielmehr steht hier ein vitales öffentliches Interesse an einer möglichst umfassenden Präklusionswirkung im Vordergrund: Nach deutschem Recht besteht ein öffentliches Interesse daran, das Institut der Ehe zu schützen. Im Prozeßrecht hat diese Auffassung zum Grundsatz von der Einheitlichkeit des Eheverfahrens geführt, der einer Vervielfältigung von Eheprozessen entgegenwirken soll[102, 103].

---

[100] Vgl. Schopflocher, 21 Ore.L.Rev. 319, 363 f. (1942).
[101] Vgl. Klauer-Möhring-Hesse, § 54 Anm. I; Benkard-Löscher, § 54 Rdn. 1.
[102] Vgl. Stein-Jonas-Schlosser, § 614 Anm. I; Thomas-Putzo, § 616 Anm. 1; Habscheid, FamRZ 1964, 174 ff.; Schwab, ZZP 65 (1952), 101 ff.
[103] Es ist interessant zu sehen, daß ausgerechnet an dieser Stelle, wo das dt. Recht eine Ausnahme macht und Kläger und Beklagten zwingt, alle Tatsachen vorzutragen, die sie vortragen können, das amerik. Recht ebenfalls eine Ausnahme macht, allerdings in der entgegengesetzten Richtung, so daß gleichlautende Ergebnisse beider Rechtssysteme, die man eigentlich in dieser Fallgruppe erwarten sollte, ausbleiben. Nach § 74 des Restatement of Judgments soll die Regel *against splitting* nicht in Verfahren gelten, die den Status von Personen zum Gegenstand haben. Das heißt, obwohl eine zweite Scheidungsklage mit einem anderen Grund als zur selben *cause of action* gehörig betrachtet wird, soll sie nicht durch die *bar*-Wirkung des Urteils ausgeschlossen sein. Das Restatement ist bezeichnenderweise sehr zurückhaltend mit den Gründen für seine Ansicht. Es gibt aber immerhin zu, daß es im Grunde hier gar nicht darum gehe, ob es sich um dieselbe *cause of action* bei beiden Klagen handelt, sondern darum, ob den Ehegatten erlaubt werden solle, ihren Streit solange fortzusetzen, bis sie einen Grund finden, der das Gericht zur Ehescheidung befugt (§ 74, comment d). Es lassen sich Entscheidungen finden, die den Ansicht des Restatement unterstützen, z. B. Del Peschio v. Del Peschio, 356 F.2d 402 (1966), und solche, die sie ablehnen, z. B. McDaniel v. McDaniel, 175 Va. 402, 9 S.E.2d 360 (1940), und weitere Fälle in Ann., 4 A.L.R.2d 107 (1949). Einige Entscheidungen folgen dem Restatement nur, wenn der Kläger die weiteren klagebegründenden Tatsachen zur Zeit der ersten Klage kannte, z. B. Smith v. Smith, 102 Ind.App. 431, 200 N.E. 90 (1936); diese Lösung entspricht dann der deutschen in § 616 ZPO; die Mehrheit der Jurisdiktionen folgt jedoch uneingeschränkt der Ansicht des Restatements (vgl. 24 AmJur2d, Divorce and Separation, § 498; H. H. Clark, S. 409 f.), da dem amerik. Recht ein allg.

Ähnliches traf für § 17 MSchG zu. Die Mietverträge, die unter dieses Gesetz fielen, galten auf unbestimmte Zeit, so daß die Öffentlichkeit ein Interesse daran hatte, die obrigkeitlich verfügte langfristige Beziehung zwischen Mieter und Vermieter nicht dauernd durch erneute Prozeßführungen gestört zu sehen. Die allgemeine Notlage auf dem Wohnungsmarkt machte es erforderlich, den sich gegenseitig aufgezwungenen Parteien einen möglichst ungestörten „Frieden" zu verordnen[104]. Genauso hat es der Gesetzgeber in § 767 III ZPO als äußerst unerwünscht angesehen, daß die Vollstreckbarkeit eines Urteils wiederholt in Frage gestellt werden kann[105].

In keinem der Fälle aber wird das öffentliche Interesse für so dominierend gehalten, daß es auf subjektive Merkmale des Klägers bzw. Widerklägers (bei § 616 ZPO) nicht ankäme. Kennt der Kläger die weiteren klagebegründenden Tatsachen gar nicht, greift die Präklusionswirkung nicht ein[106]. Das gilt im amerikanischen Recht nur, wenn die Unkenntnis des Klägers auf ein arglistiges Verhalten des Beklagten zurückgeht[107].

Genau wie im amerikanischen Recht des *compulsory or required joinder of claims* kann der Beklagte sich gegen eine entgegen den obengenannten Vorschriften gesondert erhobene, gleichzeitige Klage mit der Einrede der Rechtshängigkeit verteidigen[108].

bbb) Zwei weitere Ausnahmen von der im deutschen Recht geltenden Regel, daß allein der Kläger durch seinen Antrag den Gegenstand der Rechtskraft bestimmt, sollten erwähnt werden:

Angenommen der Beklagte schuldet dem Kläger 500,— DM. Der Kläger klagt auf einen Teil von DM 100,—, und es gibt Anhaltspunkte dafür, daß der Kläger beabsichtigt, nacheinander 5 Klagen auf je DM 100,— zu bringen. Eine solche Klage wird als unzulässig angesehen. Dieses Ergebnis läßt sich begründen entweder mit einer Analogie zu

---

favor matrimonii fremd ist. Bezeichnend hierfür ist eine Passage aus Leahy v. Leahy, 208 Ore. 659, 679, 303 P.2d 952, 961 (1956), in der betont wird, daß die Parteien „had been divorced in fact, if not in law" und daß es in ihrem und im Interesse der Gesellschaft am besten sei, wenn die Ehe geschieden würde.
[104] Vgl. z. B. Roquette, DR 1942, 875.
[105] Vgl. z. B. Stein-Jonas-Münzberg, § 767 Anm. V; Gaul, JuS 1962, 2.
[106] a. A. im Falle des § 767 III ZPO neuerdings der BGH gegen die h. M.; vgl. BGH NJW 1973, 1328 m. w. Nw.
[107] Vgl. oben zu Fn. 70.
[108] Vgl. für § 54 PatG: Benkard-Löscher, § 54 Rdn. 2; Habscheid GRUR 1954, 243; für § 616 ZPO: RGZ 104, 155; für § 767 III: RGZ 55, 101.
Die Einrede der Rechtsanhängigkeit kann also nicht nur in demselben Umfang vorgebracht werden, wie die Entscheidung in *echte* Rkr. erwachsen würde, sondern auch insoweit, als es sich um die besondere, gesetzlich angeordnete Präklusionswirkung handelt.

§ 226 BGB (Schikaneverbot) oder mit dem auch im Prozeßrecht geltenden allgemeinen Grundsatz von Treu und Glauben, der im Falle des Mißbrauchs prozessualer Befugnisse zum Wegfall des Rechtsschutzbedürfnisses führt[109].

Außerdem ist es denkbar, daß der Kläger einen Anspruch in mehreren kleinen Klagen verfolgt, um die Zuständigkeit eines höhren Gerichts zu umgehen. In einem derartigen Fall schützt das deutsche Recht die an sich in Ansehung des Gesamtbetrages gegebene Zuständigkeit des höheren Gerichts nicht[110]; vielmehr betont es das schutzwerte Interesse des Klägers, das Kostenrisiko möglichst gering zu halten[111]. Etwas anderes gilt nur dann, wenn der Kläger mehrere Teilklagen gleichzeitig beim Amtsgericht erhebt, deren summierte Streitwerte die Zuständigkeit des Landgerichts begründen würden[112]; in einem solchen Fall sind nach allgemeiner Ansicht sämtliche Teilklagen als unzulässig abzuweisen[113].

In den beiden zuletzt geschilderten Ausnahmefällen greift also das deutsche Recht nicht zum Mittel einer besonderen, gesetzlich verfügten Präklusionswirkung, sondern es verwehrt dem Kläger von vornherein, seinen Anspruch in dieser Art und Weise geltend zu machen.

cc) Unterschiedliche Grundauffassungen

Zwei vollkommen verschiedene Grundauffassungen der beiden Rechtssysteme hinsichtlich der Behandlung einer Vielzahl von Klagen aufgrund desselben Tatsachenkomplexes sind also sichtbar geworden. Das deutsche Recht empfindet — im Gegensatz zum amerikanischen — eine Mehrzahl von Klagen grundsätzlich nicht als unzumutbare Belästigung für den Beklagten oder als übermäßige Verschwendung der Arbeitszeit der Gerichte.

Allerdings gibt das deutsche Recht in einem Großteil der Situationen, die das amerikanische Recht dazu veranlaßt haben, den Beklagten so

---

[109] Vgl. dazu Baumgärtel, ZZP 69 (1956), 113 ff. m. w. Nw.
[110] Der Schutz der Zuständigkeit des höheren Gerichts wird in Sutcliffe Storage & Warehouse Co. v. United States, 162 F.2d 849 (1947) neben Gründen der Prozeßökonomie und des Schutzes des Beklagten vor unnötiger Belästigung als zusätzliches Argument gegen die Möglichkeit von Teilklagen angeführt; vgl. dazu Blume, 45 Mich.L.Rev. 797, 801 f. (1947); Hoegen, 55 Mich.L.Rev. 799, 839 ff. (1957).
[111] Das Kostenrisiko wird nicht etwa durch die Gebührendegression (bei einer Gesamtklage) erhöht, da das der ersten Teilklage folgende Verfahren faktisch die Wirkung eines Musterprozesses hat.
[112] Wegen unterschiedlicher Streitgegenstände der Teilklagen kann sich der Beklagte nicht mit der Einrede der Rechtshängigkeit schützen.
[113] Vgl. LG Berlin JW 1931, 1766; LG Köln JW 1932, 2923; LG Hamburg JW 1936, 960; Goldschmidt. JW 1931. 1753.

umfassend zu schützen, diesem die Möglichkeit, sich auf eigene Initiative vor einer übermäßigen und unzumutbaren Vielzahl von Klagen durch Erhebung einer negativen Feststellungsklage zu schützen.

Gemäß § 256 ZPO kann der Beklagte in Form einer gesonderten Klage oder einer Widerklage im ursprünglichen Prozeß gerichtlich feststellen lassen, daß dem Kläger aus dem vorgetragenen Tatsachenkomplex keine weiteren Ansprüche zustehen. Eine solche Feststellungsklage dürfte in den relativ häufigen Fällen angebracht sein, in denen der Kläger durchblicken läßt, ihm stünden noch weitere Ansprüche zu, die der Beklagte für unbegründet hält[114]. Die Rechtskraft eines solchen zu seinen Gunsten ergangenen Urteils schützt ihn vor weiteren Klagen des Klägers insoweit, als das Gericht die Unbegründetheit weiterer Klagen festgestellt hat (§ 322 ZPO).

Gem. § 280 ZPO kann der Beklagte in dem ursprünglichen Prozeß in Form einer Widerklage beantragen, daß ein für die Entscheidung vorgreifliches Rechtsverhältnis rechtskräftig festgestellt wird (sog. Inzidentfeststellungsklage). Ein solcher Antrag kommt z. B. in Frage, wenn der Kläger seine Klage auf einen Vertrag stützt, den der Beklagte für nichtig hält und von dem er glaubt, daß der Kläger noch weitere Klagen auf ihn zu stützen versuchen wird[115]. Sollte das rechtskräftig festgestellte Rechtsverhältnis in einem weiteren Prozeß mit anderem Streitgegenstand vorgreiflich werden, wird der Beklagte durch die Rechtskraft, wenn auch nicht vor dem neuen Verfahren, so doch zumindest vor einer abweichenden Entscheidung in dem vorgreiflichen Rechtsverhältnis geschützt[116].

---

[114] Nach herrschender, aber doch wohl bedenklicher Ansicht soll die negative Feststellungsklage nur möglich sein, wenn sich der Kläger eines weiteren Anspruchs berühmt, da sonst das Rechtsschutzinteresse fehle; vgl. BGHZ 34, 337 (341 f.); Bötticher, Anmerkung, MDR 1962, 724; Stein-Jonas-Schumann-Leipold, § 322 Anm. VI 8 c.

[115] Eine solche Klage auf Feststellung der Nichtigkeit eines Vertrages kann selbstverständlich bei Nachweis des erforderlichen Rechtsschutzbedürfnisses auch in Form einer selbständigen Feststellungsklage gem. § 256 ZPO erhoben werden.

[116] Es ist nicht ersichtlich, daß im amerikanischen Recht die Möglichkeit, *negative declaratory relief* zu erlangen, irgendeinen Einfluß auf die Regel *against the splitting of a cause of action* gehabt hat. Das dürfte hauptsächlich daran liegen, daß die Regel im *common law* schon lange Zeit geltendes Recht war, bevor das relativ junge Institut der Feststellungsklage zum erstenmal anerkannt wurde; vgl. zur Entwicklung der Feststellungsklage James, § 1.10; Borchard, S. 87 ff. und 137 ff.; Blume, American Civil Procedure, S. 30.

Die Möglichkeit des *declaratory relief* hätte also bestenfalls zu einer Einengung des Konzepts *against the splitting* führen können. Das aber dürfte unterblieben sein, weil es bei diesem Konzept — wie gezeigt — nicht allein um das Vermeiden einer Belästigung für den Beklagten, sondern auch um eine Einsparung von Gerichtszeit und öffentlichen Geldern als auch um den Schutz der Gerichtsbarkeit der höheren Gerichte geht.

Daraus folgt, daß der oben aufgestellte generelle Grundsatz, das deutsche Recht betrachte eine Mehrzahl von Klagen nicht als unzumutbare Belästigung des Beklagten, dahingehend zu modifizieren ist, daß es zumindest eine Mehrzahl von *begründeten* Klagen nicht als Belästigung des Beklagten empfinde; im Gegensatz dazu betrachtet das amerikanische Recht *in jedem Fall* eine Vielzahl von Klagen als Belästigung des Beklagten, unabhängig davon, ob die Klagen begründet oder unbegründet sind.

dd) Wertung der beiden Systeme

Die Entscheidung, welches der beiden dargestellten Systeme den Vorzug verdient, fällt nicht leicht. Das Ziel, den Beklagten vor einer Vielzahl von Prozessen zu schützen und im Interesse der Gerichte und der Öffentlichkeit zu einer möglichst umfassenden Streitbereinigung in einem einzigen Verfahren zu gelangen, ist sicherlich durchaus legitim und entspricht dem Zweck des Zivilprozesses am ehesten. Denn echte Verwirklichung des objektiven Rechts setzt voraus, daß die jeweils gegenwärtige Rechtslage sofort verwirklicht wird[117], und unter dem Gesichtspunkt des Rechtsfriedens ist jeder Prozeß eine Störung, deren Vermeidung erstrebenswert erscheint; das gilt insbesondere, wenn der Prozeß die Möglichkeit in sich birgt, zu einer Entscheidung zu führen, die mit einer früheren im Widerspruch steht.

Umfassende Streiterledigung widerstreitet aber oft den Interessen des Klägers[118], weil eine umfassende Klagabweisung die Durchsetzung seiner Rechte einengt oder abschneidet, wenn er nicht höchste Vorsicht walten läßt. Die Anforderungen, die man an den Kläger stellt, wachsen in demselben Maße, in dem man die Begriffe des „Streitgegenstandes" bzw. der *cause of action* weiter faßt. Deshalb ist es fraglich, ob sich beim Erzwingen einer umfassenden Streitbereinigung gleichzeitig der angestrebte prozeßökonomische Gewinn erreichen läßt. Bei einer weit erstreckten Rechtskraft- bzw. Präklusionswirkung würden sich die Parteien genötigt sehen, schon den ersten Prozeß aus einem bestimmten Lebensverhältnis mit wesentlich größerer Sorgfalt zu führen, sämtliche erdenklichen Gesichtspunkte vorzutragen und häufig auch Ansprüche geltend zu machen, auf die sie sonst vielleicht verzichtet hätten[119]. Damit

---

[117] Vgl. Bericht der Kommission, S. 167.
[118] Das amerikanische Recht läßt die Interessen des Beklagten gegenüber denen des Klägers nicht nur überwiegen, sondern leugnet grundsätzlich die Existenz solcher schutzwürdiger Interessen des Klägers (abgesehen von den oben dargestellten allgemeinen Ausnahmen, vgl. oben zu Fn. 68 ff.); dem Kläger werden beim Versuch des *splitting of claims* grundsätzlich nur mißbilligenswerte Motive unterstellt.
[119] Vgl. zu diesem Gedanken Stein-Jonas-Schumann-Leipold, § 322 Anm. VI 1; James, § 11.10.

entsteht die Gefahr einer überlangen Prozeßführung mit übermäßig aufgeblähtem Streitstoff, die Erreichung des Prozeßzieles würde in Frage gestellt[120].

Die Erkenntnis, daß der Zwang, den Streit möglichst umfassend in einem Prozeß zu erledigen, nicht notwendig den Prozeßzwecken dienlich ist, zwingt zu einem Kompromiß: Die Gestaltungsfreiheit der Rechtssubjekte, selbst bestimmen zu können, in welchem Umfange sie ihre Rechte im gegebenen Zeitpunkt geltend machen wollen, ist so lange zu respektieren, als nicht feststeht, daß ihre Einschränkung den Prozeßzielen förderlich ist.

Die Abwägung dieser Interessen hat sich in der Festlegung der objektiven Grenzen einer jeglichen Ausschlußwirkung widerzuspiegeln[121].

Vor diesem Hintergrund erscheint alles in allem die differenziertere Lösung des deutschen Prozeßrechts den Vorzug zu verdienen. Der Kläger wird nur gezwungen, den seinen behaupteten „Anspruch" tragenden Sachverhalt vollständig vorzutragen. Jedenfalls dann, wenn man von dem einsichtigen Rechtsgenossen als Normalfall ausgeht, besteht kein Bedürfnis, eine objektive Klagehäufung zu erzwingen: Der Beklagte hat es in der Hand, den Kläger mit dem negativen Feststellungsantrag zu zwingen, alle Ansprüche geltend zu machen, die sich aus dem von diesem vorgetragenen Tatsachenkomplex ergeben; tut der Beklagte dies nicht, dann ist dies ein Indiz dafür, daß er die weiteren möglichen Ansprüche des Klägers nicht bestreiten will, jedenfalls dann nicht, wenn er in dem ersten Prozeß unterliegen sollte.

Indes dürfte zweifelhaft sein, ob das auch für die Fälle der Teilklagen im engsten Sinne[122] zu gelten hat. Mag auch die Gefahr einer unerwünschten Häufung von Prozessen so groß nicht sein, da der Erstprozeß in diesen Fällen den Charakter eines Musterprozesses hat, so stellt sich doch gerade deswegen die grundsätzliche Frage, ob man hier dem Klä-

---

[120] Abschließend kann diese Frage jedoch nicht entschieden werden, da es an Untersuchungen zur Prozeßökonomie fehlt. Die bislang einzige eingehendere Untersuchung zu diesem Thema von Mettenheim (Der Grundsatz der Prozeßökonomie im Zivilprozeß, 1970) ist noch recht vorläufig und schweigt sich bezeichnenderweise über das Verhältnis der Rechtskraftgrenzen zur Prozeßökonomie aus. — Insoweit bietet auch der Beitrag von Schumann, Festschr. f. Larenz 1973, S. 271 ff., nichts Neues.

[121] Im deutschen Recht spiegelt sich diese Abwägung ganz allgemein wider in der Entwicklung von einem punktuellen, auf der hergebrachten materiellrechtlichen Konkurrenzlehre beruhenden Streitgegenstandsbegriff zu einem prozessualen Begriff vom Streitgegenstand.

[122] Fälle also, in denen eine Mehrheit der Teile mangels Selbständigkeit nicht eine objektive Klagehäufung bilden würde.

1. „Bar" und „Merger"

ger gestatten soll, sein Kostenrisiko auf die öffentliche Hand abzuwälzen.

Bei der Regelung der Gerichtskosten ging der Gesetzgeber ersichtlich davon aus, daß sich i. d. R. Streitwert und gerichtlicher Arbeitsaufwand zueinander proportional verhalten. Gestattet man nun den Parteien, einen Prozeß zu führen, dessen wirtschaftliche Bedeutung nicht im Streitwert zum Ausdruck kommt, dann zwingt man die Gerichte zu dem gleichen Arbeitsaufwand, der bei Einklagen der Gesamtforderung nötig gewesen wäre, ohne ihnen auch die entsprechende Gebühr zuzugestehen. Es gibt sicherlich kein Mittel, das zu verhindern. Man sollte aber überlegen, wie man dem Kläger als Ausgleich für sein geringeres Kostenrisiko doch wenigstens das Risiko des Verlustes seiner gesamten Forderung aufbürden kann. Als einziges taugliches Mittel kommt hier eine Erstreckung der Rechtskraft auf den Grund der Forderung in Betracht, wie sie von Bruns[123] erwogen wird. Die praktischen Bedenken dagegen werden wohl überschätzt[124]; man könnte schlicht vom Streitwert des eingeklagten Teils ausgehen. Der Vorschlag bedeutet aber einen Bruch mit der herkömmlichen Lehre von den Rechtskraftgrenzen[125], der wohl kaum mit § 322 und § 308 I 1 ZPO[126] vereinbar sein dürfte. De lege ferenda verdient er allerdings volle Beachtung[127].

Die hier zugunsten des deutschen Rechts ausgefallene Wertung bedeutet nun aber keineswegs, daß ein Verzicht auf die *rule against splitting of an entire cause of action* für das amerikanische Recht ein Gewinn wäre. Denn der deutsche Zivilprozeß kennt kein *jury trial*. Ein enger Streitgegenstandsbegriff — ähnlich dem im deutschen Recht — müßte sich aber unter dem Gesichtspunkt der Prozeßökonomie in einem Jury-System besonders nachteilig auswirken. Die immer wieder als einer der Hauptgründe für die Regel des *required joinder of claims* angeführte Einsparung an gerichtlicher Arbeitszeit und öffentlichen Geldern könnte kaum erreicht werden, wenn für jede gesonderte Klage eine andere Jury zusammengestellt und sämtliche mit einem Jury-Prozeß zusammenhängenden Erschwernisse — insbesondere die Belehrung der Geschworenen *(instruction)* — jedesmal von neuem in Kauf genommen werden müßten. Natürlich würde das nicht für die *proceedings in equity* gelten, in denen das Gericht ohne Jury entscheidet; aber

---

[123] Vgl. Bruns, § 44 II, III.
[124] Sowohl von Bruns selber, § 44 III 2, der die Gedanken von Peters, ZZP 76 (1963), 236 f., aufgreift, als auch von J. Schröder, FamRZ 1969, 350.
[125] Vgl. dazu unten S. 82 ff.
[126] Auf das Entgegenstehen von § 308 I 1 ZPO weist insbes. J. Schröder, FamRZ 1969, 350, hin.
[127] Folgt man der unten, S. 95 ff., vorgeschlagenen teilweisen Erstreckung der Rechtskraft auf die Urteilsgründe, würde der Brunssche Vorschlag automatisch mitverwirklicht.

das sagt nichts gegen den Einfluß, den das *jury trial* auf die Entwicklung der Doktrin von *bar* und *merger* gehabt hat und weiterhin hat; denn im großen ganzen wird das *jury trial* immer noch als die Normalform des amerikanischen Zivilprozesses angesehen[128].

2. Collateral Estoppel

a) Allgemeines

Die Doktrin vom *collateral estoppel*[1] behandelt den zweiten Aspekt der *res judicata*-Lehre und erweitert die objektiven Grenzen der Rechtskraft im anglo-amerikanischen Recht weit über die hinaus, die im geltenden deutschen Prozeßrecht anerkannt sind. Sie besagt, daß die einmal zwischen zwei Parteien gerichtlich getroffenen tatsächlichen oder rechtlichen Feststellungen in Rechtskraft erwachsen und in einem späteren Prozeß mit einer anderen *cause of action* zwischen denselben Parteien nicht mehr in Frage gestellt werden dürfen; sie schließt die wiederholte Behauptung des Gegenteils aus, unabhängig davon, ob das frühere Urteil zugunsten des Klägers oder des Beklagten ergangen ist.

Die Doktrin erfaßt sowohl die Fälle, in denen der gesamte Urteilsgegenstand des Vorprozesses Vorgreiflichkeit für die Entscheidung des zweiten Prozesses hat, als auch die Fälle, in denen bedingende Rechtsverhältnisse und inzidenter getroffene Entscheidungen über Einreden

---

[128] Solche Einflüsse des *jury trial* sind auch auf anderen Gebieten des Prozeßrechts zu finden, insbesondere im Beweisrecht, dessen Regeln grundsätzlich immer gelten, unabhängig davon, ob das Gericht mit oder ohne Jury entscheidet; vgl. Millar, S. 22 ff.; Zweigert-Kötz, Bd. I, S. 319.

[1] Die Verwendung des Begriffes *collateral estoppel* wurde zuerst vom *American Law Institute* vorgeschlagen (vgl. Restatement of Judgments § 68, comment a; Scott, 56 Harv.L.Rev. 1, 3 Fn. 4 [1942]) und ist mittlerweile allgemein akzeptiert. Die Doktrin selbst ist alt und ehrwürdig (vgl. zur Geschichte unten zu Fn. 98 ff.) und führte früher diverse andere Namen: *Estoppel by record, estoppel by judgment, estoppel by verdict*; vgl. hierzu Polasky, 39 Iowa L.Rev. 217, 218 (1954) m. w. Nw. und Vestal, S. 499. Rosenberg-Weinstein, S. 925, schlagen die Bezeichnung *partial preclusion* vor; so auch Rosnberg, 44 St.John's L.Rev. 165 ff. (1969): *Total res judicata — partial res judicata*.

In jüngerer Zeit scheint eine neue Begriffsbildung an Boden zu gewinnen: *Claim preclusion* als Bezeichnung für den *bar-* und *merger*-Effekt, *issue preclusion* für den *collateral estoppel*-Effekt, vgl. z. B. Vestal, 9 St.Louis U.L.J. 29 f. (1964); ders., Res Judicata-Preclusion, S. 6 f. Diese Terminologie kommt der heute im englischen Recht herrschenden sehr nahe: *cause of action estoppel — issue estoppel*; vgl. Cohn, Festschr. f. Nipperdey, S. 887.

Collateral estoppel wird mittlerweile fast allgemein als einer der beiden Aspekte der *res judicata*-Doktrin angesehen (neben *bar* und *merger);* die Nebeneinanderstellung von *res judicata* (als nur *bar* und *merger* umfassend) und *collateral estoppel* als zwar verwandte, aber doch verschiedene Urteilswirkungen findet sich heute, soweit ersichtlich, nur noch in dem — allerdings führenden — Kommentar der bundesgerichtlichen Praxis von Moore (Vol. 1B), was allenfalls noch aus historischen Gründen verständlich ist (vgl. dazu unten zu und in Fn. 98 ff.).

und Einwendungen des Beklagten für die Entscheidung des zweiten Prozesses vorgreiflich sind; schließlich — und das ist besonders interessant — werden auch die Fälle erfaßt, in denen Tatsachenfeststellungen, die das Gericht im ersten Prozeß getroffen hat, vorgreiflich für die Entscheidung im zweiten Prozeß sind[2].

b) Voraussetzungen des *Collateral Estoppel*

aa) Der Eintritt der *collateral estoppel*-Wirkung ist an verschiedene Voraussetzungen geknüpft, die den Umfang der Präklusionswirkung in einem späteren Prozeß mit anderer *cause of action* ganz erheblich gegenüber dem der *bar*- und *merger*-Wirkungen einschränken: (1) Die Parteien müssen im Vorprozeß über die Frage tatsächlich gestritten haben *(matter or point must have been actually litigated)*, (2) das Gericht muß über diese Streitfrage tatsächlich entschieden haben *(matter or point must have been determined)*, und (3) die Entscheidung über die Streitfrage im Vorprozeß muß notwendige Voraussetzung für die Urteilsfindung im Vorprozeß gewesen sein *(determination of matter or point must have been necessary to the result)*[3]. Klagebegründende Tatsachen und Einreden oder Einwendungen des Beklagten, die im Vorprozeß nicht zum Gegenstand des Streites und der gerichtlichen Entscheidung gemacht worden sind, obwohl sie dazu hätten gemacht werden können, erwachsen nicht in Rechtskraft im Hinblick auf ein späteres Verfahren mit einer anderen *cause of action*[4].

Das amerikanische Prozeßrecht begründet diese Begrenzung des *collateral estoppel*-Effekts mit der Überlegung, daß trotz gewisser, oben aufgezeigter Unsicherheiten all das, was zu derselben *cause of action* gehört, im allgemeinen bei Anwendung eines zumutbaren Maßes an Sorgfalt für die Parteien überschaubar ist, so daß sie bei der Erhebung der ersten Klage mit hinreichender Sicherheit beurteilen können, ob das Risiko, das sie bei unvollständigem Parteivorbringen eingehen, nur gering ist oder ob es sich lohnt, den Streit mit aller Energie bis zum äußersten zu führen und alles Vorbringen vorzutragen, was ihnen sonst durch *bar* und *merger* abgeschnitten würde.

---
[2] Vgl. dazu insbes. die oben (B V vor 1) zitierte Passage aus Cromwell v. County of Sac, 94 U.S. 351, 353, 24 L.Ed. 195, 198 (1877) und Restatement of Judgments §§ 68 - 72.
[3] Vgl. Restatement of Judgments § 68 (1); James, § 11.18; Ed. Note, 65 Harv.L.Rev. 818, 840 ff. (1952); Polasky, 39 Iowa L.Rev. 217, 222 (1954); James, 108 U.Pa.L.Rev. 173, 177 f. (1959); von Moschzisker, 38 Yale L.J. 299, 301; Millar, 39 Mich.L.Rev. 238, 255 (1940).
[4] Vgl. Cromwell v. County of Sac, 94 U.S. 351, 24 L.Ed. 195 (1877); Jacobson v. Miller, 41 Mich. 90, 1 N.W. 1013 (1879); Restatement of Judgments § 68 (b); Ed. Note, 65 Harv.L.Rev. 818, 840 ff. (1952); Scott, 56 Harv.L.Rev. 1 ff. (1942); Polasky, 39 Iowa L.Rev. 217 ff. (1954).

Das aber gelte nicht für Zweitprozesse *upon a different cause of action*. Die Situationen, in denen Vorfragen des einen Prozesses in einem späteren Prozeß noch einmal wieder interessant werden könnten, seien so vielfältig, daß sie zum Teil auch bei Anwendung der größten Sorgfalt gar nicht vorhersehbar seien. Eine weite *collateral estoppel*-Regel führe deshalb in vielen Fällen zu unzumutbaren Härten für die mit ihren Verteidigungsmitteln abgeschnittene Partei[5], und auch ein prozeßökonomischer Gewinn dürfe sich kaum einstellen, da die Parteien gezwungen würden, den Streit mit äußerster Energie zu führen, auch wenn es sich nur um einen geringen Streitwert handele[6]. Zwar seien die Grundgedanken der Doktrinen von *merger*, *bar* und *collateral estoppel* die gleichen, letztere bedürfe jedoch einiger Einschränkungen, da sie sonst den Situationen nicht gerecht werde, in denen das öffentliche Interesse an der Verhinderung unnötiger Prozeßführung und widersprüchlicher Entscheidungen zurücktreten müsse hinter dem Interesse des einzelnen, daß ihm in seinem Falle materielle Gerechtigkeit widerfahre[7].

aaa) Der Streitpunkt muß zwischen den Parteien tatsächlich umstritten gewesen sein; es genügt nicht, daß er Gegenstand des kontradiktorischen Parteivortrages gewesen ist[8].

So hat nicht nur ein Versäumnisurteil keine Wirkungen auf einen späteren Prozeß mit einer anderen *cause of action*, sondern auch ein Anerkenntnisurteil oder ein Urteil, das aufgrund eines Zugestehens oder unterlassenen Bestreitens bestimmter Punkte ergeht, hat keine *collateral estoppel*-Wirkung hinsichtlich dieser Punkte[9]. Das gleiche gilt für ein Urteil, das aufgrund eines Tatbestandes ergeht, der zuvor einverständlich durch die Anwälte festgestellt wurde *(upon stipulation*

---

[5] Vgl. The Evergreens v. Nunan, 141 F.2d 927, 929 (1944); cert.den., 323 U.S. 720 (1944).
[6] Vgl. James, § 11.19: „... a broad rule of collateral estoppel might generate undue pressure to litigate to the utmost — to make every petty claim a ‚federal case‘, so to speak — ..."; vgl. auch Polasky, 39 Iowa L.Rev. 217, 220 f. (1954).
[7] Vgl. James, § 11.19; Ed. Note, 65 Harv.L.Rev. 818, 840 (1952); Cleary, 57 Yale L.J. 339, 344 (1948); Scott, 56 Harv.L.Rev. 1, 29 (1942); Polasky, 39 Iowa L.Rev. 217, 250 (1954).
[8] Normalerweise werden die Behauptungen in den Prozeß durch die Schriftsätze *(pleadings)* eingeführt; es kann aber auch beim Anbieten der Beweise und Gegenbeweise geschehen, ohne daß die *pleadings* irgendeine Aussage dazu gemacht hätten; vgl. James, § 5.7.
[9] Vgl. Lovejoy v. Ashworth, 94 N.H. 8, 45 A.2d 218 (1946); Cromwell v. County of Sac, 94 U.S. 351, 24 L.Ed. 195 (1877); Last Chance Mining Co. v. Tyler Mining Co., 157 U.S. 683, 15 S.Ct. 733, 39 L.Ed. 859 (1895). James, § 11.19; ders., 108 U.Pa.L.Rev. 173, 177 (1959); Ed. Note, 65 Harv.L. Rev. 818, 840 f. (1952); Scott, 56 Harv.L.Rev. 1, 5 f. (1942); Chadbourn-Levin, S. 850; Restatement of Judgments § 68, comment f.

without pleadings); in diesem Fall ist der Tatbestand, auf den man sich geeinigt hat, nicht bestritten worden (wohl aber seine rechtlichen Konsequenzen!), so daß die Parteien in einem späteren Prozeß mit verschiedenem Streitgegenstand bzw. *cause of action* nicht daran gehindert sind, diese Tatsachen zu bestreiten[10].

Das amerikanische Recht erkennt hier also das Recht der Partei an, ein ihr ungünstiges Urteil hinzunehmen, anstatt sich bis zum äußersten in einer aufwendigen und unangenehmen Prozeßführung mit der Gegenpartei zu streiten, und zwar ohne befürchten zu müssen, daß das Urteil auf andere, möglicherweise noch gar nicht voraussehbare Prozesse mit einer anderen *cause of action* ungünstige Auswirkungen hat.

Wenn z. B. A gegen B auf Zahlung fälliger Zinsen für Inhaberschuldverschreibungen klagt und B sich erfolgreich damit verteidigt, die Ausgabe der Schuldverschreibung sei durch Betrug veranlaßt worden, kann A immer noch auf Zahlung der später fällig gewordenen Zinsen mit der Begründung klagen, er sei kraft guten Glaubens legitimierter, rechtmäßiger Inhaber der Wertpapiere[11]. Umgekehrt, wenn B zunächst verloren hätte, wäre es ihm immer noch möglich gewesen, sich gegen eine spätere Klage auf weitere Zinszahlungen mit der Behauptung zu verteidigen, daß er die Schuldverschreibungen nie ausgestellt habe[12].

Natürlich kann man das Recht der Parteien, ein ihnen ungünstiges Urteil ohne Furcht vor dem *collateral estoppel*-Effekt in Kauf nehmen zu können, nicht so weit ausdehnen, daß man ihnen gestattet, ein bestimmtes Vorbringen ohne nachteilige Folgen erst fallenzulassen, wenn sie hinsichtlich dieser Behauptung in Beweisnot geraten; denn dann würde ohne Risiko für die Parteien Arbeitszeit der Gerichte verschwendet. Deshalb vertreten die meisten Gerichte die Ansicht, den Parteien das Zurückziehen bzw. Abändern von Vorbringen nur bis zum Beginn der eigentlichen mündlichen Verhandlung *(trial)* zu gestatten[13]. So entfaltet auch ein gerichtlicher Vergleich nur dann keine *collateral estoppel*-Wirkung, wenn er zustandekommt, bevor es zum *trial* kommt[14].

---

[10] Vgl. Schumacker v. Industrial Accident Commission, 46 Cal.App.2d 95, 115 P.2d 571 (1941); Tudar v. Kennet, 87 Vt. 99, 88 A. 520 (1913); James, 108 U.Pa.L.Rev. 173, 177 (1959).
[11] Es handelt sich hier um zwei verschiedene *causes of action,* da die Ansprüche von verschiedenen Koupons repräsentiert werden; vgl. oben Teil B V zu Fn. 55.
[12] Vgl. Jacobson v. Miller, 41 Mich. 90, 1 N.W. 1013 (1879).
[13] Vgl. Restatement of Judgments § 68, comment f; James, § 11.19: „... A good point would seem to be just before the beginning of trial or perhaps at the pretrial conference"; ders., 108 U.Pa.L.Rev. 173, 185 (1959).
[14] Vgl. James, 108 U.Pa.L.Rev. 173, 185 (1959) und Polasky, 39 Iowa L.Rev. 217, 226 (1954) mit dem Nachweis vieler Entscheidungen, allerdings auch einiger, die dem gerichtlichen Vergleich in jedem Falle die *collateral estoppel*-Wirkung versagen wollen.

bbb) Die Tatsachenbehauptung und die daraus gefolgerten rechtlichen Konsequenzen müssen nicht nur von der Gegenpartei bestritten worden sein, sondern die Streitfrage muß auch tatsächlich von dem Gericht entschieden worden sein, wenn sie in einem späteren Prozeß *collateral estoppel*-Wirkung haben soll[15]. Wenn das Gericht bzw. die Jury die endgültige Entscheidung auf zwei verschiedene Gründe stützt, dann erwachsen die beiden inzidenter darüber gefällten Entscheidungen in Rechtskraft zwischen den Parteien[16].

Diejenige Partei, die zu ihren Gunsten die *collateral estoppel*-Wirkung geltend macht, hat zu beweisen, daß über die Streitfrage im ersten Prozeß tatsächlich entschieden worden ist[17]. Diese Beweisführung gestaltet sich oft als überaus schwierig.

Wenn der erste Prozeß vor einem Gericht ohne Jury stattfindet, gibt das Gericht häufig eine detaillierte Urteilsbegründung[18], aus der eindeutig hervorgeht, welche Tatsachen als erwiesen angesehen worden sind und welche rechtlichen Konsequenzen sich nach Ansicht des Gerichts daraus ergeben.

Das allgemeine Verdikt *(general verdict)* einer Jury[19] dagegen ist häufig unklar und mehrdeutig, so daß es keine sicheren Schlüsse hinsichtlich der tatsächlich entschiedenen Vorfragen erlaubt. Ein *verdict for defendant* z. B. in einem Fall, in dem es um die Haftung für ein fahrlässiges deliktisches Verhalten ging, kann beruhen auf dem Mitverschulden des Klägers[20], auf dem Nichtverschulden des Beklagten, auf der fehlenden Kausalität oder auf einer Kombination mehrerer dieser

---

[15] Vgl. Restatement of Judgments §§ 68, 70; Polasky, 39 Iowa L.Rev. 217, 222 (1954); Ed. Note, 65 Harv.L.Rev. 818, 840 (1952).
[16] Vgl. Bank of America Nat. Trust & Sav. Assn. v. McLaughlin Land & Livestock Co., 40 Cal.App.2d 620, 105 P.2d 607 (1940), cert. den., 313 U.S. 571 (1941); weitere Entscheidungen in Annotation, 133 A.L.R. 840 ff. (1941); Restatement of Judgments § 68, comments n, m (1942); James, § 11.20; Scott, 56 Harv.L.Rev. 1, 11 (1942); Ed. Note, 65 Harv.L.Rev. 818, 845 f. (1952).
[17] Vgl. True-Hixon Lumber Co. v. Thorne, 171 Miss. 783, 158 So. 909 (1935); Chakeles v. Djiovanides, 161 Va. 48, 170 S.E. 848 (1933); Restatement of Judgments § 68, comment k.
[18] Nur einige amerikanische Prozeßordnungen schreiben eine eingehende Urteilsbegründung vor; so z. B. Fed.R.Civ.P. 52 (a).
[19] Das *general verdict* enthält nur den Ausspruch der Entscheidung zugunsten des Klägers oder des Beklagten.
[20] In (immer noch) den meisten amerikanischen Staaten befreit der Nachweis eines Mitverschuldens des Geschädigten vollkommen von einer Schadensersatzpflicht *(contributory negligence)*; in einigen Staaten hat sogar der Kläger nicht nur das Verschulden des Beklagten, sondern zusätzlich noch das Fehlen von Mitverschulden auf seiner eigenen Seite zu beweisen. Nur wenige Staaten haben eine dem § 254 BGB vergleichbare Regel *(comparative negligence)*; vgl. Schlesinger, S. 40; 2 Harper-James, § 22; Kessler, S. 160 ff.; Parker, S. 176 ff.

Gründe[21]. Wenn eine solche Unklarheit nicht durch zulässige Beweismittel ausgeräumt werden kann, kann die Partei die Einrede des *collateral estoppel* nicht zu ihren Gunsten geltend machen[22], es sei denn, *jeder* der möglichen Gründe der früheren Entscheidung führt in dem zweiten Verfahren zu dem angestrebten Ergebnis[23]. Auch die oben angeführte Regel, daß beide inzidenter gefällten Entscheidungen in Rechtskraft erwachsen, wenn das Endurteil auf zwei Gründe gestützt wird, greift nur ein, wenn eindeutig festgestellt werden kann, daß das Gericht seine Entscheidung tatsächlich auf beide Gründe gestützt hat; es ist nicht ausreichend, daß es die Entscheidung auf zwei verschiedene Gründe hätte stützen können[24].

Um diese Unklarheiten zu beseitigen, kann die Partei, die die Einrede des *collateral estoppel* geltend macht, als Beweis jeden Teil der Prozeßakten und des Verhandlungsprotokolls des Vorprozesses anbieten[25] sowie die mündliche Zeugenaussage eines jeden qualifizierten Beobachters, einschließlich der eines Geschworenen oder Richters[26]. Das Zeugnis eines Richters oder Geschworenen ist allerdings nur zulässig, um zu beweisen, was zwischen den Parteien umstritten war und was dem Gericht tatsächlich zur Entscheidung vorgelegen hat, nicht dagegen, um die subjektiven Gründe des Betreffenden für seine Entscheidung offenzulegen[27]. Selbstverständlich können die Parteien die Würdigung bestimmter Beweise durch die Jury *(specific findings)* zum Beweis dessen anbieten, was tatsächlich Gegenstand der Endentscheidung war, vorausgesetzt, daß das *verdict* detailliert ist *(special verdict)* und darüber Aufschluß gibt[28]; z. B. die Würdigung der eidlichen Antworten auf schriftliche Beweisfragen *(interrogatories)*[29].

ccc) Die Entscheidung über die Streitfrage muß notwendig, d. h. entscheidungserheblich für die Urteilsfindung im Vorprozeß gewesen sein.

---

[21] Es kann natürlich auch sein, daß die Entscheidung auf unzulässigen Überlegungen beruht, z. B. Antipathie gegenüber der Rasse des Klägers. Aber wenn das Verdikt nicht direkt aus diesem Grunde angefochten wird, gilt die Vermutung, daß die Jury Gründe zugrundegelegt hat, die in der Belehrung durch den Richter genannt waren; vgl. James, § 11.20 Fn. 4.
[22] Vgl. Washington, Alexandria & Georgetown Steam Packet Co. v. Sickles, 65 U.S. 333, 16 L.Ed. 650 (1860) und Fn. 17 oben.
[23] Wie z. B. in Myrha v. Park, 193 Minn. 290, 258 N.W. 515 (1935).
[24] Vgl. James, 108 U.Pa.L.Rev. 173, 181 f. (1959).
[25] Vgl. True-Hixon Lumber Co. v. Thorne, 171 Miss. 783, 158 So. 909 (1935); Locher v. Locher, 112 N.J.Eq. 25, 163 A. 251 (1932).
[26] Vgl. Little v. Goose Motor Coach Co., 251 Ill. App. 282 (1929).
[27] Vgl. Washington, Alexandria & Georgetown Steam Packet Co. v. Sickles, 72 U.S. 580, 18 L.Ed. 550 (1867); Arnold-James, S. 145 ff.
[28] Vgl. James, §§ 7.15, 11.20.
[29] Vgl. Fed.R.Civ.P. 49 (a), (b).

Diese Voraussetzung, an die die *collateral estoppel*-Wirkung geknüpft wird, läßt sich sehr gut an einem Fall aus Massachusetts darstellen: In der ersten Klage verlangte A Schadensersatz für eine fahrlässige Körperverletzung durch einen angeblich von B verschuldeten Verkehrsunfall. Das Verfahren endete mit einem Urteil zugunsten des B, in dessen Begründung ausdrücklich festgestellt wurde, daß das Verhalten des Beklagten zwar fahrlässig gewesen sei, daß den Kläger aber ein Mitverschulden treffe[30]. In einem späteren Verfahren, in dem B seinerseits gegen A auf Ersatz des ihm durch den Unfall entstandenen Schadens klagte, wurde der Feststellung des Gerichts, B habe sich schuldhaft verhalten, die *collateral estoppel*-Wirkung versagt, da sie — obwohl ausdrücklich getroffen — unnötig für die Urteilsfindung war[31]; allein die Feststellung des Mitverschuldens war nötig, um zu dem abweisenden Urteil zu gelangen. Es handelte sich auch nicht um zwei gleichzeitig das Urteil tragende Gründe[32], da nur die Feststellung des Mitverschuldens das Urteil stützte, die Feststellung des Verschuldens des Beklagten aber in die entgegengesetzte Richtung wirkte.

Drei Argumente werden für diese Regel angeführt[33]: (1) Die Aufmerksamkeit der Parteien konzentriert sich naturgemäß hauptsächlich auf Streitfragen, deren Entscheidung zur Erreichung des Endurteils notwendig ist. (2) Die Aufmerksamkeit des Gerichts dürfte sich ebenfalls hauptsächlich auf die Vorfragen konzentrieren, über die notwendigerweise vor der Urteilsfindung entschieden werden muß; die Natur von Feststellungen, die nicht in diesem Sinne notwendig sind, ist vergleichbar mit der Natur von *obiter dicta,* und die Gründe, die bei der Anwendung des Prinzips vom *stare decisis* die Unterscheidung zwischen bloßen *dicta* und tragenden Entscheidungsgründen *(holdings)* erfordern[34], sprechen auch gegen eine Rechtskraftwirkung von unnötigerweise entschiedenen Vorfragen. Beide, *dicta* und beiläufige Feststellungen, dürften nicht die volle richterliche Aufmerksamkeit bekommen, weder hinsichtlich ihrer Voraussetzungen noch bezüglich ihrer Konsequenzen. (3) Gegen unnötige Feststellungen gibt es normalerweise keine Berufungsmöglichkeit; obwohl eine solche Möglichkeit kein verfassungsmäßiges Erfordernis und auch nicht Voraussetzung für *res-*

---

[30] Vgl. oben Fn. 20.
[31] Vgl. Cambria v. Jeffery, 307 Mass. 49, 29 N.E.2d 555 (1940); Restatement of Judgments § 68, comment o, illustration 10 (im wesentlichen der Sachverhalt von Cambria); Polasky, 39 Iowa L.Rev. 217, 222, 224 f. (1954), Ed. Note 65 Harv.L.Rev. 818, 840, 846 (1952).
[32] Vgl. oben Text zu Fn. 16 und 24.
[33] Vgl. James, § 11.21.
[34] Vgl. zu der Unterscheidung zwischen *dictum* und *holding* z. B. Goodhart, 40 Yale L.J. 161 (1930); Oliphant, 14 A.B.A.J. 71, 107 ff. (1928). Für das deutsche Recht vgl. z. B. J. Schröder, MDR 1960, 809; Schlüter, S. 86 ff.

2. „Collateral Estoppel"

judicata-Wirkungen ist[35], stellt ihr Fehlen doch ein zusätzliches gewichtiges Argument für die hier beschriebene Regel dar[36].

bb) In Literatur und Judikatur wird häufig die Frage gestellt, ob mit den bisher genannten drei Voraussetzungen, die wohl als allgemein anerkannt gelten können, der *collateral estoppel*-Wirkung hinreichend enge objektive Grenzen gezogen seien, oder ob sie nicht doch weiterer Einschränkungen bedürfe.

aaa) Sollten wirklich *alle* Tatsachenfeststellungen, die das Gericht auf dem Wege zum Endurteil hat treffen müssen, in Rechtskraft erwachsen? — Wenn z. B. P behauptet, D habe ihn an einem bestimmten Tag in New York tätlich angegriffen, und D diese Behauptung bestreitet und zu beweisen versucht, daß er in der fraglichen Zeit in London war[37], dann muß ein Urteil zugunsten des P notwendigerweise zumindest auch auf der Inzidentfeststellung beruhen, daß D in der fraglichen Zeit nicht in London, sondern in New York war. — Selbstverständlich erwächst hier die Entscheidung, daß D's Verhalten einen tätlichen Angriff *(assault)* darstellte, in Rechtskraft zwischen den Parteien; soll aber das gleiche für die Feststellung gelten, daß D zu der Zeit in New York, nicht in London war?

Einige Entscheidungen machen hier die Unterscheidung zwischen *ultimate facts* und *mediate facts* und sprechen nur den *ultimate facts* eine *collateral estoppel*-Wirkung zu[38].

Die Original-Fassung des *Restatement of Judgments* blieb von diesen Entscheidungen unbeeindruckt[39] und folgte der überwiegenden Meinung, die jede Tatsachenfeststellung nach streitiger Verhandlung in Rechtskraft erwachsen lassen wollte[40]. 1944 aber schloß sich ein seinerzeit sehr angesehener Richter, Judge *Learned Hand,* der ersteren Ansicht an und verursachte dadurch ein Wiederaufleben der Diskussion. In *The Ever-*

---

[35] Vgl. Johnson Co. v. Wharton, 152 U.S. 252, 14 S.Ct. 608, 38 L.Ed. 429 (1894); United States v. Munsingwear, Inc., 340 U.S. 36, 71 S.Ct. 104, 95 L.Ed. 36 (1950).
[36] Vgl. Restatement of Judgments § 69 (2) and comment c; Ed. Note, 65 Harv.L.Rev. 818, 846 f. (1952).
[37] Beispiel von James, § 11.20.
[38] z. B. Paulos v. Janetakos, 46 N.M. 390, 129 P.2d 636 (1942); Louisville Gas Co. v. Kentucky Heating Co., 132 Ky. 435, 111 S.W. 374 (1909); King v. Chase, 15 N.H. 9 (1944); gesammelte Fälle in Annotation, 142 A.L.R. 1243 (1943).
[39] Die erste Fassung des Restatement (1942) unterschied nur zwischen *facts in issue* und *evidentiary facts* (vgl. § 68, comment p), womit nur die erste der oben genannten Voraussetzungen umschrieben werden sollte, daß nämlich der Streit um Vorliegen oder Nichtvorliegen der Tatsache zwischen den Parteien tatsächlich ausgetragen worden sein muß; vgl. zu u. in Fn. 8 ff.
[40] Vgl. 2 Freeman, § 695, mit vollständigem Nachweis; Comment, 36 N.Y. U.L.Rev. 522, 523 (1961) mit vielen Entscheidungen für beide Ansichten.

greens v. Nunan definierte er *ultimate facts* als diejenigen Tatsachen, deren gemeinsames Vorliegen vom Recht als unmittelbare Voraussetzung für die in Frage stehende Verpflichtung bzw. für das in Frage stehende Recht gefordert wird[41]; ein deutscher Jurist hätte hier wohl von Tatsachen gesprochen, die unmittelbar die Tatbestandsmerkmale der anspruchsbegründenden Norm ausfüllen.

1948 wurde diese Definition der *ultimate facts* übernommen in das Restatement of Judgments, um dort den bis dahin benutzen umfassenderen Begriff der *facts in issue* zu definieren[42].

In einigen der Jurisdiktionen, die dieser Ansicht folgen, geht man sogar so weit, die Unterscheidung zwischen *mediate* und *ultimate facts* auch zur Beantwortung der Frage zu benutzen, welche von den im späteren Verfahren auftretenden tatsächlichen Fragen als rechtskräftig entschieden gelten sollen[43]. Mit anderen Worten: Selbst wenn ein bestimmter Tatbestand zwischen den Parteien als abschließend entschieden gilt, soll die Einrede der *res judicata* (bzw. des *collateral estoppel*) nur dann dazu führen, daß diese Feststellungen auch in dem späteren Verfahren als maßgeblich zugrundegelegt werden, wenn es sich in dem späteren Verfahren (ebenfalls) um *ultimate facts* handelt[44]. — Wenn z. B. im ersten Prozeß die Testierfähigkeit einer Partei für Oktober festgestellt worden ist, kann nach dieser Ansicht diese Feststellung im zweiten Prozeß nicht dazu benutzt werden, die Fähigkeit der Partei zu beweisen, im Juni einen Grundstücksübertragungsvertrag zu schließen, wenn gleichzeitig der Beweis angeboten wird, daß der Geisteszustand zu beiden Zeitpunkten der gleiche war, und die rechtliche Begründung vorgetragen wird, daß zum Abschluß eines solchen Vertrages kein höherer Grad an Geschäftsfähigkeit nötig sei als zur Testamentserrichtung[45].

Die Übernahme in das Restatement of Judgments hat indes keineswegs zu einer allgemeinen Anerkennung der Unterscheidung zwischen

---

[41] 171 F.2d 927 (1944), cert. den., 323 U.S. 720 (1944): "... those facts, upon whose combined occurence the law raises the duty, or the right, in question."
Die Entscheidung blieb zunächst relativ unbeachtet und wurde nur in 57 Harv.L.Rev. 720 (1944) besprochen, sie gewann aber später große Beachtung; vgl. Restatement of Judgments § 68, comment p (Supp. 1948); Polasky, 39 Iowa L.Rev. 217, 237 f. (1954); Note, 52 Col.L.Rev. 647, 661 ff. (1952); Ed. Note, 65 Harv.L.Rev. 818, 841 ff. (1952); James, § 11.20; ders., 108 U.Pa.L.Rev. 173, 181 f. (1959).

[42] Vgl. Restatement of Judgments § 68, comment p (Supp. 1948).

[43] Vgl. The Evergreens v. Nunan, 141 F.2d 927 (2d Cir. 1944), cert. den., 323 U.S. 720 (1944) m. w. Nw.

[44] Das Restatement of Judgments geht so weit nicht; vielmehr zieht es die Unterscheidung zwischen *mediate* und *ultimate facts* nur für die Lösung der Frage heran, welche gerichtlichen Tatsachenfeststellungen *collateral estoppel* — fähig sind.

[45] Beispiel von James, § 11.21.

2. „Collateral Estoppel" 81

mediate und *ultimate facts* geführt. Zwar wird eine Begrenzung der *collateral estoppel*-Wirkung über die drei oben genannten, allgemein anerkannten Voraussetzungen hinaus als erstrebenswert angesehen, aber die unklare Unterscheidung zwischen *mediate* und *ultimate facts* wird zur Erreichung dieses Ziels für untauglich gehalten[46]. An Stelle dessen wird vorgeschlagen, einer Tatsachenfeststellung nur dann die *collateral estoppel*-Wirkung zuzugestehen, wenn ihre Bedeutung für einen weiteren Prozeß bei Anwendung der vernünftigerweise von den Parteien zu fordernden Sorgfalt voraussehbar war[47].

bbb) Die Entscheidung von Rechtsfragen als solche erwächst zwischen den Parteien nicht in Rechtskraft; abschließend ist nur die rechtliche Beurteilung eines ganz bestimmten Sachverhalts[48]. Tritt dieselbe abstrakte Rechtsfrage in einem späteren Prozeß zwischen denselben Parteien noch einmal auf, dann ist das Gericht nicht an einer anderen Entscheidung gehindert, wenn es sich um ein anderes oder nur ähnliches tatsächliches Geschehen handelt; in einem solchen Fall ist ein Gericht der gleichen Jurisdiktion nur an die Regeln des *stare decisis* gebunden[49]. Mit anderen Worten: Bei *issues of law* kommt der *collateral estoppel*-Effekt nur zum Tragen, wenn im zweiten Verfahren über die rechtlichen Konsequenzen derselben Tatsache bzw. desselben Tatsachenkomplexes zu befinden ist.

Die Feststellung, daß die Entscheidung über abstrakte Rechtsfragen nicht in Rechtskraft erwächst, mutet den deutschen Juristen wie eine Selbstverständlichkeit an. Die amerikanischen Abhandlungen über das

---

[46] Zum Teil wird behauptet, die Unterscheidung zwischen *ultimate* und *mediate facts* ließe sich schwerlich logisch, dafür aber um so besser historisch erklären: Da der *common law record* nur die *pleadings*, das *verdict* und das Urteil enthalte habe (vgl. dazu Scott-Simpson, S. 49 ff.), nicht aber die anderen *trial proceedings*, sei den Gerichten in früheren Zeiten gar nichts anderes übriggeblieben, als die Anwendung des *collateral estoppel* auf die *ultimate facts* zu beschränken; vgl. Ed. Note, 65 Harv.L.Rev. 818, 842 Fn. 172 (1952).
[47] Vgl. James, § 11.20; Ed. Note, 65 Harv.L.Rev. 818, 843 (1952).
Auch die Rspr. einiger Jurisdiktionen scheint jetzt eher in diese Richtung zu tendieren; vgl. Recent Cases, 74 Harv.L.Rev. 421, 423 (1960): „... to a finding of fact actually recognized by the parties as important and by the trier of fact as necessary to the first judgment, if its significance for future litigation was then reasonably foreseeable"; vgl. insbes. Hinchey v. Sellers, 7 N.Y.2d 287, 197 N.Y.S.2d 129, 165 N.E.2d 156 (1959), dazu Comment, 36 N.Y.U.L.Rev. 522 (1961) und Hyman v. Regenstein, 258 F.2d 502, 509 - 512 (5th Cir. 1958).
[48] z. B. United States v. Moser, 266 U.S. 236 (1924); Tait v. Western Maryland Ry., 289 U.S. 620 (1933); Restatement of Judgments § 70 and comments a, e; Scott, 56 Harv.L.Rev. 1, 10 (1942); Ed. Note, 65 Harv.L.Rev. 818, 843 ff. (1952); James, § 11.22; Polasky, 39 Iowa L.Rev. 217, 239 ff. (1954).
[49] Vgl. Nw. in vorausgegangener Fn.

Phänomen des *collateral estoppel* halten aber eine solche Klarstellung für erforderlich[50]; sie sollte deshalb auch hier nicht fehlen.

c) Vergleichende Bemerkungen

aa) Das gegenwärtig in Deutschland geltende Recht

Die materielle Rechtskraft hat nicht nur die Aufgabe, einen zweiten Prozeß über denselben Streitgegenstand zu verhindern. Von erheblich größerer praktischer Bedeutung ist es vielmehr, daß das Urteil in einem zweiten Verfahren auch dann zugrundezulegen ist, wenn die entschiedene Rechtsfolge eine der entscheidungserheblichen Vorfragen des zweiten Rechtsstreits ist. Ist etwa das Eigentum rechtskräftig festgestellt worden, so ist die Eigentumsfrage damit auch für einen nachfolgenden Herausgabeprozeß (§ 985 BGB) mitentschieden. Dieses Ergebnis leuchtet ein und macht auch dogmatisch so lange keine Schwierigkeiten, als es sich nur um die direkte Vorgreiflichkeit der entschiedenen Rechtsfolge als solcher, also des gerichtlichen Subsumtionsschlusses handelt[51].

Der Fragenkomplex, wie weit die materielle Rechtskraft bei zwei Verfahren mit verschiedenen Streitgegenständen reicht, bereitet jedoch größte Schwierigkeiten, wenn nicht die entschiedene Rechtsfolge, sondern eine inzidenter im Erstprozeß entschiedene Vorfrage auch für die Entscheidung des zweiten Prozesses entscheidungserheblich ist. Dies beruht darauf, daß nach einem Grundsatz des heutigen deutschen Prozeßrechts, über den seit Inkrafttreten der ZPO nicht mehr gestritten wird[52], nur der Subsumtionsschluß als Ganzes, nicht seine Glieder (rechtliche und tatsächliche Vorfragen) in Rechtskraft erwachsen. Man glaubt diesen Grundsatz § 322 I ZPO entnehmen zu müssen, wonach Urteile der Rechtskraft „*nur* insoweit fähig" sind, „als über den durch die Klage und Widerklage erhobenen Anspruch entschieden ist". Da sich die Bedeutung dieser Bestimmung nicht mit hinreichender Sicherheit aus dem Wortlaut ableiten läßt, wird immer wieder auf den sich aus den Materialien[53] ergebenden Willen des Gesetzgebers verwiesen[54]. Zugegebenermaßen hat der Gesetzgeber der Rechtskraft durch die Fassung des § 322 ZPO (früher § 293 CPO) bewußt enge Grenzen gezogen; ob

---

[50] Zumal eine mißverständliche Entscheidung auf dem Gebiete des Steuerrechts die Diskussion belebt hat; vgl. Commissioner of Internal Revenue v. Sunnen, 333 U.S. 591, 68 S.Ct. 715, 92 L.Ed. 898 (1948); dazu: Raum, 7 Inst. Fed.Tax. 253, 258 (N.Y.U. 1949) m. w. Nw.
[51] Vgl. Grunsky, § 47 IV 2; Stein-Jonas-Schumann-Leipold, § 322 Anm. IX 2; Rosenberg-Schwab, § 155 vor 1.
[52] Vgl. Rosenberg-Schwab, § 154 III. — Vgl. aber unten Fn. 94.
[53] Vgl. Hahn, Materialien zur CPO, S. 290 ff. (Begründung des Entwurfs), S. 608 f. (Protokolle der Kommission).
[54] z. B. Brox, JuS 1962, 123; Stein-Jonas-Schumann-Leipold, § 322 Anmerkung VI 1; Grunsky, § 47 IV 2; Blomeyer, § 89 vor I.

sie allerdings so eng sind, wie das die noch immer h. M., die den genannten Grundsatz sehr restriktiv handhabt, den Materialien entnehmen zu müssen glaubt, ist mehr als zweifelhaft. Doch infolge Zeitablaufs gerieten die alten Quellen — vor allem die, auf die in den Materialien Bezug genommen wird — in Vergessenheit; mit dem Vordringen der rein prozessualen Theorien vom Streitgegenstand wurden der Klagantrag und die diesem entsprechende Urteilsanordnung einziger Anhalt für die Bestimmung der Rechtskraft[55].

Wie unglücklich man aber im Grunde mit dem oben genannten Grundsatz ist, zeigen eine Vielzahl gerichtlicher Entscheidungen und die schier unüberblickbare Flut von Monographien, Habilitationsschriften und Aufsätzen zum Streitgegenstandsbegriff und zu seiner Bedeutung für die objektive Begrenzung der Rechtskraftwirkung der Entscheidung[56].

Insbesondere hat die Habilitationsschrift von Zeuner[57] die Diskussion neu belebt; sie hat den Nachweis erbracht, daß die h. L. die Rechtskraftgrenzen zu eng absteckt, wenn sie die Rechtskraft nur dann auf einen anderen Streitgegenstand erstreckt, wenn dieser von dem ersten Streitgegenstand direkt (präjudiziell) abhängig ist[58].

Zunächst einmal gibt es Fälle, in denen es vom materiellen Recht her fraglich ist, ob das geforderte Abhängigkeitsverhältnis vorliegt, ohne daß es im Ergebnis angeht, die Antwort auf die Frage nach der Rechtskrafterstreckung von der materiellrechtlichen Konstruktion abhängig zu machen. Dies gilt insbesondere für das Verhältnis der Herausgabepflicht aus § 985 BGB zu den in §§ 987 ff. BGB geregelten Nebenverpflichtungen[59]. Sieht man die Pflicht zur Herausgabe der Nutzungen und die Schadensersatzpflicht aus den §§ 989, 990 BGB als Folge einer Verletzung der Herausgabepflicht an, so würde das im Vindikationsprozeß ergehende Urteil auch im Folgeprozeß Rechtskraft wirken; anders dagegen vom Standpunkt der h. L. aus, wenn man die Schadens-

---

[55] Vgl. Bruns, § 43 VI 3.
[56] Vgl. u. a. Zeuner, Die objektiven Grenzen der Rechtskraft im Rahmen rechtlicher Sinnzusammenhänge, 1959; Henckel, Parteilehre und Streitgegenstand im Zivilprozeß, 1961; ders., Prozeßrecht und materielles Recht, 1970; Habscheid, Der Streitgegenstand im Zivilprozeß und im Streitverfahren der freiwilligen Gerichtsbarkeit, 1956; Schwab, Der Streitgegenstand im Zivilprozeß, 1954; ders., Der Stand der Lehre vom Streitgegenstand im Zivilprozeß, JuS 1965, 81; Brox, Die objektiven Grenzen der materiellen Rechtskraft im Zivilprozeß, JuS 1962, 121; Blomeyer, Zum Urteilsgegenstand im Leistungsprozeß, Festschr. f. F. Lent, 1957, S. 43; Lent, Zur Lehre vom Entscheidungsgegenstand, ZZP 72 (1959), 63; Peters, Zur Rechtskraftlehre Zeuners, ZZP 76 (1963), 229.
[57] Vgl. vorausgegangene Fn.
[58] So auch Grunsky, der sich Zeuner voll anschließt; vgl. Grunsky, § 47 2 b; im Grundsatz zustimmend Blomeyer, § 89 V 4.
[59] Vgl. dazu Zeuner, S. 67 ff.

ersatzansprüche ebenso wie den Herausgabeanspruch als unmittelbare Folge einer Verletzung des Eigentums selbst ansieht. Es erscheint wenig sachgerecht, den Umfang der Rechtskraftwirkung vom materiellrechtlichen Verständnis der §§ 989, 990 BGB abhängig zu machen[60].

In anderen Fällen fehlt es unzweifelhaft an der materiellrechtlichen Abhängigkeit, doch wäre es gleichwohl im Endergebnis befremdlich, eine Erstreckung der Rechtskraft zu verneinen. Hierher gehört einmal das Verhältnis der deliktischen Unterlassungspflicht zum Schadensersatzanspruch wegen Verletzung eben dieser Pflicht[61]. Zwar folgt die Schadensersatzverpflichtung hier nicht aus der Verletzung der Unterlassungspflicht, sondern des durch beide Verpflichtungen geschützten absoluten Rechts (z. B. des Eigentums), doch wäre es wenig befriedigend, die deliktische Unterlassungspflicht anders als die vertragliche zu behandeln[62]; die Tatsache, daß die Unterlassungspflichten auf unterschiedliche Quellen zurückgehen (zum einen Vertrag, zum anderen Gesetz), rechtfertigt kein unterschiedliches Ergebnis[63]. Interessant ist, daß auch die h. M. für das Verhältnis des Grundbuchberichtigungsanspruchs zu sonstigen aus dem dinglichen Recht fließenden Ansprüchen eine Rechtskrafterstreckung bejaht[64], obwohl auch hier sicher keine materiellrechtliche Abhängigkeit vorliegt. In diesen Zusammenhang gehört auch der Fall, daß auf Erfüllung eines Vertrages geklagt wird, dessen Bestehen der Beklagte leugnet. Erfolgt hier eine Verurteilung zur Leistungserbringung, so bewirkt dies nach h. M. keine Rechtskraft hinsichtlich des Bestehens des umstrittenen Vertrages, so daß der Beklagte, wenn er im Folgeprozeß seinerseits die ihm aus dem Vertrag zustehende Gegenleistung einklagt, damit rechnen muß, daß ihm der Gegner nunmehr entgegenhält, es liege gar kein Vertrag vor[65]. Dieses Ergebnis kann wohl kaum als befriedigend bezeichnet werden, selbst wenn man be-

---

[60] Vgl. Grunsky, § 47 IV 2 b. Die h. M. nimmt in dem erwähnten Beispiel eine Rechtskrafterstreckung an; vgl. Rosenberg-Schwab, § 155 III 1; Baumbach-Lauterbach, § 322 Anm. 4 „Herausgabe", BGH LM § 987 BGB Nr. 3; a. A. Henckel, Prozeßrecht u. mat. Recht, S. 187 ff.; Blomeyer, § 89 V 4 d.
[61] Vgl. dazu Zeuner, S. 58 ff.; zustimmend Martens, ZZP 79 (1966), 442.
[62] Zur letzteren vgl. BGHZ 42, 340 (352 ff.); BAG 19, 130 (144).
[63] Die h. M. verneint die Rechtskraft; vgl. RGZ 160, 163 (165); Schwab, JZ 1959, 787; Rosenberg-Schwab, § 155 III 1; a. A. Blomeyer, § 89 V 2; Stein-Jonas-Schumann-Leipold, § 322 Anm. IX 3; Henckel, Prozeßrecht u. mat. Recht, S. 191; Grunsky, § 47 IV 2 b; Zeuner, S. 58 ff.
[64] Vgl. RG JW 1936, 3047 Nr. 5; RGZ 158, 40 (43); Stein-Jonas-Schumann-Leipold, § 322 Anm. IX 3; Rosenberg-Schwab, § 155 II 2; Baumbach-Lauterbach, § 322 Anm. 4 „Leistungsurteil"; Henckel, Prozeßrecht u. mat. Recht, S. 180 ff.
[65] So die h. L.; vgl. etwa Lent-Jauernig, § 63 III 2; Stein-Jonas-Schumann-Leipold, § 322 Anm. IX 3; a. A. Rosenberg-Schwab, § 155 III 2, wo jedoch zu Unrecht Präjudizialität angenommen wird. — Zu dem problematischen Verhältnis zwischen obj. Rechtskraftbegrenzung und vertraglichem Synallagma vgl. insb. Bruns, §§ 43 VI, 44 I.

rücksichtigt, daß der ursprünglich Beklagte die Möglichkeit einer Inzidentfeststellungsklage gem. § 280 ZPO hatte. Lent-Jauernig wollen in diesem Beispiel dem Beklagten des ersten Verfahrens mit dem Verbot widersprüchlichen Verhaltens helfen[66], doch sollte man „vor dem Griff nach derartigen Generalklauseln zunächst versuchen, das dogmatisch einigermaßen präzise Mittel der materiellen Rechtskraft den praktischen Bedürfnissen anzupassen"[67]. Die Reihe der Beispiele, die eine Ausdehnung der materiellen Rechtskraft über die Fälle der direkten präjudiziellen Abhängigkeit hinaus verlangen, ließe sich noch fortführen.

Wenn demgegenüber von Vertretern der traditionellen h. L. geltend gemacht wird, die neuere Lehre von der weiteren Ausdehnung der objektiven Rechtskraftgrenzen sei zwar de lege ferenda zu begrüßen, de lege lata verstieße sie aber gegen § 322 ZPO[68], so ist das wenig überzeugend. Denn, wie Bruns[69] treffend nachgewiesen hat, versucht die h. L. mit ihrer formalen Argumentation — entscheidend für den Streitgegenstand sei die vom Kläger erbetene richterliche Anordnung der konkreten Rechtsfolge und eine Erstreckung der Rechtskraft komme nur bei direkter Präjudizialität des ersten für den zweiten Streitgegenstand in Frage — nichts anderes, als der Diskussion um sachlogische Zusammenhänge auszuweichen. Dieser Versuch freilich beruht auf einer Selbsttäuschung und muß fehlschlagen; denn schon der — zweifellos richtige — Satz, daß die rechtskräftige Feststellung zugleich die Feststellung des kontradiktorischen Gegenteils enthalte[70], und die — ebenfalls sicherlich richtige — Rechtskrafterstreckung über den Tenor hinaus im Verhältnis der Herausgabepflicht aus § 985 BGB zu der in §§ 989, 990 BGB geregelten Schadensersatzpflicht[71] beruhen methodisch „auf einem Zurückgehen auf das (festgestellte) Rechtsverhältnis"[72]. Das gleiche gilt für die Ansicht des Reichsgerichts, die Entscheidung über den auf Eigentumseintragung gerichteten Grundbuchberichtigungsanspruch aus § 894 BGB schaffe Rechtskraft auch hinsichtlich des zugrundeliegenden Eigentums[73].

Die neuere Lehre sieht — im Anschluß an Zeuner — den Grund für die von der h. L. allgemein anerkannte Rechtskrafterstreckung bei

---

[66] Lent-Jauernig, § 63 III 2.
[67] So Grunsky, § 47 IV 2 b.
[68] Vgl. z. B. Brox, JuS 1962, 123; Stein-Jonas-Schumann-Leipold, § 322 Anm. IX 3; Gaul, AcP 168 (1968), 31 Fn. 19 a.
[69] Vgl. Bruns, § 44 I 3 b.
[70] Vgl. BGHZ 35, 165 (171); Stein-Jonas-Schumann-Leipold, § 322 Anm. IX 1 a m. w. Nw.; Grunsky, § 47 IV 1 a; Rosenberg-Schwab, § 155 II.
[71] Vgl. oben in und zu Fn. 60.
[72] Vgl. Bruns, § 44 I 3 b.
[73] Vgl. RG JW 1936, 3047 Nr. 5 = ZZP 60 (1936), 339; RGZ 158, 40 (43) mit großer Zustimmung in der Lehre; vgl. dazu Zeuner, S. 2, Fn. 6.

präjudizieller Abhängigkeit darin, daß hier zwischen der bereits entschiedenen und der noch zu entscheidenden Rechtsfolge ein enger Sinnzusammenhang bestehe, der auch im prozessualen Bereich gewahrt bleiben müsse[74]. Sei dies richtig, so sei es nur ein kleiner Schritt zur Erkenntnis, daß es noch sonstige Fälle eines Sinnzusammenhangs gebe, die ebensowenig widersprüchliche Entscheidungen vertrügen[75]; die soeben aufgezeigten Inkonsequenzen der h. L. werden geradezu als Bestätigung dieser Ansicht aufgefaßt[76]. Wenn dagegen vorgebracht wird, der Begriff des Sinnzusammenhangs sei viel zu vage, um eine klare Bestimmung der Rechtskraftgrenzen zu ermöglichen[77], so ist dem entgegenzuhalten, daß auch die h. L. oft keine klar berechenbaren Ergebnisse ermöglicht; denn es läßt sich nicht immer ohne weiteres sagen, ob präjudizielle Abhängigkeit vorliegt oder nicht[78].

bb) Die Entstehungsgeschichte von § 322 ZPO im deutschen und der Doktrin vom *Collateral Estoppel* im amerikanischen Recht

Der Versuch einer Wertung der unterschiedlichen Einstellungen des deutschen und des amerikanischen Rechts zur Frage der Rechtskraft der Entscheidungsgründe wird wesentlich erleichtert durch einen Blick auf die geschichtliche Entwicklung in beiden Rechtssystemen.

aaa) Der Gedanke, daß ein einmal zwischen zwei Parteien ausgetragener Streit nicht noch einmal aufgerollt werden soll und daß nach einem solchen Streit ein Höchstmaß an Rechtsgewißheit und Rechtsfrieden eintreten soll, ist so fundamental, daß die Tatsache nicht verwundern kann, daß auch die germanischen Rechte schon vor ihrer ersten Berührung mit dem römischen Recht eine eigene Konzeption von der „Rechtskraft" besaßen. Nach Seelmann[79] und Gál[80] zeigen die frän-

---

[74] Da der Sinnzusammenhang vom materiellen Recht her zu bestimmen ist, kann das natürlich nicht für Urteile gelten, die gar keine materiellrechtliche Einordnung enthalten, insbesondere Anerkenntnis- und Verzichtsurteile; vgl. Peters, ZZP 76 (1963), 233 ff.; Grunsky, § 47 IV 2 b; Bruns, § 43 VI 2: „Man wird nun allerdings zugeben müssen, daß die Entscheidung nach beiderseits streitiger Verhandlung eine weitere Tragweite hat als die auf einseitigen Akt hin; Versäumnisurteile, Urteile auf Klaganerkenntnis oder -verzicht hin sind streng auf die durch Urteil bezeugte Rechtsfolge beschränkt."
Vgl. für das amerikanische Recht oben in u. zu Fn. 8 ff.
[75] So zuerst Zeuner, S. 42 ff., ihm grundsätzlich — wenn auch nicht in allen Ergebnissen — zustimmend Blomeyer, § 89 II 4; Bruns, § 44 I; Schönke-Kuchinke, § 75 II 4 und neuerdings Grunsky, § 47 IV 2 b; auch Henckel, Prozeßrecht u. mat. Recht, S. 169 ff., der darauf abstellt, ob im zweiten Prozeß derselbe wirtschaftliche Wert wie im ersten Verfahren zur Entscheidung ansteht.
[76] Vgl. Zeuner, S. 54 f.
[77] Vgl. Stein-Jonas-Schumann-Leipold, § 322 Anm. IX 3.
[78] So z. B. Grunsky, § 47 IV 2 b; Blomeyer, § 89 V 2.
[79] Vgl. Seelmann, S. 198 ff.
[80] Vgl. Gál, S. 4 ff.

kischen und lombardischen Quellen, daß dem Urteil im germanischen Recht zwar eine Präklusionswirkung i. S. unseres Rechtskraftbegriffs oder der römisch-rechtlichen *res iudicata* völlig fehlte, daß anstelle dessen aber der Gang des Verfahrens und das Verhalten der Parteien am Ende einen Stand des Streites fixierten, der in jedem neuen Verfahren zu beachten war. Mit anderen Worten: Nicht die Unantastbarkeit des richterlichen Erkenntnisses, sondern die Einwirkungen der Parteien auf den Gang der Verhandlung — Parteierklärungen, Geständnisse, Bestreiten, Beweisantritte, Ergebnisse der Beweisaufnahmen, usw., kurz außer dem Urteilsspruch all das, was anschließend in den Prozeßurkunden erschien — waren es, die schließlich einen bestimmten Stand der Kontroverse festschrieben, der aus dem Gedanken des Verbots widersprüchlichen Verhaltens in jedem weiteren Verfahren zu beachten war[81].

Eine solche Auffassung war für das altgermanische Recht nicht mehr als natürlich, da das Urteil damals eine endgültige Feststellung des Klageanspruchs gar nicht enthielt. „Vielmehr tat dasselbe einen Ausspruch nur darüber, auf welche Behauptung es in diesem Prozesse ankomme, welche Behauptung hiernach zu beweisen sei und welche Partei diesen Beweis führen solle. Was rechtens sei, wenn der Beweis gelänge, und was, wenn er nicht gelänge, bedurfte keiner ausdrücklichen Erklärung: darüber konnte nach Inhalt des Beweisurtheils nicht der geringste Zweifel obwalten ..."[82].

Eine solche Präklusionswirkung, die nicht auf dem Urteil, sondern auf dem aufbaut, was in der Verhandlung von den Parteien behauptet und bewiesen ist, schließt selbstverständlich das ein, was wir als die rechtskräftige Feststellung von tatsächlichen Vorfragen bezeichnen würden.

Später, im gemeinen Recht, wurden die Rechtskraftregeln des römischen Rechts bestimmend. Sie konnten auf zwei Wegen in das gemeine Recht gelangen, einmal über das aus Italien rezipierte und stark römisch beeinflußte Prozeßrecht[83], ferner aber auch über das materielle

---

[81] Vgl. Engelmann, History of Continental Civil Procedure, S. 149.
[82] Engelmann, Der Civilprocess — Geschichte und System, 2. Bd., 1. Heft: Der mittelalterlich-deutsche Process, S. 86.
Engelmann fährt fort: „Das Recht der zwangsweise zu betreibenden Durchführung seines Anspruchs erlangte der Kläger erst durch das sog. Urtheilserfüllungsgelöbnis des Beklagten ..." „Erst in späterer Zeit ist das Urtheilserfüllungsgelöbnis in Wegfall gekommen, das Gericht entschied auf Verlangen der Parteien den Rechtsstreit definitiv. Allein es konnte auch bei einem bloßen Beweisurtheil bleiben."
Vgl. dazu auch Planck, Bd. I, S. 303 ff.
[83] Vgl. zu der historischen Entwicklung R. Schmidt, S. 67 ff.; Mitteis-Lieberich, S. 221 f.

Pandektenrecht, da die Frage der materiellen Rechtskraft als materiellrechtliche Frage erschien[84]. Freilich sind die römischen Quellen recht fragmentarisch, und um ihre Auslegung hat sich der berühmte Streit zwischen *Savigny, Windscheid*[85] u. a. auf der einen, und *Wetzell, Unger, Buchka*[86] u. a. auf der anderen Seite über die Rechtskraft der Entscheidungsgründe entzündet[87].

Partikulare Regelungen des Problems finden sich aber bereits im 18. Jahrhundert in zwei deutschen Staaten, nämlich Bayern und Preußen, während andere Staaten erst um die Mitte des 19. Jahrhunderts nachfolgten[88].

Als man daran ging, eine allgemeine deutsche Zivilprozeßordnung zu schaffen, mußte man sich für eine Ansicht aus dem breiten Spektrum der seinerzeit vertretenen Meinungen entscheiden[89]:

Savigny[90] vertrat die Auffassung, die in den Gründen enthaltenen Elemente des Urteils erwüchsen in Rechtskraft, also auch die den Anspruch bedingenden Rechte, die Präjudizialpunkte; Beispiel: Klagt jemand auf Zahlung von Darlehenszinsen und wird der Klage stattgegeben, so steht damit auch die Darlehnsforderung für einen späteren Rechtsstreit auf Rückzahlung des Darlehens rechtskräftig fest.

Windscheid[91] ging noch weiter; er dehnte die Formel sogar auf die Entscheidung über Tatsachen aus, blieb also der germanischen Tradition am stärksten verhaftet.

Unger[92] lehrte, das Urteil enthalte nur einen Ausspruch über den konkreten Klageanspruch und nicht über die Präjudizialpunkte oder gar die Klagetatsachen. Dieser Ansicht hatten sich weitgehend die

---

[84] Vgl. Kerameus, AcP 167 (1967), 243.
[85] Savigny, Bd. VI, S. 350 - 370, 393, 429 ff., 451 f.; Windscheid, Bd. I, S. 394 f.
[86] Wetzell, S. 593 f.; Unger, Bd. II, S. 615 ff.
[87] „A debate which is now one of the classic episodes of Continental procedural history"; vgl. Millar, 39 Mich.L.Rev. 1, 10 (1940).
[88] Vgl. dazu ausführlich Kerameus, AcP 167 (1967), 243 ff.
[89] Vgl. Hahn, Materialien zur CPO, S. 290 ff., 608 f.
[90] Vgl. Fn. 85 oben.
[91] Vgl. Fn. 85 oben; Windscheid ging allerdings nicht bis zum denkmöglichen Extrem; denn wie Klöppel, S. 98 f., überzeugend nachgewiesen hat, ist die Subsumtionskette noch nicht bei den festgestellten Tatsachen zu Ende: „Der Annahme der Thatsache muß die Annahme der ‚Wahrheit' für die Zeugenaussagen vorausgehen, welche die Thatsache bekunden, es ist also nicht abzusehen, warum man nicht auch zu einer rechtskräftigen Feststellung der Wahrheit dieser Zeugenaussagen kommen sollte, und weiter zu der rechtskräftigen Feststellung, dass Zeuge Hinz ein glaubwürdiger Mann, Zeuge Kunz dagegen unzuverlässig ist ..."
[92] Vgl. Fn. 86 oben.

2. „Collateral Estoppel"

schon kodifizierten Prozeßrechte einiger deutscher Staaten angeschlossen[93].

Die Abgeordneten der Justizkommission stritten darüber, ob der Auffassung Savignys oder Ungers der Vorzug zu geben sei. Die Mehrheit lehnte die Ansicht Savignys — oder das, was sie dafür hielt — ab[94].

Die Abgeordneten erwähnten zum Teil groteske Beispiele, die zeigen sollten, welche mißlichen Ergebnisse erzielt würden, wenn die Präjudizialpunkte eines für die Parteien verhältnismäßig unbedeutenden Urteils auch für einen späteren, bedeutenden Prozeß bindend seien. Solche Beispiele führten zu der Auffassung, es sei „eine große Härte, wenn der Partei unversehens eine ‚res iudicata' in das Haus wachse"[95]. Deshalb schloß sich die Mehrheit der Abgeordneten der Begründung des Entwurfs[96] an, wonach „das Urteil nicht weitergehen darf, als die Absicht der Parteien gegangen ist, und nicht Folgen erzeugen darf, deren

---

[93] Vgl. dazu Kerameus, AcP 167 (1967), 243 ff. In Bayern allerdings gestattete der Codex iuris Bavarici iudiciarii von 1753 dem Richter ausdrücklich, „rationes decidendi der Sentenz einzuverleiben" (14. Cap. § 7 Nr. 6), wohingegen der Norddeutsche Entwurf von 1870 die Entscheidungsgründe ausdrücklich aus der materiellen Rechtskraft ausklammert (§ 359 II) und dafür das Institut der Zwischenfeststellungsklage und -widerklage schaffte (§ 196). — Vgl. dazu auch Klöppel, S. 7 ff.
[94] Hahn, Materialien zur CPO, 608 f.
Es ist aber keineswegs so unzweifelhaft, wie gemeinhin angenommen wird, daß der Gesetzgeber mit der Fassung des § 293 I (= § 322 heutiger Zählung) ZPO eine klare Darstellung gegen Savigny getroffen hat. Insbesondere in der älteren Literatur wird häufig die Ansicht vertreten, der Gesetzgeber sei der Frage ausgewichen; vgl. Klöppel, S. III, 16, 39 ff., insbes. 46; Freudenstein, S. 50, 69, 83; so auch heute Bruns, § 43 IV 3. Erstens ist es schon von der Methode her fraglich, ob die Protokolle der Kommission zur Ergründung des Willens des Gesetzgebers herangezogen werden dürfen, zweitens ging es bei den Kommissionsberatungen nur um die Streichung des dritten Absatzes von § 283 des Entwurfs (§ 283 III des Entwurfs lautete: „Der Eintritt der Rechtskraft ist nicht davon abhängig, dass die der Rechtskraft fähige Entscheidung in die Urtheilsformel aufgenommen ist."), und drittens läßt sich nachweisen, daß die Mitglieder der Kommission nicht recht wußten, wovon sie redeten, wenn sie die Namen Savignys, Ungers und Wetzells im Munde führten. Vgl. hierzu insbes. die scharfsinnige Studie von Klöppel, S. 24 ff.
Nach Klöppel kann auch die gleichzeitige Schaffung der Inzidentfeststellungsklage nicht für die gegenteilige Ansicht herangezogen werden; denn § 280 (= § 253 alter Zählung) ZPO solle nur die äußerste Grenze der Rechtskraftwirkung bezeichnen, die schon jenseits der von Savigny verfochtenen liegt; vgl. Klöppel, S. 44 ff.
Es ist aber müßig, diese Argumente im einzelnen weiterzuverfolgen, da die heutige allgemeine Meinung dem Wortlaut des Gesetzes zumindest nicht widerspricht und zu Gewohnheitsrecht geworden sein dürfte. Vgl. BGHZ 13, 265 (279 f.): „Diese Grundsätze stehen in der deutschen Rechtsentwicklung seit sehr langer Zeit in unbestrittener Geltung, und zwar keineswegs nur im Zivilprozeß."
[95] Abg. Bähr (s. Hahn, Materialien zur CPO, S. 608).
[96] Hahn, Materialien zur CPO, S. 291.

sich die Parteien im Laufe des Prozesses gar nicht bewußt geworden sind".

Daraus wird allgemein der Schluß gezogen, primär werde auf die Interessen der Prozeßparteien und erst in zweiter Linie auf öffentliche Interessen (Gedanke der Prozeßökonomie und der Wahrung des Ansehens der Gerichte) abgestellt. Dieser Wille komme auch im Gesetz zum Ausdruck, nämlich im Wortlaut der §§ 322 I ZPO und 280 ZPO: rechtskräftige Entscheidung über Präjudizialpunkte nur, wenn eine Prozeßpartei es will, d. h. wenn eine von ihnen eine Zwischenfeststellungsklage erhebt.

Dem folgt bis hierhin im Grundsatz auch die neuere — Zeuner folgende — Rechtskraftlehre; sie geht nur insoweit über die traditionelle Lehre hinaus, als sie dem Gesetz nicht den Willen zu entnehmen vermag, „eine bestimmte vom objektiven Recht her gegebene (positive oder negative) Sinnbeziehung zwischen dem rechtskräftig Festgestellten und der im neuen Prozeß in Frage stehenden Rechtsfolge"[97] im prozessualen Bereich zu trennen.

bbb) Die Bestimmung der objektiven Grenzen der Rechtskraft im anglo-amerikanischen Zivilprozeß hat keine so wechselvolle Geschichte aufzuweisen.

Die Entwicklung der Doktrin vom *collateral estoppel* geht unmittelbar zurück auf das oben dargestellte — vom römischen Recht noch unberührte — Institut im altgermanischen Zivilprozeß, das an der Stelle der heutigen Rechtskraft stand[98]. Denn es kann davon ausgegangen werden, daß im angelsächsischen Recht nichts anderes galt als in den germanischen Rechten auf dem Kontinent[99]. Das heißt, daß auch hier grundsätzlich ein erneutes Verfahren und eine neue Entscheidung möglich war, eine Präklusionswirkung aus dem Gedanken des Verbots widersprüchlichen Verhaltens aber dadurch erreicht wurde, daß in dem folgenden Verfahren der Stand der Dinge zugrundezulegen war, der sich aus dem prozessualen Verhalten der Parteien im Erstprozeß ergeben hatte. Diese „Rechtskraft" wurde als Aspekt der Lehre vom *estoppel* begriffen[100], eines Rechtsinstituts, das auch noch in einigen anderen Zusammenhängen eine wichtige Rolle im anglo-

---

[97] Zeuner, S. 44.
[98] Vgl. Millar, 35 Ill.L.Rev. 41 ff. (1940); Ed. Note, 65 Harv.L.Rev. 818, 820 (1952); 9 Holdsworth, S. 147 ff.; Mendelssohn Bartholdy, S. 201.
[99] Vgl. Millar, 35 Ill.L.Rev. 41, 43 ff. (1940).
[100] Vgl. Millar, 35 Ill.L.Rev. 41 f. (1940); Mendelssohn Bartholdy, S. 201 ff.; Cohn, Festschr. f. Nipperdey, S. 878 ff. Ehrenzweig, S. 228: "It was originally an evidentiary rule postulating conclusiveness of all matters of law and fact recorded in the records of the King's court ..."

2. „Collateral Estoppel"

amerikanischen Recht spielt[101], und erhielt die Bezeichnung *estoppel by record*.

Durch die normannische Eroberung — möglicherweise auch schon etwas früher durch kirchliche Einflüsse[102] — fanden dann die Prinzipien der römischrechtlichen Rechtskraftlehre Eingang in das ansonsten vom römischen Recht so gut wie unberührt gebliebene englische Recht.

Aber das Prinzip der *res iudicata* konnte das traditionelle germanische Prinzip nicht verdrängen; vielmehr existierten beide nebeneinander fort und gingen letztlich eine eigenartige Verbindung ein. Aus dem Prinzip der *res iudicata* des nachklassischen römischen Zivilprozesses entwickelte sich die Doktrin von *merger* und *bar*[103], die bisher unbekannt war, und seit Beginn des 12. Jahrhunderts war der Erlaß eines *final judgment* Voraussetzung für die Ausschlußwirkung durch den *estoppel by record*[104]. Diese vom römischen Prinzip ausgehende stärkere Betonung des Urteils für die Rechtskraftwirkung führte dann auch zu den mißverständlichen Bezeichnungen *estoppel by judgment* und *estoppel by res judicata*[105], die zunächst nur als Synonyma für *estoppel by record* benutzt wurden, im späteren Sprachgebrauch aber auch die *bar-* und *merger*-Wirkung des Urteils einschlossen[106].

Diese begriffliche Verwirrung und die spätere, scheinbar alleinige Herrschaft der Doktrin der *res judicata* verleitete — vor Aufdeckung des hier dargestellten geschichtlichen Hintergrundes — einen amerika-

---

[101] Unter der Lehre vom *estoppel* sind alle Fälle zusammengefaßt, in denen das Recht, einen Tatbestand oder eine Rechtslage geltend zu machen, wegen Verstoßes gegen „Treu und Glauben" verwirkt wird. Die Lehre vom *estoppel* zerfällt in vier Teile: Neben der hier in Rede stehenden Doktrin steht die seltsame Regel von dem *estoppel by deed* (Verwirklichung des Einwands gegen den Inhalt einer Urkunde), die an gewisse Aspekte der Lehre von der Verschweigung und dem *venire contra factum proprium* erinnernde Doktrin von *estoppel in pais* und eine Gruppe von besonderen Fällen, in denen ein „estoppel" aus einer besonderen Rechtsbeziehung abgeleitet wird.

[102] Eine sichere Aussage ist nicht möglich, da die Quellen nicht weit genug zurückreichen. — Jedenfalls geht aus den Leges Henrici (zu Beginn des 12. Jahrhunderts) hervor, daß zu dieser Zeit das Prinzip der *res iudicata* schon Eingang in das englische Recht gefunden hatte; vgl. Millar, 35 Ill.L. Rev. 41, 44 (1940); 9 Holdworth, S. 147 f.; Ehrenzweig, S. 228.

[103] Genaugenommen entwickelte sich der *merger*-Effekt des Urteils aus der von der *litis contestatio* bewirkten *consumptio*, der *bar*-Effekt aus der *exceptio rei iudicatae*. Im klassischen Kognitionsverfahren und im nachklassischen römischen Prozeßrecht jedoch wurde die Präklusionswirkung nur noch an das Urteil geknüpft, nicht mehr an die Rechtshängigkeit. Die *exceptio rei in iudicium deductae* hat Justinian am Ende der Entwicklung planmäßig aus den Quellen beseitigt und nur die *exeptio rei iudicatae* übernommen; vgl. Kaser, S. 503.

[104] Vgl. Millar, 35 Ill.L.Rev. 41, 54 (1940); Vestal, S. 18 f.

[105] Vgl. Ed. Note, 65 Harv.L.Rev. 818, 821 Fn. 6 (1952); 9 Holdsworth, S. 150.

[106] Vgl. zur weiteren Entwicklung der Begriffe Fn. 1 oben.

nischen Rechtsgelehrten zu dem mutigen Geständnis: „Weshalb die Doktrin der ‚res adjudicata' jemals als eine Unterabteilung der *estoppel*-Lehre betrachtet worden ist, das mögen klügere Köpfe entscheiden, als ich einer bin[107]."

Bei Berücksichtigung dieser historischen Entwicklung kann es nicht erstaunen, daß im anglo-amerikanischen Recht nie der Versuch gemacht worden ist, den Grundsatz von der Rechtskraft der Entscheidungsgründe — einschließlich der Tatsachenfeststellungen — in Frage zu stellen.

cc) Wertung der beiden Rechtssysteme

Die Entscheidung, welches der beiden Systeme in der Frage der Rechtskraft der Urteilsgründe den Vorzug verdient, fällt noch schwerer als die für oder gegen eine dem Konzept von *merger* und *bar* entsprechende Präklusionswirkung.

Zunächst ist klar herauszustellen, daß nach dem Willen des deutschen Gesetzgebers nicht die Regeln der Logik, sondern allein Zweckmäßigkeits- und Zumutbarkeitserwägungen über die Frage entscheiden sollen, inwieweit man die Rechtskraft der Entscheidung auf die Glieder der Subsumtionskette erstreckt.

Für eine möglichst umfassende Rechtskraftwirkung spricht, daß dadurch dem Zweck des Zivilprozesses, privatrechtliche Streitigkeiten zu bereinigen, Rechtsfrieden und Rechtsgewißheit zu schaffen, am besten gedient wäre. Durch die Verhinderung zahlreicher Folgeprozesse mit möglicherweise widersprüchlichen Ergebnissen scheint eine weite Ausdehnung auf den ersten Blick auch zu einer willkommenen Entlastung der Gerichte und zu einer Stärkung ihres Ansehens zu führen. Ob solcher prozeßökonomischer Gewinn sich wirklich einstellen würde, erscheint indes fraglich, wenn man bedenkt, daß die Parteien bei einer weit erstreckten Rechtskraft sich genötigt sehen werden, schon den ersten Prozeß aus einem bestimmten Lebensverhältnis mit wesentlich größerer Sorgfalt auch hinsichtlich sämtlicher Vorfragen zu führen. Viele Einzelpunkte, die bei einer engen, nur auf das Ergebnis bezogenen Rechtskraft vielleicht kaum Beachtung finden, müßten dann wegen der möglichen Bedeutung für weiterreichende Rechtsfolgen mit aller Gründlichkeit geklärt werden. Rechtsmittel würden in vielen Fällen auch dann eingelegt werden, wenn eine Partei zwar das Endergebnis hinnehmen will, aber mit den sonst getroffenen rechtlichen oder tatsächlichen Feststellungen nicht einverstanden ist[108].

---

[107] Wells, S. 1.
[108] Vgl. Stein-Jonas-Schumann-Leipold, § 322 Anm. VI 1.

2. „Collateral Estoppel" 93

Nach der oben gegebenen Darstellung läßt das anglo-amerikanische Recht die gerichtliche Feststellung sämtlicher tatsächlicher und rechtlicher Vorfragen in Rechtskraft erwachsen, vorausgesetzt, daß darüber tatsächlich gestritten worden ist, daß die Feststellung entscheidungserheblich war und — so jedenfalls die jüngste Entwicklung — daß die Bedeutung des Streitpunktes für mögliche künftige Prozesse bei Anwendung der zumutbaren Sorgfalt erkennbar war. Die konsequente Durchführung dieses zuletzt genannten Zumutbarkeitsgedankens dürfte auf die Dauer dazu führen, daß die rechtskräftige Tatsachenfeststellung stark an Bedeutung verliert. Denn die Bedeutung einer inzidenter zu treffenden reinen Tatsachenfeststellung für einen künftigen Prozeß dürfte nur sehr selten voraussehbar sein.

Die grundlegende, zumeist wohl nur unbewußt[109] herrschende Erkenntnis, daß eine Tatsache für sich allein niemals Gegenstand eines Prozesses sein kann bzw. sollte, die wohl am besten in den Vorschriften über die Feststellungsklage („Rechtsverhältnis") zum Ausdruck kommt[110], zusammen mit dem Bewußtsein, daß die Bedeutung einer reinen Tatsachenfeststellung für zukünftige Streitigkeiten kaum je von den Parteien erkannt werden könne, dürfte wohl dazu geführt haben, daß die Rechtskraft von Tatsachenfeststellungen in Deutschland nie ernsthaft diskutiert worden ist[111]. Man fürchtete „das grenzenlose Ding der Voraussetzungen"[112] und zog, um Überraschungseffekte für die

---

[109] Erörterungen hierzu finden sich — soweit ersichtlich — kaum, seltsamerweise auch nicht in den Darstellungen zur Feststellungsklage; eine Ausnahme macht Klöppel, S. 93: „... Ist eine Thatsache niemals allein ausreichend, um ein Rechtsverhältnis zu begründen, sondern nur in Verbindung oder im Zusammentreffen mit anderen Thatsachen, so ist sie auch niemals für sich der Gegenstand eines Rechtsstreites, also auch nicht der Entscheidung über denselben. Sie kommt für das Recht in Betracht nur in dem Zusammenhang, in welchem sie die eine Rechtsfolge erzeugende Beziehung unter Personen herstellt; aus diesem Zusammenhange herausgenommen fällt sie außerhalb der rechtlichen Beurteilung ..."; vgl. auch Gaul, Wiederaufnahmerecht, S. 187 f.

[110] Auch in den USA ist das *declaratory judgment* auf die Feststellung von Rechtsverhältnissen *(rights, status or other legal relations)* beschränkt; vgl. z. B. Fed.R.Civ.P. 57 (i. V. m. 28 U.S.C.A. § 2201); Cal.C.Civ.P. §§ 1060 - 1062 a; Uniform Declaratory Judgment Act § 1; Restatement of Judgments § 77; James, § 1.10; Borchard, S. 391 ff.

[111] Windscheid blieb — soweit ersichtlich — mit seiner Ansicht allein (vgl. oben Fn. 85 u. 91); er konnte nur eine einzige Entscheidung zu seinen Gunsten anführen: AG Celle SeuffArch. 34 (1877), Nr. 188.
Leider findet sich auch bei Savigny (vgl. oben Fn. 85) keine einläßlichere Begründung dafür, warum er die Tatsachenfeststellungen von der Rkr. ausschließen will. Er begnügt sich mit dem Hinweis, Aufgabe des Richters und des Prozesses sei es, die Entscheidung über Rechtsverhältnisse herbeizuführen (S. 359).
Bruns, § 41 I 2, führt dies darauf zurück, daß sich das deutsche Prozeßrecht weigere, Rechtskraft als Beweiswirkung zu denken; in Beweisfragen sei es formalen Bindungen feindlich.

[112] Vgl. Klöppel, S. 100; Brinz, Bd. I, S. 330.

Parteien zu verhindern, durch die Fassung des § 322 ZPO der Rechtskraft enge Grenzen.

Über diese Grenzen hinaus gehen allein[113] die Rechtskraft eines Feststellungsurteils über die Echtheit oder Unechtheit einer Unkunde (vgl. § 256 ZPO), die Interventionswirkung des § 68 ZPO[114] und die Streitverkündungswirkung des § 74 III i. V. m. § 68 ZPO. In diesen Fällen wird eine Bindung an Tatsachenfeststellungen für zumutbar gehalten, da ein Überraschungseffekt den der Bindungswirkung unterworfenen Beteiligten gegenüber so gut wie ausgeschlossen ist[115].

De lege lata oder de lege ferenda — die Rechtsvergleichung zeigt jedenfalls, daß es nicht zu Härten für die Parteien führen muß, wenn man die Grenzen der Rechtskraft an einen früheren Zeitpunkt in der richterlichen Subsumtionskette zurückverlegt und den Gerichten genügend Raum für Zumutbarkeitserwägungen[116] zugesteht.

---

[113] Der Vollständigkeit halber soll der Hinweis auf eine weitere, wenn auch andersartige bindende Tatsachenfeststellung des dt. Rechts nicht fehlen. Sie hängt mit den zeitlichen Grenzen der Rechtskraft zusammen: Wird in einem zweiten Prozeß *derselbe* Anspruch erneut eingeklagt mit der Begründung, es habe sich der Sachverhalt verändert, dann braucht nur noch über das Vorliegen der anspruchsbegründenden Tatbestandsmerkmale entschieden zu werden, deren zwischenzeitliche Änderung geltend gemacht wird; die übrigen Tatbestandselemente sind schon im Erstverfahren bindend entschieden; so zuerst Schwab, S. 146 f.; zustimmend Bruns, Teilrechtskraft und Bindungswirkung, S. 124 f.; Grunsky, ZZP 76 (1963), 175 f.; Zeuner, S. 36 f.; kritisch Habscheid, S. 286, und J. Blomeyer, NJW 1969, 587 ff.

[114] Std. Rspr., z. B. RGZ 153, 271 (274); BGHZ 16, 217 (227 ff.), und heute allgemeine Meinung.
Die in früheren Zeiten bei § 68 ZPO diskutierte Frage, ob der Umfang der Interventionswirkung vielleicht doch nicht über den der Rechtskraft hinausgehe, wird nicht mehr gestellt, seit Lent nachgewiesen hat, daß zwar der Wortlaut des § 68 ZPO für die Beantwortung der Frage nichts hergibt, daß aber die Interventionswirkung überhaupt keine praktische Bedeutung hätte, wenn man sie nicht voll auf die Urteilsbegründung erstreckt; vgl. Lent, ZAkDR 1940, 129.

[115] Die Materialien zur ZPO schweigen sich aus zu der Frage, warum hier eine Bindung an Tatsachenfeststellungen für notwendig bzw. zumutbar gehalten wird. Doch liegen die Gründe auf der Hand: Im Falle der Feststellung der Echtheit oder Unechtheit einer Urkunde dürfte für die unterlegene Partei immer überschaubar sein, für welche Rechtsfolgen diese Frage von Bedeutung ist. Ähnliches gilt für die Interventions- und Streitverkündungswirkung: Hier kommt nur eine Tatsachenbindung im Hinblick auf *ein ganz bestimmtes zukünftiges Verfahren* in Frage, über dessen Gegenstand sich der Nebenintervenient bzw. der Streitverkündete jetzt schon voll im klaren ist, so daß auch die Bedeutung von Tatsachenfeststellungen für das spätere Verfahren ohne weiteres absehbar ist. Bei der Nebenintervention kommt noch hinzu, daß der Dritte die für ihn ungünstige Interventionswirkung immer verhindern kann, indem er die Nebenintervention einfach unterläßt.

[116] Bruns schlägt ganz allgemein vor, das technische Rüstzeug der Rechtskraftbehandlung, mit Ausnahme der "planen" Präjudizialitätsfälle, um das Merkmal der Zumutbarkeit zu erweitern, wodurch sich sachgerechte Einschränkungen und Ausdehnungen des bisher anerkannten Einwirkungsbestandes ergeben könnten; vgl. Bruns, § 44 III 2: „... Daß sich dabei die

De lege lata wird man im deutschen Recht viel weiter als Zeuner wohl nicht gehen können, ohne an die absolute Grenze der Auslegungsfähigkeit von § 322 i. V. m. § 280 ZPO zu stoßen.

De lege ferenda sollte man jedoch nicht bei der Zeunerschen Lehre stehenbleiben, deren Halbherzigkeit ihre eigenen Probleme aufwirft[117]. Es ist abzuwägen zwischen einer möglichst weitgehenden Verwirklichung der Ziele der Rechtskraft — Schutz der Gerichte vor überflüssiger Prozeßführung, Stärkung des Vertrauens in die Rechtsprechung durch Vermeidung widersprüchlicher Entscheidungen, Wahrung von Rechtsfrieden und Rechtssicherheit — und dem Interesse der Beteiligten, nicht durch eine unübersehbar weite Bindungswirkung unzumutbar überrascht zu werden. Die idealste Lösung dürfte darin liegen, die Rechtskraft auf alle bedingenden Rechtsverhältnisse zu erstrecken, über die die Parteien im Prozeß tatsächlich gestritten haben, die entscheidungserheblich waren und deren Bedeutung für zukünftige Streitigkeiten bei Anwendung der zumutbaren Sorgfalt erkennbar war[118]. Eine Rechtskrafterstreckung auch auf die Tatsachenfeststellungen sollte dagegen generell ausscheiden[119]; denn im Falle der Feststellung einer isolierten Tatsache (die also auch durch Einordnung in ihren rechtlichen Zusammenhang noch nicht zum Rechtsverhältnis wird) dürften die Parteien selbst bei Anwendung der zumutbaren Sorgfalt im Regelfalle nicht in der Lage sein, die Bedeutung dieser Feststellung für alle möglicherweise in Zukunft entstehenden Streitigkeiten richtig einzuschätzen, mag die Tatsache im ersten Verfahren auch noch so wichtig und umstritten gewesen sein.

Folgt man dem hier vertretenen, sehr flexibel zu handhabenden Lösungsvorschlag, dann dürfte auch der prozeßökonomische Gewinn nicht ausbleiben; denn die für die erste Entscheidung erheblichen Streitpunkte werden von den Parteien i. d. R. auch bei eng gezogenen Rechtskraftgrenzen schon im ersten Verfahren ohnehin mit voller prozessualer Diligenz behandelt werden (wenn es sich nicht gerade um einen Bagatellfall handelt), so daß sich hier die Verhinderung einer erneuten Überprüfung vom Standpunkt der Prozeßökonomie aus immer positiv aus-

---

Rechtsfrage vielfach in die Tatfrage auflösen wird. dürfte prinzipiell nicht zu beanstanden sein. In §§ 616, 767 II und § 17 MSchG ist ein paralleler Gedanke heute schon verwirklicht."
[117] Vgl. dazu insbes. Peters, ZZP 76 (1963), 229 ff.
[118] Es würde hier ein weiter Spielraum für die Rspr. entstehen.
Diese Lösung dürfte im wesentlichen mit der der französischen Praxis identisch sein; vgl. Habscheid, Festschr. f. Fragistas, S. 18 ff.; Millar, 39 Mich.L.Rev. 1, 15 ff. (1940); Mendelssohn Bartholdy, S. 49 ff.
[119] Bei der Abgrenzung von Rechtsverhältnissen und Tatsachen könnte die Rspr. auf die bereits umfangreiche Judikatur zu §§ 256, 280 ZPO zurückgreifen; vgl. als Überblick Stein-Jonas-Schumann-Leipold, § 256 Anm. II.

wirken würde. Das dürfte selbst dann gelten, wenn man in die Betrachtung die Möglichkeit mit einbezieht, daß bei einer Rechtskrafterstreckung auch auf die Urteilselemente häufig vorsorglich Rechtsmittel gegen irgendwelche Feststellungen in den Gründen eingelegt würden[120].

Abschließend kann die Frage nach dem prozeßökonomischen Gewinn, mit deren Beantwortung der hier vorgeschlagene Lösungsversuch zugegebenermaßen stehen und fallen sollte, allerdings nicht entschieden werden ohne die Auswertung bislang nicht vorhandenen statistischen Materials über das Prozeßverhalten der Beteiligten in derartigen Fällen.

Man wende nicht ein, die Rechtskrafterstreckung auf die Urteilsgründe leide an dem Nachteil, daß bei unrichtiger Entscheidung des Erstprozesses der Folgeprozeß zwangsläufig ebenfalls mit einem unrichtigen Urteil abschließt[121]; denn erstens wird sich das Gericht des Folgeprozesses auch bei der heutigen Rechtslage regelmäßig ohnehin —bewußt oder unbewußt — die Einheitlichkeit der Entscheidung als Argument dienen lassen, zum anderen sollte es nicht Aufgabe der Rechtskraftgrenzen sein zu bestimmen, wann eine entschiedene Frage erneut — praktisch durch Zurverfügungstellung eines zweiten Instanzenzuges — auf ihre sachliche Richtigkeit überprüft werden kann. Hält man den Zivilprozeß für so unzuverlässig, mag man dem mit der Erweiterung des ersten Instanzenzuges begegnen[122].

---

[120] Denn selbstverständlich muß die Beschwer grundsätzlich im selben Umfang bejaht werden, in dem ein Urteil ungünstige rechtskraftfähige Feststellungen für eine Partei enthält; vgl. RGZ 149, 34; BGHZ 26, 296; Stein-Jonas-Schumann-Leipold, § 322 Anm. VI 1; Stein-Jonas-Grunsky, Allg. Einl. zu §§ 511 ff., Anm. V 2; Grunsky, ZZP 76 (1963), 172 ff.; Blomeyer, § 97 II; Peters, ZZP 76 (1963), 240 f.; J. Blomeyer, NJW 1969, 587 ff.; auch schon Savigny, Bd. VI, S. 351 f.

[121] Vgl. Peters, ZZP 76 (1963), 231.

[122] Auch die weiteren anfangs gegen die Lehre Zeuners vorgebrachten Einwände, vgl. insbes. Peters, ZZP 76 (1963), 231 ff., greifen nicht durch: Das sparsame Gebrauchmachen vom Mittel der Zwischfeststellungsklage dürfte nicht damit zu erklären sein, daß sich die Parteien der weiteren Folgen von Feststellungen in den Urteilsgründen nur selten bewußt sind, sondern vielmehr mit den Kostenfolgen einer Zwischenfeststellungsklage und mit der stillschweigenden Übereinkunft der Parteien, dem Erstprozeß Mustercharakter zuzumessen. — Die grundsätzliche dogmatische Schwierigkeit, die in der Zeunerschen Konzeption bei den Teilklagen im engeren Sinne besteht (vgl. dazu Zeuner, S. 88 ff.; Peters, ZZP 76 [1963], 232 f.), tritt bei dem hier gemachten Vorschlag nicht auf: Teilklagen wären zwar zulässig, aber wegen der rechtskräftigen Feststellung der bedingenden Rechtsverhältnisse wird es i. d. R. zu keinem Folgeprozeß kommen. Daß man durch Einklagen eines noch so kleinen Teilbetrages „Rechtskraft hinsichtlich der vollen Position beider Parteien erzielen" könnte (vgl. Peters, ZZP 76, 233, 236 f.), sollte nicht abschrecken; denn praktisch ist das bei der gegenwärtigen Rechtslage nicht anders, da die auf Teilklagen hin erfolgenden Verfahren faktisch die Wirkung von Musterprozessen haben — ebenfalls, ohne daß sich die Bedeutung des Verfahrens im Antrag und damit im Streitwert widerspiegelte. — Schließlich müssen Anerkenntnis- und Verzichtsurteile (vgl. Peters, ZZP 76

2. „Collateral Estoppel"

Die rechtsvergleichende amerikanische Literatur geht — unter dem Eindruck der in Deutschland h. L. — davon aus, daß in Deutschland und den meisten *civil law countries* ein automatisches Erwachsen von entschiedenen tatsächlichen oder rechtlichen Vorfragen in Rechtskraft und damit ein der Doktrin vom *collateral estoppel* analoges Institut unbekannt ist und daß ein Teil der Urteilsgründe, nämlich vorgreifliche Rechtsverhältnisse, nur auf Initiative einer der beiden Parteien durch Erhebung einer Inzidentfeststellungsklage in die Rechtskraft einbezogen werden kann[123]. Nur einer der Autoren jedoch empfiehlt dem amerikanischen Recht die uneingeschränkte Adoption dieses Konzepts wegen seiner angeblich bestechenden Klarheit und Eindeutigkeit für die Bestimmung der Rechtskraftgrenzen[124].

Ehrenzweig plädiert für den Ausschluß der reinen Tatsachenfestsetllungen von der *collateral estoppel*-Wirkung, will aber die Feststellung des Verschuldens z. B. nicht als eine solche reine Tatsachenfeststellung behandelt wissen[125].

Gelegentlich ist in der Literatur die Frage gestellt worden, ob es nicht noch andere, tiefere als die obengenannten Gründe gibt, die dazu geführt haben, daß die kontinentaleuropäischen Länder so vorsichtig in der Frage der Rechtskraft von Urteilsgründen sind. Der Gedanke, daß diese Länder ihr eigenes Prozeßverfahren für nicht in solchem Maße zuverlässig hielten, daß man sich eine breite Rechtskrafterstreckung erlauben könnte[126], dürfte wohl absurd sein[127]; in der gesamten Diskussion vor und nach Inkrafttreten des heutigen § 322 ZPO ist niemals der Zweifel an der Zuverlässigkeit des Verfahrens als Grund genannt worden, der für enge Rechtskraftgrenzen spräche[128]. Wesentlich plausibler klingt der Gedanke von Schlesinger[129], das *civil law* könne es sich leisten, die Rechtskraftgrenzen eng zu ziehen, da sämtliche gerichtlichen Feststellungen — seien es Tatsachen oder bedingende Rechtsverhältnisse — im späteren Prozeß der freien richterlichen Beweiswürdigung unter-

---

[1963], 235) nach dem hier formulierten Vorschlag („tatsächlich umstritten") — wie in den USA — von der Rechtskraft der Entscheidungsgründe ausgenommen werden.
[123] Vgl. Schopflocher, (1940) Wisc.L.Rev. 234, 257 f.; Ed. Note, 65 Harv.L. Rev. 818, 821 (1952); Ehrenzweig, S. 226 ff.; Schlesinger, S. 327 f.
[124] Vgl. Millar, 39 Mich.L.Rev. 238, 262 ff. (1940).
[125] Vgl. Ehrenzweig, S. 231.
Sowohl Millar als auch Ehrenzweig setzen sich aber leider nicht mit dem Gedanken der Prozeßökonomie auseinander, der in einem Jury-System von entscheidender Bedeutung ist.
[126] z. B. Isobe, 15 Japan A.L.P. 77, 81 (1967).
[127] So auch Schlesinger, S. 328.
[128] Auch Peters, ZZP 76 (1963), 231, darf nicht in diesem Sinne verstanden werden.
[129] Schlesinger, S. 328.

lägen[130]; insofern sei die Gefahr abweichender Entscheidungen und vollkommen neuer, zeitraubender Beweisaufnahmen nicht so groß. Dagegen seien das Urteil und sämtliche Feststellungen eines früheren Prozesses im anglo-amerikanischen Recht grundsätzlich[131] im späteren Prozeß als einfaches Beweismittel wegen der *hearsay rule*[132] unzulässig, es sei denn, diese Feststellungen seien nach den Grundsätzen der *collateral estoppel*-Lehre in Rechtskraft erwachsen und gälten somit als *conclusive evidence*.

In der Tat dürfte es diese Alles-oder-nichts-Maxime des Beweisrechts[133] in Verbindung mit den Eigenarten des aufwendigen Jury-Systems in Zivilsachen für das amerikanische Prozeßrecht bedeuten, daß eine Rechtskrafterstreckung auf die Urteilsgründe in jedem Falle einen prozeßökonomischen Gewinn nach sich zieht und die Gefahr sich widersprechender Urteile verringert. Von einer anderen, historisch bedingten prozessualen Grundkonzeption ausgehend hatte also das anglo-amerikanische Recht bei der Festlegung der objektiven Rechtskraftgrenzen von vornherein weniger Entscheidungsfreiheit als das deutsche.

Diese Grundkonzeption ist bis heute die gleiche geblieben; deshalb wird es in absehbarer Zeit keine Reform auf diesem Rechtsgebiet geben.

VI. Die subjektiven Grenzen der Rechtskraft

1. *Interessenlage*

Die in dem Urteil ausgesprochene Rechtsfolge und die getroffenen Feststellungen sind häufig nicht nur für die Parteien, sondern auch für Dritte von Interesse, die an dem Rechtsstreit nicht beteiligt waren. Es

---

[130] Vgl. z. B. Stein-Jonas-Schumann-Leipold, § 286 Anm. III 4 b, 5.

[131] Es werden einige wenige Ausnahmen gemacht; vgl. Cal.Ev. Code §§ 1300 - 1302; 30 AmJur2d, Evidence, §§ 978 ff.; 19 CalJur2d Evidence, § 562; 4 Wigmore, § 1346 a; 2 Freeman, §§ 1039 ff.; Restatement of Judgments § 93, comment b, § 96, comment i, Note, 46 Iowa L.Rev. 400 ff. (1961).

[132] Die *hearsay rule* verbietet den Beweis vom Hörensagen, weil die Person, die die Aussage ursprünglich gemacht hat, nicht in einem Kreuzverhör auf ihre Glaubwürdigkeit geprüft werden kann; vgl. Model Code of Evidence, Rules 501 ff.; Karlen, S. 68; Louisell-Kaplan-Waltz, S. 50 ff.; Stelter, S. 42 ff.

Die *hearsay rule* ist mittlerweile so stark durch die Anerkennung von Ausnahmen ausgehöhlt, daß die Darstellung ihres Geltungsbereichs wesentlich weniger Raum einnimmt als die ihrer Ausnahmen; vgl. z. B. Model Code of Evidence, Rules 503 ff.; Falkner, 2 U.C.L.A.L.Rev. 70 ff. (1954). Für eine ausführliche Behandlung der *hearsay rule* vgl. 6 Wigmore, §§ 1690 - 1700, 1702; McCormick, Evidence, § 296.

[133] Vgl. James, § 11.35; Kritik an diesem *all-or-nothing-approach* des *common law* wurde schon von Bentham geübt; vgl. 7 Bentham, The Rationale of Judicial Evidence, S. 171.

kann sein, daß ein Dritter das Recht für sich beansprucht, daß er es erwerben möchte oder daß seine Rechtsstellung in sonstiger Weise davon abhängt. Im Interesse einer einheitlichen Beurteilung der Rechtslage wäre es zweifellos wünschenswert, wenn die Rechtskraft des Urteils jedermann gegenüber wirken würde, wenn also jeder von der in dem Urteil enthaltenen Bewertung der Rechtslage auszugehen hätte. Damit würde jedoch häufig gegen berechtigte Interessen des Dritten verstoßen, der an dem Verfahren nicht beteiligt war und deshalb keine Möglichkeit hatte, auf den Inhalt des Urteils Einfluß zu nehmen. Deshalb gehen — soweit ersichtlich — alle Rechtsordnungen übereinstimmend vom Grundsatz einer auf die Parteien beschränkten relativen Rechtskraftwirkung aus[1]. Nur ausnahmsweise soll die Rechtskraft auf einen Dritten zu dessen Ungunsten erstreckt werden[2].

Anders ist die Interessenlage, wenn der Dritte die Rechtskraftwirkung nicht abwehren will, sondern im Gegenteil ein Interesse daran hat, daß das Urteil auch ihm zugute kommt. Hier geht es nicht mehr um den Schutz des Dritten, sondern um den der unterlegenen Partei. Diese wird naturgemäß versuchen, das ihr ungünstige Urteil als unrichtig hinzustellen. Es fragt sich, ob ein Anlaß besteht, der Partei diese zweite Chance einzuräumen. Die Frage wird in der deutschen Lehre in zunehmendem Maße grundsätzlich verneint: Wenn die Partei ihre erste Chance nicht zu nutzen wußte, so sei ihr zuzumuten, die nachteiligen Konsequenzen zu tragen[3]. Es wird sich zeigen, daß im amerikanischen Recht die Entscheidung dieser Frage wegen der Geltung der Doktrin vom *collateral estoppel* sehr viel schwerer fällt, obwohl sie die Gerichte nach langem Ringen offenbar endgültig im gleichen Sinn gefällt zu haben scheinen[4].

2. Grundsatz: Rechtskraftwirkung nur zwischen Parties und Privies

a) Parties

Im allgemeinen wirkt die Rechtskraft nur zwischen den Parteien, sie entfaltet ihre Bindungswirkung also nur, wenn der zweite Prozeß von denselben Parteien geführt wird[1].

---

[1] Vgl. Habscheid, Festschr. f. Fragistas, S. 23 f.
[2] Die Rechtskraftbeschränkung auf die Parteien wurde bereits im römischen und dann im gemeinen Recht modifiziert durch die „natürliche" Erweiterung der Rechtskraft auf die Gesamt- und Einzelnachfolger der Parteien und durch mancherlei „positive" Erweiterungen wie die Wirkung von Statusurteilen inter omnes; vgl. Savigny, Bd. VI, S. 467 ff.
[3] Vgl. Blomeyer, § 91 II 2; Grunsky, § 47 VI 1; a. A. RG JW 1906, 203; Stein-Jonas-Schumann-Leipold, § 325 Anm. IV 3 b bb, II 4.
[4] Vgl. unten Teil B VI 3.
[1] Vgl. Restatement of Judgments § 79; James, §§ 11.24, 11.26; Polasky, 39 Iowa L.Rev. 217, 242 (1954); Ed. Note, 65 Harv.L.Rev. 818, 855 (1952).

Wer Partei ist, läßt sich leicht bestimmen; denn auch in den USA gilt der „formelle" Parteibegriff, d. h. Parteien sind diejenigen Personen, für und gegen die Rechtsschutz vom Gericht begehrt wird und die als solche in den Schriftsätzen bezeichnet werden[2].

aa) Bekanntlich ist es aber nicht nur möglich, im eigenen Namen eigene Rechte geltend zu machen, sondern in bestimmten Treuhandverhältnissen und anderen Fällen der gewillkürten Prozeßstandschaft[3] sowie in den Fällen der Testamentsvollstreckung, der Nachlaß- und Konkursverwaltung kann die Prozeßführungsbefugnis und die materielle Rechtsinhaberschaft auseinanderfallen. In diesen Fällen wird im allgemeinen keine Parteiidentität angenommen, wenn dieselbe Person in *different legal capacities* zwei aufeinanderfolgende Prozesse führt[4]. Wenn also A in seiner Eigenschaft als Testamentsvollstrecker ein Recht geltend macht, das er vorher schon erfolglos als Prozeßstandschafter des Y oder im eigenen Namen als eigenes geltend gemacht hat, dann gilt er insoweit in dem neuen Verfahren nicht als dieselbe Partei; die Doktrin von *merger* und *bar*, die sonst normalerweise Anwendung finden müßte[5], hindert eine erneute Prozeßführung nicht. Das gleiche gilt, wenn es sich in dem neuen Verfahren um eine andere *cause of action* handelt; die Doktrin vom *collateral estoppel* entfaltet keine Bindungswirkung, wenn dieselbe Person im zweiten Verfahren zwar Partei ist, ihre Prozeßführungsbefugnis jedoch von einem anderen Träger des materiellen Rechts ableitet[6].

Der Grund liegt auf der Hand: Die Regeln der *res judicata* sollen nur gewährleisten, daß der Streit zwischen den eigentlichen Rechtsträgern, den *real parties in interest*, möglichst rational beigelegt wird; normalerweise sind das die formellen Parteien[7]. Wenn aber die formellen Parteien nur fremde Interessen repräsentieren, dann ließe es sich nicht rechtfertigen, sie über ihre jeweilige Prozeßführungsbefugten-Stellung hinaus (neben dem Hintermann[8]) den Rechtskraftwirkungen zu unter-

---

[2] Vgl. Restatement of Judgments § 79, comment e.
[3] Im amerikanischen Recht ist die gewillkürte Prozeßstandschaft in wesentlich weiterem Umfang zulässig als im deutschen Recht; vgl. dazu James, §§ 9.12, 10.8, 10.11, 11.24.
[4] Umfangreiche Rechtsprechungsnachweise bei 1B Moore, § 0.411 (3); James, § 11.24; Restatement of Judgments §§ 79, 80; Ed. Note, 65 Harv.L. Rev. 818, 855 (1952); vgl. für das engl. Recht Cohn, Festschr. f. Nipperdey, S. 882 f.
[5] Vgl. Restatement of Judgments §§ 79, 80.
[6] Alle denkbaren Fallgestaltungen werden in den Anmerkungen f - m und den dazugehörigen Beispielen 1 - 20 zu § 80 des Restatement of Judgments erläutert; sehr ausführlich auch 1B Moore, § 0.411 (3).
[7] Vgl. 1 Freeman, § 418; Ed. Note, 65 Harv.L.Rev. 818, 855 (1952).
[8] Vgl. dazu unten in u. zu Fn. 52 ff.

2. Rechtskraftwirkung nur zwischen „Parties" und „Privies"

werfen[9, 10]; es sei denn, die materiellrechtliche Lage ist so, daß der Prozeßführungsbefugte aufgrund der materiellen Rechtslage der eigentliche Interessent und Nutznießer einer erfolgreichen Prozeßführung ist[11].

Eine derartige „Spaltung" des Parteibegriffs ist im deutschen Recht — soweit ersichtlich — nie diskutiert worden[12]; das dürfte darauf zurückzuführen sein, daß in den genannten Fallkonstellationen der spätere Prozeß nach allen vertretenen Ansichten einen anderen Streitgegenstand hat und es sich somit von selbst versteht, daß eine Rechtskraftwirkung des ersten Urteils nicht in Frage kommt.

bb) Eine ähnliche Ausnahme von dem Grundsatz, daß die Parteien von der Rechtskraft des Urteils erfaßt werden, wird in den — mittlerweile seltenen — Fällen gemacht, in denen nach den Vorschriften der einschlägigen Prozeßordnung eine rein nominelle Partei den Prozeß führt, die gar keine Verfügungsmacht über und kein wirtschaftliches Interesse an dem geltend gemachten Recht hat. Eine solche Partei wird nicht gebunden durch die *res judicata*-Wirkungen[13]. Hauptbeispiel ist hier der Zedent einer Forderung in den wenigen Jurisdiktionen, in denen die nach erfolgter Abtretung erhobene Klage nach der alten *common law*-Regel immer noch in seinem Namen, nicht in dem des Zessionars geltend gemacht werden muß[14, 15].

cc) Genausowenig wirkt die Rechtskraft zwischen Parteien, die sich nicht als Prozeßgegner *(as adversary to each other)* gegenübergestanden haben[16]. Ist aber zwischen mehreren Streitgenossen (Mitkläger und Mit-

---

[9] Vgl. Restatement of Judgments § 80, comment b.
[10] Wollte man das tun, so könnte das auch zu einem Interessenkonflikt in der Person des Prozeßführungsbefugten führen, der sich zum Nachteil des Hintermannes auswirken könnte; vgl. 65 Harv.L.Rev. 818, 855 (1952).
[11] Vgl. Chicago, Rock Island & Pacific Ry. Co. v. Schendel, 270 U.S. 611, 46 S.Ct. 420, 70 L.Ed. 757 (1926); Vaughn's Administrator v. Louisville & Nashville R.R. Co., 297 Ky. 309, 179 S.W.2d 441 (1944); v. Moschzisker, 38 Yale L.J. 299, 310 (1929); James, § 11.24.
[12] Dennoch gibt es eine Entsprechung im deutschen Recht: Der Streit, ob man die Verwalter (Konkurs-, Nachlaßverwalter) und Testamentsvollstrecker als Partei kraft Amtes oder als Zwangsvertreter anzusehen hat. Die erste Ansicht (h. L.) erstreckt die Rechtskraft auf den eigentlichen Rechtsträger (Fall einer Prozeßstandschaft), nach der anderen ist dieser ohnehin (vertretene) Partei; Stein-Jonas-Schumann-Leipold, § 325 Anm. II 1, IV 2 b aa. Nur nach der letzteren Ansicht bleibt der tatsächliche Prozeßführer von der Rechtskraftwirkung unberührt.
[13] Vgl. Restatement of Judgments § 81; James, § 11.24; Polasky, 39 Iowa L.Rev. 217, 242 (1954).
[14] Vgl. Restatement of Judgments § 81, comment a und illus. 1, 2.
[15] Zur materiellrechtlichen Lage bei der Forderungsabtretung im amerikanischen Recht, die von der prozeßrechtlichen nur widergespiegelt wird, vgl. Zweigert-Kötz II, S. 140 ff.; 3 Williston, § 430; 4 Corbin, § 856.
[16] z. B. Kimmel v. Yankee Lines, 224 F.2d 644 (3rd Cir. 1955), dazu: Note, 41 Va.L.Rev. 1125; Wiles v. Young, 167 Tenn. 224, 68 S.W.2d 114 (1934); Restatement of Judgments § 82; James, § 11.24; 1B Moore, § 0.411 (2).

beklagte) eine Streitfrage tatsächlich ausgefochten worden, so sind die Rechtskraftregeln in ihrem Verhältnis zueinander anwendbar; das gilt auf jeden Fall dann, wenn der Versuch gemacht worden ist, den Mitkläger bzw. Mitbeklagten mit einem *cross claim* oder *cross complaint* (Klage oder Widerklage gegen einen anderen als den unmittelbaren Prozeßgegner in demselben Verfahren)[17, 18] formell in Anspruch zu nehmen[19].

Uneinheitlich wird die Rechtslage beurteilt, wenn eine solche formelle Inanspruchnahme des Mitbeklagten nicht erfolgt ist; denn i. d. R. haben die Mitbeklagten auch in diesem Falle entgegengesetzte Interessen[20].

Wenn z. B. Kläger und Beklagter eines Schadensersatzprozesses in einem früheren Verfahren als Streitgenossen von einer dritten Person auf Ersatz eines in demselben Unfall erlittenen Körperschadens verklagt worden waren, dann hatten beide in diesem Prozeß — abgesehen von der Frage, ob überhaupt ein Gesundheitsschaden eingetreten war — entgegengesetzte Interessen; jeder von ihnen hatte das Recht, die Zeugen des anderen zu befragen *(cross examination)* und zu beweisen, daß allein der Mitbeklagte für den Schaden verantwortlich sei; jeder von ihnen hatte — jedenfalls in den Staaten mit *modern procedures* — die Möglichkeit eines *cross pleading*[21]. Bei einem Urteil gegen beide Mitbeklagten besteht außerdem häufig die Möglichkeit künftiger Prozesse, in denen einer vom anderen verlangt, einen Teil des vom ursprünglichen Kläger eingeklagten Betrages aufzubringen *(contribution)* oder den nunmehr klagenden (damaligen) Mitbeklagten schadlos zu halten *(indemnity)* oder ihm die *eigenen* im gleichen Unfall erlittenen Sach- oder Gesundheitsschäden zu ersetzen.

Obwohl das *cross pleading* nicht obligatorisch ist[22], wächst die Neigung der Gerichte, in derartigen Fällen die Rechtskraft im Verhältnis

---

[17] Vgl. dazu Fed.R.Civ.P. 13 (g); Cal.C.Civ.P. § 442; James, § 10.16; als vergleichende Darstellung vgl. J. Schröder, 164 AcP (1964), 528 f.
[18] Nicht zu verwechseln mit dem *cross claim* ist die *third-party practice*, die es dem Beklagten erlaubt, durch ein *impleader* oder *cross counterclaim* (i. w. S.) einen Dritten zur Prozeßpartei zu machen, wenn der Dritte dem Beklagten ganz oder teilweise hinsichtlich des Anspruchs verantwortlich *(liable)* ist, den der Kläger geltend gemacht hat; vgl. Fed.R.Civ.P. 14 (a), (b); Cal.C.Civ.P. § 442; James, § 10.20; 3 Moore, § 14.05; Wright, § 76; 1A Barron-Holtzoff, §§ 421 - 428; Note, 58 Col.L.Rev. 532 (1958); Ed. Note, 71 Harv.L. Rev. 874, 906 ff. (1958); auch hier: J. Schröder, 164 AcP (1964), 527 ff.
[19] Vgl. Simodejka v. Williams, 360 Pa. 332, 62 A.2d 17 (1948), dazu: Note, 34 B.U.L.Rev. 104 (1953); Gelason v. Hardware Mutual Casualty Co., 324 Mass. 695, 88 N.E.2d 632 (1949), dazu Note, 49 Mich.L.Rev. 447 (1951).
[20] Vgl. James, § 11.24; Note, (1961) Duke L.J. 167, 169 f.
[21] Vgl. oben Fn. 17.
[22] Das in Fed.R.Civ.P. 13 (g) geregelte *cross claim* z. B. ist nicht obligatorisch; 3 Moore, §§ 13.02, 13.34. *Compulsory cross claim ruels* finden sich nur ganz ausnahmsweise in den Prozeßordnungen der USA; vgl. 1B Moore, § 0.411 (2), Fn. 1, 19, 20; 46 AmJur2d, Judgments, § 550.

2. Rechtskraftwirkung nur zwischen „Parties" und „Privies"

der Mitbeklagten untereinander wirken zu lassen, auch wenn kein *cross pleading* erfolgt ist; es muß nur erwiesen sein, „that their relationship in that action was genuinely adversary"[23].

dd) Durch die *intervention* des amerikanischen Prozeßrechts[24] wird der Intervenierende zur Partei des Verfahrens, unterliegt also deshalb voll der Rechtskraft der Entscheidung[25]; mit einer Erstreckung der Rechtskraft auf Dritte hat das nichts zu tun.

b) Privies

aa) Ausnahmsweise erstreckt sich die Rechtskraft über die Prozeßparteien hinaus auf Dritte, wenn diese im Verhältnis zu einer der beiden Parteien in *privity*[26] stehen. Es gibt jedoch keine allgemein anerkannte Definition der *privity*[27]. Das ältere Recht glaubte, einen festen Begriff der *privity* mit den drei Arten der *privies in blood, privies in law, privies in estate* („*privies* durch Blut", d. h. Rechtsnachfolger durch Erbfolge, „*privies* durch die Rechtsordnung", wie z. B. Konkursverwalter und Gemeinschuldner, und „*privies* durch Vermögensrecht", wie z. B. bei Rechtsübergang durch Kauf oder Abtretung nach Prozeßbeginn) zu haben[28]. Später setzte sich dann eine etwas weitere, aber — wie sich herausstellte — immer noch zu enge Definition der *privity* durch: "privity denotes mutual or successive relationship to the same rights of property[29]." Mittlerweile ist man sich einig, daß sich aus dem bloßen Begriff der *privity* kein Kriterium für die Abgrenzung des Kreises der von der Rechtskraft betroffenen Dritten gewinnen läßt. So konnte Richter *Goodrich* in einer vielzitierten Passage aus *Bruszewski*

---

[23] Vgl. Ordway v. White, 14 A.D.2d 498, 217 N.Y.S.2d 334 (1961). Weitere Nachweise in Note, (1961) Duke L.J. 167, 169 f.; Note, 36 N.Y.U.L.Rev. 1158, 1169 f. (1961).
[24] Zu ihren Voraussetzungen vgl. Fed.R.Civ.P. 24 (a), (b); Cal.C.Civ.P. § 387; 2 Barron-Holtzoff, §§ 591 - 604; Wright, § 76.
[25] Vgl. James, § 10.19; Ed. Note, 71 Harv.L.Rev. 874, 897 ff. (1958); 59 AmJur2d, Parties, §§ 129 ff.
[26] Der Begriff der *privity* spielt auch im anglo-amerikanischen Vertragsrecht eine Rolle und bedeutet, daß grundsätzlich nur Vertragsparteien aus einem Vertrag berechtigt und verpflichtet werden können, nicht aber dritte Personen (Ausnahmen sind z. B. der *trust* oder die *undisclosed agency*); 1 Corbin, §§ 12, 124; 4 Corbin, § 478; 6 Corbin, § 1285; Simpson, Contracts, § 81.
[27] Vgl. James, § 11.30; Ed. Note, 65 Harv.L.Rev. 818, 855 f. (1952); Morris, 56 Cal.L.Rev. 1098, 1101 f. (1968).
[28] Vgl. 50 C.J.S., Judgments, § 788 m. w. Nw.; für das engl. Recht vgl. Cohn, Festschr. f. Nipperdey, S. 880 ff.
Die *privity*-Doktrin ist alten Ursprungs. Holdsworth zitiert einen Fall aus dem Jahre 1575, in dem schon die Ansicht vertreten wird, daß "privies as well as parties will be bound by a judgment"; 9 Holdsworth, S. 151.
[29] Vgl. z. B. Bigelow v. Old Dominion Copper Mining & Smelting Co., 225 U.S. 111, 129, 32 S.Ct. 641, 643 (1912); 1 Greenleaf, § 523; 1 Freeman, § 438; 1B Moore, § 0.411 (1).

v. United States privity beschreiben als „merely a word used to say that the relationship between the one who is a party on the record and another is close enough to enclude that other within the res adjudicata"[30].

Diese Formulierung bedeutet aber nicht etwa, daß die Gerichte völlig frei wären, nach ihrem Gutdünken eine Beziehung zwischen zwei Personen als zur Begründung einer *privity*-Beziehung eng genug anzusehen. Vielmehr ist man sich voll und ganz bewußt, daß einer Rechtskrafterstreckung zu Ungunsten Dritter Grenzen durch die *due process*-Klausel der Verfassung gesetzt sind[31]. Diese Verfassungsbestimmung besagt, daß ganz allgemein keiner ohne faires Verfahren seiner Rechte beraubt werden darf; für das Urteil bedeutet dies, daß es — soweit das irgend möglich ist — keine negativen Auswirkungen auf Dritte haben darf, die nicht ihren *day in court* und keine *oppourtunity to be heard* hatten[32].

bb) Eine Analyse der Fälle, in denen bisher von den Gerichten das Vorliegen eines solchen hinreichend engen rechtlichen Abhängigkeitsverhältnisses angenommen worden ist, zeigt, daß sich die Fälle der *privity* und damit der Rechtskrafterstreckung im wesentlichen in drei Kategorien einteilen lassen: (1) *Those who control an action although not parties to it;* (2) *those whose interests are represented by a party to the action;* (3) *successors in interest*[33].

aaa) *Those Who Control*

Ein Dritter kann, ohne Partei zu sein, die tatsächliche Kontrolle über die Prozeßführung ausüben bzw. übernehmen, anstelle oder in Zusammenarbeit mit einer der Parteien. Wo dies so ist, wird die Rechtskraft der gerichtlichen Feststellungen auf den Dritten erstreckt, wenn er die Prozeßführung zum Schutze eines eigenen wirtschaftlichen oder recht-

---

[30] Bruszewski v. United States, 181 F.2d 419, 423 (3d Cir.), cert. den., 340 U.S. 765 (1950); zustimmend viele Entscheidungen und der größte Teil der Literatur; vgl. z. B. James, § 11.30; Ed. Note, 65 Harv.L.Rev. 818, 855 f. (1952); Vestal, 50 Iowa L.Rev. 27, 45 (1964); skeptisch 1B Moore, § 0.411 (1); Rosenberg, 44 St.John'sL.Rev. 165, 186 (1969).
Diese Betrachtung des *privity*-Begriffs war schon vom Restatement of Judgments § 83, comment a, vorgezeichnet worden.
[31] Vgl. z. B. Hansberry v. Lee, 311 U.S. 32, 61 S.Ct. 115, 85 L.Ed. 22 (1940); Postal Telephone Cable Co. v. Newport, 247 U.S. 464 (1918); 1B Moore, § 0.411 (1); Semmel, 68 Col.L.Rev. 1457, 1459 f. (1968); Vestal, 62 Mich.L.Rev. 33, 50 ff. (1963).
[32] Näheres zur *due process clause* und zu dem Erfordernis des *day in court* und der *opportunity to be heard;* vgl. unten Teil B VI 5.
[33] Vgl. Restatement of Judgments § 83, comment a; Ed. Note, 65 Harv.L. Rev. 818, 856; James, § 11.27 - 11.30.

2. Rechtskraftwirkung nur zwischen „Parties" und „Privies"

lichen Interesses an dem Gegenstand des Streites kontrolliert[34, 35]. Von *control* kann noch keine Rede sein, wenn der Dritte nur die finanziellen Mittel für die Prozeßführung zur Verfügung gestellt hat oder als Zeuge aufgetreten ist[36] oder nur bloße Hilfestellung bei der Verteidigung geleistet hat[37]. Es ist vielmehr nötig, daß der Dritte maßgeblichen Einfluß auf die Entscheidung über Beweisantritte, Zeugenvernehmungen und die eventuelle Einlegung von Rechtsmitteln hat[38].

Diese Form der Beteiligung kommt häufig vor in Fällen, in denen der Dritte an den Tatsachenfeststellungen interessiert ist, da ihm Klagen aus demselben Sachverhalt drohen oder er Klagen aus demselben Sachverhalt anstrengen könnte; z. B. wenn es um die Gültigkeit eines Vertrages geht, in dem sich mehrere Personen als Teilschuldner *(severally liable)* oder Gesamtschuldner *(joint and several liability)* verpflichtet haben, oder um die Zerstörung eines Gebäudes, für das verschiedene Versicherungen abgeschlossen waren, oder um die Gültigkeit einer einzelnen Emission von Schuldverschreibungen an verschiedene Gläubiger, usw.[39].

Der wohl häufigste und typischste Fall dieser Gruppe ist jedoch der, daß der Dritte — sei es als Mitverpflichteter *(co-obligor)*, sei es, daß er dem Kläger nicht unmittelbar verpflichtet ist — dem Beklagten für den Fall, daß dieser unterliegen sollte, aufgrund Vertrages oder Gesetzes zu teilweisem Ausgleich *(contribution)* oder Schadloshaltung *(indemnity)* verpflichtet ist[40].

---

[34] Vgl. Bigelow v. Old Dominion Copper Mining & Smelting Co., 225 U.S. 111, 32 S.Ct. 641 (1912); Restatement of Judgments § 84; Polasky, 39 Iowa L.Rev. 217, 242 (1954); Ed. Note, 65 Harv.L.Rev. 818, 856 f. (1952); James, § 11.27.

[35] „... It is not enough that he has an interest in the decision as a judicial precedent"; vgl. White v. Croker, 13 F.2d 321, 324 (5th Cir.), cert. den., 273 U.S. 715 (1926); genauso Restatement of Judgments § 84, comment c.

[36] Vgl. Hogan v. Bright, 214 Ark. 691, 218 S.W.2d 80 (1949); Reynolds Irrigation District v. Sproat, 65 Idaho 617, 151 P.2d 773 (1944); Restatement of Judgments § 84, comment e.

[37] Vgl. Cofax Corp. v. Minnesota Mining & Mfg. Co., 79 F.Supp. 842 (1947); Gallagher v. Harrison, 86 Ohio App. 73, 88 N.E.2d 589 (1949); einschränkend aber: Universal Oil Products Co. v. Winkler-Hoch Engeneering Co., 27 F.Supp. 161 (1939); Restatement of Judgements § 84, comment c.

[38] Vgl. Drummond v. United States, 324 U.S. 316 (1945); Greif v. Dullea, 66 Cal.App.2d 986, 153 P.2d 581 (1944); Restatement of Judgments § 84, comment e.

[39] Eine Zusammenstellung der hier in Frage kommenden Fälle findet sich in illus. 6 - 10 in comment c, § 84 Restatement of Judgments und in Annotation, 139 A.L.R. 9 ff. (1942).
Interessanter Fall ist z. B. Estelle v. Placock, 48 Mich. 469, 12 N.W. 659 (1882): In einem Kaufpreisprozeß trat der Eigentümer der verkauften Sache ein (keine formelle Intervention!) und übernahm die Verteidigung des Beklagten mit der Abmachung, daß dieser, wenn die Klage abgewiesen würde, ihm anstelle des Klägers den Kaufpreis zahlen solle.

[40] Vgl. James, § 11.27.

Wenn der Beklagte mit Mitteln der *third-party practice*[41] — also mit einem *impleader* oder *cross-counterclaim* — oder mit dem *common law*-Institut des *vouching in*[42] dem Dritten den Streit verkündet und dieser dem Verfahren beitritt bzw. das Angebot, die Verteidigung zu übernehmen oder daran teilzunehmen, annimmt, dann finden nicht nur im Verhältnis des Dritten zum Kläger die Regeln des *collateral estoppel* Anwendung, sondern auch in dem des Dritten zum Beklagten[43].

Im Falle der *third-party practice* gilt dies auch, wenn der Dritte an dem Verfahren nicht teilnimmt; der Dritte ist dann schlicht säumige Partei.

Nimmt der Dritte im Falle des *vouching in* das Angebot des Beklagten nicht an, so wirkt das Urteil zumindest zwischen ihm und dem Beklagten Rechtskraft; d. h. der *indemnitor* kann sich nicht darauf berufen, der Rechtsstreit sei falsch entschieden worden, vielmehr bleiben ihm nur noch Einwendungen aus seinem persönlichen Verhältnis zum *indemnitee*[44, 45].

Eine andere Frage ist die, ob in den Fällen, in denen eine Nichtpartei die Prozeßführung des Beklagten „kontrolliert" — als Folge eines *vouching in* oder eines anderen Tatbestandes —, auch der Kläger im Verhältnis zu dem kontrollierenden Dritten nach *collateral estoppel*-Grundsätzen an die Urteilsfeststellungen gebunden ist[46]. — Die Frage

---

[41] Vgl. dazu Fn. 18 oben.

[42] Das *vouching in* spielt nur noch in denjenigen Staaten eine Rolle, die keine modernen Prozeßordnungen mit einer *third-party practice* haben. Es besteht in einer Nachricht des Beklagten an den Dritten von der Anhängigkeit des Verfahrens und in dem gleichzeitigen Angebot, *to assume control of defending the litigation;* vgl. James, § 11.27; 59 AmJur2d, Parties, § 202; 1B Moore, § 0.405 (9); weitere Nachweise in den in der folgenden Fn. zitierten Fundstellen.
Das *vouching in* entspricht im wesentlichen der Streitverkündung des deutschen Rechts. Die *third-party practice* geht darüber hinaus, weil sie den Dritten zur Partei macht und zu einer vollständigen Klärung auch des Streites zwischen Dritten und Beklagten führt. Beim *vouching in* ist der Beklagte weiterhin darauf angewiesen, einen zusätzlichen Prozeß gegen den Regreßschuldner zu führen, bevor er gegen diesen mit Mitteln der Zwangsvollstreckung vorgehen kann.

[43] Vgl. Kertz v. National Paving & Construction Co., 214 Md. 479, 136 A.2d 229 (1957); Restatement of Judgments §§ 107 (a), 108, 109; 1 Freeman, §§ 447 - 450; 3 Moore, §§ 14.02 (1).

[44] Vgl. Nachweise in der voraufgegangenen Fußnote.

[45] Das amerikanische Recht sieht sich im Falle des *vouching in* nicht gezwungen, zwischen *res judicata*- und Interventionswirkungen zu unterscheiden, da diese nicht über die *collateral estoppel*-Wirkung hinausgehen. Anders im deutschen Recht, wo die Interventionswirkung bekanntlich weiter geht als die Rechtskraftwirkung. Vgl. Teil B V 2 zu u. in Fn. 114.

[46] Daß der Kläger im Verhältnis zur beklagten Partei gebunden wird, versteht sich von selbst; denn es handelt sich hier nicht um die oben im Text zu Fn. 3 ff genannten Fälle, in denen die beklagte Partei nur prozeßführungsbefugt, der Hintermann aber die *real party in interest* ist.

wird grundsätzlich bejaht; es wird aber überwiegend eine Ausnahme für den Fall gemacht, in dem es sich um eine verdeckte Kontrolle des Dritten gehandelt hat, wenn also der Kläger *was unaware that the nonparty was his true adversary;* denn es sei unfair, daß der Kläger an Feststellungen gebunden werden solle, deren Auswirkungen auf mögliche spätere Prozesse mit der Nichtpartei für ihn völlig unvorhersehbar gewesen seien[47]. Die Bindungswirkung für den Kläger wird für so unzumutbar gehalten, daß man eine Ausnahme von der ehrwürdigen *mutuality rule* machen zu müssen glaubt, nach der die Rechtskraft nur zugunsten desjenigen wirkt, zu dessen Lasten sie gewirkt hätte, wenn das Urteil entgegengesetzt ausgefallen wäre[48]. Diese Ausnahme stößt auf zunehmende Kritik; daß eine Partei grundsätzlich nur das Recht habe, eine einzige Chance zur Vertretung ihrer Sache vor Gericht zu bekommen, könne nicht als unfair bezeichnet werden[49]. Angesichts der allgemeinen Tendenz, die *res judicata*-Wirkungen sogar *strangers* — also Dritten, die weder *parties* noch *privies* sind — zugutekommen zu lassen[50], dürfte sich diese Kritik auf lange Sicht durchsetzen[51].

bbb) *Those Who Are Represented*[52]

(1) Zu dieser Gruppe gehören zunächst alle die Fälle, in denen die Prozeßführungsbefugnis und die Inhaberschaft des materiellen Rechts auseinanderfallen[53], also die Fälle, die wir unter die Begriffe der Partei kraft Amtes und der Prozeßstandschaft fassen würden (Prozeßführung für fremde Rechnung). In diesen Fällen wird die Rechtskraft auf den Hintermann erstreckt bzw. wirkt i. d. R. nur gegen den Hintermann als *real party in interest*[54].

---

[47] Vgl. Caterpillar Tractor Co. v. International Harvester Co., 120 F.2d 82 (1941); E. W. Bliss Co. v. Cold Metal Process Co., 1 F.R.D. 193 (1940); Restatement of Judgments § 84, comments a, d; Polaksy, 39 Iowa L.Rev. 217, 242 f. (1954); Moore-Currier, 35 Tul.L.Rev. 301, 327 f. m. w. Nw. (1961).
[48] Vgl. Näheres zur *mutuality rule* unten Teil B VI 3.
[49] Rechtsprechungsnachweise bei 1B Moore, § 0.411 (6); 46 AmJur2d, Judgments, § 537; Annotation, 139 A.L.R. 9 ff. (1942); James, § 11.27.
[50] Vgl. dazu unten Teil B VI 3 zu u. in Fn. 28 ff.
[51] Vgl. Ed. Note, 65 Harv.L.Rev. 818, 857 (1952); auch das künftige Restatement of Judgments 2d wird dieser Ansicht folgen; so die beiden Reporter des A.L.I., die Professoren Kaplan und Shapiro (Harvard Law School) im Gespräch.
[52] Auch im deutschen Recht faßte man lange Zeit — im Anschluß an Savigny und Wach — unter dem verschwommenen Begriff der „Repäsentation" jene Fälle einer Prozeßführung für fremde Rechnung zusammen, in denen eine Rechtskrafterstreckung bejaht wurde; vgl. Stein-Jonas-Schumann-Leipold, § 325 Anm. VI 2a.
[53] Vgl. oben in und zu Fn. 3 ff.
[54] Hierher gehören selbstverständlich nicht die unproblematischen Fälle, in denen die Interessenwahrnehmung im Wege der offenen prozessualen Stellvertretung erfolgt (z. B. Anwalt, Vormund usw.): Hier wirkt das Urteil für und gegen den Rechtsträger, weil er (formelle) Partei ist.

Wenn z. B. der treuhänderische Verwalter eines *trust (trustee)* zur Prozeßführung befugt ist, wirkt die Rechtskraft gegen den Trustbegünstigten *(beneficiary)*; klagt ein Vollmachtsindossatar *(indorsement for collection)* gegen den Bezogenen, so wirkt die Rechtskraft gegen den Indossanten[55]; in den Staaten, die eine Gütergemeinschaft zwischen Eheleuten kennen, ist der verwaltende Ehegatte i. d. R. dazu befugt, über die zum Gesamtgut gehörenden Rechte allein zu prozessieren und auch die Ehefrau durch das Ergebnis seiner Prozeßführung zu binden[56]; wenn gesetzlich bestimmt ist, daß das Krankenhaus, in das das Opfer einer unerlaubten Handlung eingeliefert wird, sich wegen der Krankenhausrechnung direkt an den Verantwortlichen halten könne, dann erstreckt sich die Rechtskraft eines solchen Verfahrens auch auf das Opfer der unerlaubten Handlung[57]; auf die aus einem Testament Begünstigten wirkt die Rechtskraft eines Urteils, das in einem Prozeß des Testamentsvollstreckers ergangen ist; usw.

In all diesen Fällen werden die „Vertretenen", die *real parties in interest*, durch den *bar*- und *merger*-Effekt[58] des Urteils daran gehindert, über denselben Anspruch erneut zu prozessieren; die *collateral estoppel*-Wirkung des Urteils hindert sie daran, die bedingenden rechtlichen oder tatsächlichen Feststellungen des Gerichts in einem zweiten Verfahren mit anderem Streitgegenstand erneut in Frage zu stellen[59]. Häufig wird die *real party in interest* auch die Prozeßführung des dazu Befugten „kontrollieren"[60], so daß sich auch deswegen die Rechtskraft auf sie erstreckt[61].

(2) Dieses ursprünglich relativ enge Konzept der *representation* wurde dann in einigen Entscheidungen ausgedehnt auf Fälle, in denen es sehr zweifelhaft war, ob die Partei in dem ersten Verfahren berechtigt war, im eigenen Namen (auch) über fremdes Recht zu prozessieren.

Während es vielleicht noch einleuchtend erscheint, daß in bestimmten Fällen das Urteil gegen eine Gewerkschaft Rechtskraft gegen die

---

[55] Vgl. Restatement of Judgments § 85, comment d, illus. 1.
[56] Vgl. Restatement of Judgments § 85, comment g, illus. 9 (entspricht § 1422 BGB im dt. Recht).
[57] Vgl. Restatement of Judgments § 85, comment i.
[58] Es handelt sich genaugenommen nicht um die „*bar*"- und „*merger*"-Wirkung in dem beschriebenen Sinne, da es sich in den beiden aufeinanderfolgenden Verfahren wegen der fehlenden Personenidentität notwendigerweise um verschiedene *causes of action* handelt; vgl. Ed. Note, 65 Harv. L.Rev. 818, 861 f. (1952); aber die Wirkung auf die spätere Klage des Hintermannes „is the same as if the cause of action were merged or barred"; vgl. Restatement of Judgments § 85, comment d.
[59] Vgl. Restatement of Judgments § 85, comments d, e; Ed. Note, 65 Harv. L.Rev. 818, 857 f. (1952); James, § 11.28.
[60] Vgl. oben zu und in Fn. 34 ff.
[61] Vgl. Restatement of Judgments § 85, comment m.

2. Rechtskraftwirkung nur zwischen „Parties" und „Privies"

Mitglieder wirkt, weil man annehmen kann, daß die Gewerkschaft von ihren Mitgliedern stillschweigend zur Prozeßführung in bestimmten Angelegenheiten ermächtigt worden ist[62], dürften einige andere Entscheidungen wohl zu weit gehen, z. B. die, daß durch eine erfolglose Klage der zuständigen Verwaltungsbehörde gegen einen Vermieter zur Durchsetzung der Mietpreisgesetze die betroffenen Mieter gehindert seien, selbst erneut und im eigenen Namen den Vermieter zu verklagen[63]. Die Gerichte sprechen in diesen Fällen von *privity by actual or virtual representation*, und es scheint klar zu sein, daß sie sich zu dieser gefährlich weiten Ausdehnung durch die Tatsache haben verführen lassen, daß es in beiden Verfahren um dieselben rechtlichen und tatsächlichen Streitfragen ging; dieser Faktor genügt aber nach traditioneller amerikanischer Lehre nicht, um eine *privity*-Beziehung anzunehmen[64].

(3) Zu dieser Gruppe der *privity*-Beziehungen werden auch die Fälle gezählt, in denen es um *future interests in property* (zukünftige dingliche Rechte an unbeweglichen Sachen) von Personen geht, die noch gar nicht existieren oder deren Identität zur Zeit nicht festgestellt werden kann.

Es ist hier nicht der Ort, das für den deutschen Juristen nur schwer greifbare sachenrechtliche Institut der *future estates or interests in property*, dessen Wurzeln bis tief ins englische Feudalrecht reichen, zu erläutern[65]. Es handelt sich im wesentlichen um veräußerliche und vererbliche Rückfalls- bzw. Anwartschaftsrechte *(reversion, remainder, possibility of reverter, entry* u. a.)[66], die auch Personen zustehen können, die noch gar nicht existieren oder deren Identität im Moment nicht festgestellt werden kann (z. B. dem nasciturus).

Da die Bedürfnisse des Rechtsverkehrs hier die Möglichkeit erfordern, Urteile mit Bindungswirkung für den „Anwartschaftsberechtigten" zu erlassen, hat das Recht hier die Regel entwickelt, daß eine solche Rechts-

---

[62] Vgl. Lyman v. Billy Rose Exposition Spectacles, Inc., 179 Misc. 512, 39 N.Y.S.2d 752 (1943).
[63] Vgl. Morris Inv. Co. v. Moore, 352 Ill.App. 653, 75 N.E.2d 782 (1947). Als zusätzlicher Grund wurde in dieser Entscheidung angeführt, „that the tenant assisted in the agency's action"; das aber genügt i. d. R. nicht, um den Helfer zum *privy* zu machen; vgl. oben.
[64] Vgl. Ed. Note, 65 Harv.L.Rev. 818, 858 (1952); siehe auch Boeing Airplane Co. v. Aeronautical Industrial District Lodge, 91 F.Supp. 596, affirmed, 188 F.2d 356 (9th Cir. 1951): Erfolglose Klage des *National Labor Relations Board (NLRB)* gegen einen Arbeitgeber steht nicht erneuten Klagen der Beschäftigten entgegen.
[65] Vgl. als Einführung in diese Thematik: Farnsworth, S. 126 ff.; Parker, S. 48 ff., 71 ff., insbes 77 ff.; Cribett, S. 40 ff., 75 ff.
[66] Es ergeben sich hier interessante Parallelen zu Nacherbschaft und Anwartschaftsrecht im deutschen Recht.

kraftwirkung dann eintreten soll, wenn die Interessen des künftigen Rechtsträgers in dem Verfahren angemessen vertreten worden sind, sei es durch Parteien, die gleichgerichtete Interessen haben, oder durch einen vom Gericht zu diesem Zwecke bestellten Pfleger *guardian ad litem)*[67].

(4) Ferner gehören zu dieser Gruppe die Personen, auf die die Rechtskraft in den sog. *class actions* erstreckt wird.

Im Rahmen dieser Untersuchung kann das ausgesprochen komplizierte Institut der *class action* nicht eingehend dargestellt werden; seine Erwähnung kann hier nur der Vollständigkeit halber erfolgen[68].

Stark vereinfachend läßt sich folgendes sagen: Die Regeln über *necessary* und *indispensible parties*[69] führen häufig zu großen Schwierigkeiten, wenn die Streitgenossen, die an dem Verfahren teilnehmen sollen bzw. müssen, zu zahlreich sind, wenn ihr Aufenthaltsort unbekannt ist, wenn einige von ihnen nicht unter die *jurisdiction* des Gerichts fallen oder sich weigern, an dem Verfahren teilzunehmen. In diesen Fällen kann das Gericht einem oder einzelnen aus der Vielzahl der in Frage kommenden Kläger bzw. Beklagten gestatten, den Prozeß als Interessenvertreter mit Wirkung für und gegen die nicht teilnehmenden Mitglieder der Gruppe zu führen, wenn nur so eine sinnvolle und rationelle Prozeßführung einerseits und eine umfassende Streitbereinigung in einem einzigen Verfahren andererseits gewährleistet werden kann[70]. Es kommen hier insbesondere die Fälle in Betracht, in denen das eingeklagte Recht einer Mehrzahl von Personen gemeinsam zusteht (z. B. Gesamthandsberechtigung) oder nur gegenüber einer Mehrzahl von Personen gemeinsam geltend gemacht werden kann. Eine *class action* wird aber in bestimmten Fällen auch dann zugelassen, wenn das einzige Band zwischen den möglicherweise zahlreichen Klägern oder Beklagten das gemeinsame Interesse an demselben Streitgegenstand ist.

---

[67] Vgl. z. B. Miller v. Texas & Pacific Ry., 132 U.S. 662 (1890); Garside v. Garside, 80 Cal.App.2d 318, 181 P.2d 665 (1947); Restatement of Judgments § 87; James, § 11.28; Ed. Note, 65 Harv.L.Rev. 818, 859 f. (1952) m. w. Nw.; Roberts, 30 Ill.L.Rev. 580 ff. (1936).

[68] Ausführliche Diskussionen der *class actions* bei 3 Moore, §§ 23.01 ff.; James, § 10.18; Homburger, 71 Col.L.Rev. 609 ff. (1971); Weinstein, 9 Buff.L. Rev. 433 ff. (1960); Note, 52 Minn.L.Rev. 509 ff. (1967); Ed. Note, 71 Harv.L. Rev. 874, 928 ff. (1967); Moore-Cohn, 32 Ill.L.Rev. 555 ff. (1938); Kalven-Rosenfeld, 8 U.Chi.L.Rev. 684 ff. (1941).
In jüngster Zeit wurde anläßlich eines Referats von Homburger über „*Private Suits* in den USA" auf der Tagung für Rechtsvergleichung 1973 das Institut der *class actions* im Hinblick darauf untersucht, ob es de lege ferenda für den deutschen Zivilprozeß nutzbar gemacht werden könne; vgl. Berichte in NJW 1973, 2147 und JZ 1973, 709 f.

[69] Vgl. James, §§ 9.14 ff.; Ed. Note, 71 Harv.L.Rev. 874, 879 ff. (1958).

[70] Vgl. als gesetzliche Regelungen: Fed.R.Civ.P. 23 (a); N.Y.Civ.Pr.L.R. § 1005; Cal.C.Civ.P. § 382.

2. Rechtskraftwirkung nur zwischen „Parties" und „Privies" 111

Die Rechtskraftwirkung gegenüber den *absent class members* tritt aber nur unter bestimmten, von der *due process*-Klausel geforderten rechtsstaatlichen Voraussetzungen ein, die in *Hansberry v. Lee*[71] formuliert worden sind: Die Nichtpartei muß Kenntnis von dem Verfahren gehabt haben, sie muß die tatsächliche Möglichkeit gehabt haben (z. B. auf dem Wege der Intervention), ihre Interessen vor dem Gericht persönlich zu vertreten *(notice and an opportunity to be heard)*[72], und ihre Interessen müssen in dem Verfahren durch die teilnehmende Partei tatsächlich angemessen vertreten worden sein *(in fact be adequately represented by parties who are present*[73]*)*[74].

(5) Schließlich wird zu dieser Gruppe von *privity*-Fällen auch das *bailor-bailee*-Verhältnis gezählt[75].

Das *bailment* ist ein sachenrechtlicher Begriff, für den das deutsche Recht keine Entsprechung hat. Die wohl beste moderne Definition beschreibt das *bailment* als den rechtmäßigen Besitz an einer Sache seitens einer Person, die nicht der Eigentümer ist[76]. Im Gegensatz zum Entleiher, Mieter oder Verwahrer hat der *bailee* ein dingliches Recht; ihm stehen die Klagen des Eigentümers gegen jeden Dritten zu. Eigentümer *(bailor)* und *bailee* sind beide *real parties in interest* für Klagen gegen Dritte wegen Beschädigung der „verwahrten" Sache und wegen *conversion*[77]. Der *bailee* kann auf Ersatz des vollen Schadens, nicht etwa nur auf den des Besitzinteresses klagen; wenn er das tut, erstreckt sich die Rechtskraft eines obsiegenden Urteils auch auf den *bailor*[78] — jeden-

---

[71] Hansberry v. Lee, 311 U.S. 32, 61 S.Ct. 115, 85 L.Ed. 22 (1940).
[72] 311 U.S. 32, 40.
[73] 311 U.S. 32, 43. — Eine solche angemessene Vertretung ist keineswegs selbstverständlich; häufig besteht ein Interessenkonflikt zwischen der prozeßführenden Partei und den nicht anwesenden Gruppenmitgliedern, oder der angebliche Interessenvertreter macht gemeinsame Sache mit der Gegenpartei; Knioum v. Slattery, 239 S.W.2d 865 (Tex. 1951); Ed. Note, 65 Harv.L. Rev. 818, 859 (1952).
[74] Vgl. Restatement of Judgments § 86; James, § 10.18; Ed. Note, 65 Harv. L.Rev. 818, 858 f. (1952).
[75] Vgl. Restatement of Judgments § 88; James, § 10.29.
[76] Vgl. Parker, S. 60 ff.
[77] Vgl. James, § 9.6 m. w. Nw.
Conversion bedeutet rechtswidriges Sichvergreifen an fremden Sachen, das den Berechtigten um den Besitz oder Gebrauch bringt (ein *tort*). Die typischen Fälle sind Aneignung des Besitzes, Veräußerung durch den Nichtberechtigten, unrechtmäßige Zurückbehaltung rechtmäßig erworbenen Besitzes, Beschädigung oder unerlaubte Benutzung. Genugtung wird mit der Klageart des *trover* gesucht, dessen Ziel — und das macht diese im modernen Recht sehr wichtige Klage zu einem sehr scharfen Rechtsbehelf — nicht die Rückgabe der Sache, sondern ihr Wert ist. Man pflegt zu sagen, daß eine erfolgreiche *trover*-Klage zu einem Zwangskauf des Beklagten führt; vgl. Parker, S. 69 f.
[78] z. B. Anheuser-Busch, Inc. v. Starley, 28 Cal.2d 347, 170 P.2d 448 (1946); First Commercial Bank v. Valentine, 209 N.Y. 145, 102 N.E. 544 (1913); Note, 118 A.L.R. 1338 (1939); 8 AmJur2d, Bailments, § 254.

falls dann, wenn der *bailee* vom Gegner tatsächlich Befriedigung erlangt[79].

Der *bailor* wird in einem solchen Falle durch die Theorie geschützt, nach der der „bailee holds in trust for the bailor anything beyond compensation for injury to the bailee's own interest"[80].

Verliert der *bailee* den Prozeß auf vollen Schadensersatz, wirkt die Rechtskraft der Entscheidung ebenfalls auch gegen den *bailor*[81].

Der *bailor for a term* (Rückforderungsrecht erst nach Ablauf einer vereinbarten Zeit) kann nur auf Ersatz des Rückgabeinteresses *(reversionary interest)* klagen, und in einem solchen Fall stellt das Urteil zu seinen Gunsten oder Ungunsten kein *bar* gegen die Klage des *bailee* auf Ersatz des Besitzinteresses *(possessory interest)* dar[82]. Ein *bailor at will* (mit jederzeitigem Rückforderungsrecht) kann auf Ersatz des vollen Schadens klagen, und die Rechtskraft der Entscheidung eines solchen Verfahrens wirkt für und gegen den *bailee*[83].

ccc) *Nonparty Successors in Interest*

Das Kernproblem ist hier die Frage, inwieweit dem Nachfolger in das Recht an einem von dem Urteil betroffenen Gegenstand eine Bindung an das Urteil zugemutet werden kann.

(1) Für den Fall, daß das Recht erst nach Urteilserlaß erworben worden ist, sei es rechtsgeschäftlich oder aufgrund Gesetzes, bejaht das amerikanische Recht eine solche Bindung[84] genauso wie das deutsche[85]. Ein für oder gegen einen Erblasser erlassenes Urteil beispielsweise wirkt für und gegen den Testamentsvollstrecker bzw. die Erben[86]; *merger* und *bar* verhindern eine erneute Prozeßführung mit derselben *cause of action*; bei Verfahren mit anderem Streitgegenstand entfaltet das Urteil seine *collateral estoppel*-Wirkungen[87].

---

[79] Vgl. Restatement of Judgments § 88, comment a; James, § 11.29; 1 Freeman, § 482; 1B Moore, § 0.411 (12).
[80] Vgl. Gillette v. Goodspeed, 69 Conn. 363, 370, 37 A. 973, 975 (1897); Hudson Transit Corp. v. Antonucci, 137 N.J.L. 704, 708, 61 A.2d 180, 183, 4 A.L.R.2d 1374, 1377 (1948).
[81] Vgl. Restatement of Judgments § 88 (1) (b); James, § 11.29.
[82] Vgl. Restatement of Judgments § 88 (3) and comment c; James, § 11.29.
[83] Vgl. Hudson Transit Corp. v. Antonucci, 137 N.J.L. 704, 61 A.2d 180, 4 A.L.R.2d 1374 (1948); Restatement of Judgments § 88 (2) and comment b; 8 AmJur2d, Bailments, § 254.
[84] Vgl. Restatement of Judgments §§ 89, 90, comment c; 1 Freeman, § 438; Ed. Note, 65 Harv.L.Rev. 818, 860 (1952); James, § 11.30.
[85] Abgesehen davon natürlich, daß der Umfang der Bindungwirkung wegen der Doktrin vom *collateral estoppel* größer ist.
[86] Vgl. Restatement of Judgments § 89, comment c; 1 Freeman, § 438; Arnold-James, S. 156 ff.
[87] Vgl. Restatement of Judgments § 89, comment e.

2. Rechtskraftwirkung nur zwischen „Parties" und „Privies"

Hier muß der Dritte bei rechtsgeschäftlichem Erwerb wissen, und er weiß es in der Regel, daß ein anderer das Recht beansprucht, und kann sein Verhalten danach einrichten. Wenn ihm die Sache zu unsicher erscheint, mag er vom Erwerb Abstand nehmen.

(2) Uneinheitlich wird die Rechtslage in dem Fall beurteilt, wo die Rechtsnachfolge aufgrund rechtsgeschäftlichen Erwerbs während des Prozesses erfolgt. Traditionellerweise vertraten die Gerichte die Ansicht, Nachfolger in Rechte an Immobilien würden durch das Urteil gegen den Rechtsvorgänger gebunden — und zwar ohne Rücksicht auf ihren guten Glauben, d. h. „whether they gave value or had actual knowledge of the action"[88]. Diese Doktrin der *lis pendens* wurde aber durch Gesetze in den meisten Einzelstaaten modifiziert, die die Eintragung des Schwebens eines Verfahrens und des Urteils in das Landregister verlangen und somit die Bindungswirkung nur bei tatsächlicher oder vermuteter Kenntnis des Rechtsnachfolgers eintreten lassen[89].

Unklar war lange Zeit, ob das Urteil auch für und gegen den Nachfolger in Forderungsrechte und Rechte an beweglichen Sachen wirkt, wenn die Rechtsnachfolge während des Prozesses erfolgt[90]. Die Gerichte zögerten, die Doktrin der *lis pendens* bei beweglichen Sachen und Forderungen anzuwenden[91].

Mittlerweile aber hat sich die Ansicht durchgesetzt, daß auch hier für die Rechtskrafterstreckung auf den Rechtsnachfolger der Zeitpunkt der Klageerhebung, nicht der des Urteils entscheidend sei[92]; denn sonst gestatte man dem Rechtsvorgänger, „to deny his opponent the fruits of victory by transferring the property ... pendente lite"[93].

Ungeklärt ist aber immer noch, ob sich in diesen Fällen der Schutz des gutgläubigen Erwerbers gegenüber der Doktrin von der *lis pendens* durchsetzt[94]. Das *Restatement of Judgments* will — ganz in Überein-

---

[88] Vgl. Restatement of Judgments § 89, comment c; James, § 11.30; 54 C.J.S., Lis Pendens, §§ 3, 20 ff.
[89] Vgl. z. B. Mass.Gen. Laws. c. 184, §§ 15, 17; Ed. Note, 65 Harv.L.Rev. 818, 860 (1952); 54 C.J.S., Lis Pendens, §§ 3, 22 ff.; 3 Patton, § 13.12.
[90] Vgl. James, § 11.30.
[91] Vgl. die Diskussion in Presidio County v. Noel-Young Bond & Stock Co., 212 U.S. 58, 29 S.Ct. 237, 53 L.Ed. 402 (1909); Picerne v. Redd, 72 R.I. 4, 47 A.2d 906, 166 A.L.R. 397 (1946).
[92] Vgl. z. B. Behrens v. Skelly, 173 F.2d 715, 718 (1949); Weede v. Bechtel, 239 Iowa 1298, 31 N.W.2d 853, cert. den. sub nom. Bechtel v. Thacher, 337 U.S. 918 (1949); Ed. Note, 65 Harv.L.Rev. 818, 860 (1952); der Text des Restatement of Judgments, §§ 89, 90, unterscheidet schon nicht mehr zwischen *real* und *personal property*.
[93] Vgl. Behrens v. Skelly, 173 F.2d 715, 719 (1949). Vgl. im deutschen Recht: §§ 265 II i. V. m. 325 I ZPO.
[94] Vgl. James, § 11.30.

stimmung mit der allgemeinen Zurückhaltung des amerikanischen Rechts in Fragen des Gutglaubensschutzes[95] — den gutgläubigen Erwerber nur in dem speziellen Fall des rechtmäßigen Erwerbs der Inhaberschaft eines Wertpapiers schützen; es erklärt den Rechtsnachfolger generell für gebunden, es sei denn „he is a holder in due course of a negotiable instrument or unless the judgment was rendered in fraud of his interests"[96]. Soweit ersichtlich ist noch kein Gericht über diese Position hinausgegangen[97].

Das deutsche Recht dürfte hier die fairere Lösung gefunden haben, insoweit als es den gutgläubigen Erwerber von der Rechtskraft ausnimmt, wenn er keine Kenntnis von der Anhängigkeit des Verfahrens hatte oder haben mußte (§ 325 II ZPO); denn nur dann kann dem Erwerber entgegengehalten werden, er habe angesichts der unsicheren Rechtslage den Erwerb unterlassen können.

(3) Ist die Rechtsnachfolge schon vor Prozeßbeginn erfolgt, so wird der nunmehrige Rechtsinhaber im amerikanischen Recht genausowenig wie im deutschen an das Urteil gebunden[98]. Aus diesem Grundsatz folgt, daß so gut wie nie ein *privity*-Verhältnis zwischen Versicherer und Versichertem besteht hinsichtlich eines Anspruchs, der (nach Zahlung der Versicherung an den Versicherten) teilweise oder ganz auf den Versicherer übergegangen *(subrogation)*[99] bzw. abgetreten worden ist[100]; denn Anspruchsübergang bzw. -abtretung finden fast immer vor der gerichtlichen Geltendmachung des Anspruchs gegenüber dem Dritten statt[101].

Genausowenig besteht nach traditioneller Auffassung ein *privity*-Verhältnis zwischen verschiedenen Personen im Hinblick auf die sog.

---

[95] Vgl. dazu allgemein Zweigert, 23 RabelsZ (1958), 5 ff.
[96] Restatement of Judgments § 89, comment a.
[97] Vgl. 46 AmJur2d, Judgments, §§ 532 ff.; 54 C.J.S., Lis Pendens, §§ 7 ff.
[98] z. B. Archer v. United States, 268 F.2d 687 (1959); Wright v. Chandler, 264 F.2d 249 (1959); Restatement of Judgments § 89, comment a; 1B Moore, § 0.411 (12); James, § 11.30; Moore-Currier, 35 Tul.L.Rev. 301, 328 Fn. 92 (1961). Die Frage, ob das amerikanische Recht von diesem Grundsatz im Falle des Schuldners, der von der Abtretung nichts weiß, wie das deutsche Recht (§ 407 II BGB) eine Ausnahme macht, läßt sich mit Sicherheit nicht beantworten. Soweit ersichtlich ist dieser Fall noch nicht Gegenstand einer Entscheidung gewesen.
[99] *Subrogation:* Ist eine dritte Person für den eingetretenen Schadensfall verantwortlich, so tritt die Versicherungsgesellschaft, wenn sie dem Versicherten den Schaden bezahlt hat, in die Rechte des Versicherten ein.
[100] Zur Frage, ob bei teilweiser Abtretung bzw. Subrogation eines Anspruchs oder bei Abtretung bzw. Subrogation des Anspruchs auf Ersatz nur des Sachschadens (der Anspruch auf Ersatz des Gesundheitsschadens ist nicht abtretbar!) überhaupt getrennte Klagen von Rechtsvorgänger und Rechtsnachfolger in Frage kommen, vgl. James, §§ 9.5, 11.11 und Teil B V 1 Fn. 32 dieser Arbeit.
[101] Vgl. James, § 11.30.

2. Rechtskraftwirkung nur zwischen „Parties" und „Privies"

derivative claims (Ansprüche mittelbar Geschädigter), also z. B. zwischen dem Ehemann oder Elternteil auf der einen, und der körperlich verletzten Ehefrau bzw. dem verletzten minderjährigen Kind auf der anderen Seite[102] (vergleichbar etwa §§ 844 II, 845 BGB); denn naturgemäß erfolgt die *derivation*, d. h. also die gesetzliche Verteilung der aus derselben Verletzung folgenden Anspruchsberechtigungen, schon im Moment der Verletzung, also in jedem Falle, bevor eine Klage anhängig gemacht werden kann[103].

Eine andere Frage ist die, ob bei vor Prozeßbeginn erfolgter Rechtsnachfolge ein dem Rechtsvorgänger günstiges Urteil *zugunsten* des Rechtsnachfolgers wirkt; es handelt sich hier um einen Unterfall der allgemeineren Frage, ob nicht der Grund, auf dem die Rechtskraftwirkung gegenüber der unterlegenen Partei beruht, nämlich daß sie über das Rechtsverhältnis prozessiert hat und ihr darum eine Bindungswirkung zuzumuten ist, ganz allgemein eine Rechtskrafterstreckung *zugunsten* jedes Dritten rechtfertigt, dessen Rechtsverhältnis von der entschiedenen Rechtslage abhängt[104]. Die Antwort des amerikanischen Rechts auf diese Frage ist Gegenstand des folgenden Abschnitts dieser Untersuchung.

cc) Die hier gegebene Übersicht über die *privity*-Fälle kann keinesfalls Anspruch auf Vollständigkeit erheben. Vor der Aufgabe einer vollständigen Aufzählung der *privity*-Situationen kapituliert selbst der größte Kommentar der amerikanischen Gerichtspraxis: "The relationship of privity, although governed by the general principles previously discussed, is a creature of particular circumstances, so that a complete catalog of the situations in which privity might exist is not feasible[105]."

---

[102] Vgl. Armstrong Furniture Co. v. Nickle, 110 Ga.App. 686, 140 S.E.2d 72 (1964); Sayre v. Davis, 111 Ohio App. 471, 170 N.E.2d 276 (1960); James, § 11.30.
Viele neuere Entscheidungen (vgl. dazu die Zusammenstellung bei 1B Moore, § 0.411 (11) Fn. 6 ff.) und einige namhafte Autoren jedoch plädieren für die Annahme einer *privity*-Beziehung in vielen dieser Fälle; vgl. 1B Moore, § 0.411 (11); Morris, 56 Cal.L.Rev. 1098, 1115 ff. (1968).

[103] Es dürfte aber fraglich sein, ob es bei den *derivative claims* überhaupt um *successive relationships to the same right* geht; wahrscheinlich würde die Betrachtung dieser Fälle besser unter der Rubrik der *mutual, concurrent relationships*, also mit den Fällen der *representation* zusammen erfolgen; dann käme es auch auf den Zeitpunkt der *derivation* nicht an; darauf läuft auch die neuere Mindermeinung (vgl. Fn. 102 oben) hinaus. Das gleiche gilt auch für die sog. *stockholder's derivative suit*, mit der unter bestimmten Umständen der durch Schädigung einer Kapitalgesellschaft mittelbar geschädigte Anteilseigner einen eigenen Schadensersatzanspruch gegen einen Dritten durchsetzen kann; vgl. Moore, § 0.411 (10).

[104] Vgl. oben Teil B VI 1.

[105] Vgl. 1B Moore, § 0.411 (12).

3. Ausnahmen vom Grundsatz: Strangers

a) Die *Mutuality Rule*

Wer nicht *party* oder *privy* ist, ist *stranger;* zu seinen Ungunsten wirkt die Rechtskraft eines zwischen anderen Personen ergangenen Urteils nicht; denn sonst nähme man ihm seinen *day in court,* was eine Verletzung der *due process*-Klausel der amerikanischen Verfassung[1] bedeutete[2].

Jahrhundertelang stand das anglo-amerikanische Recht auf dem Standpunkt, daß die Rechtskraft grundsätzlich auch nicht zugunsten eines außenstehenden Dritten wirken könne; denn nach der altehrwürdigen *mutuality rule* müssen *estoppels* gegenseitig sein. Das heißt für den Bereich der Rechtskraft: Das Urteil wirkt nur zugunsten desjenigen, zu dessen Ungunsten es wirkte, wenn es umgekehrt ausgefallen wäre[3].

---

[1] Vgl. dazu unten Teil B VI 5 a.

[2] Vgl. Hansberry v. Lee, 311 U.S. 32, 61 S.Ct. 115, 85 L.Ed. 22 (1940); Bernhard v. Bank of America, 19 Cal.2d 807, 122 P.2d 892 (1942).

Zwei relativ junge bundesgerichtliche Entscheidungen fallen hier völlig aus dem Rahmen; die Gerichte glaubten, die Rechtskraft zuungunsten Dritter erstrecken zu können, ohne die Annahme einer *privity*-Beziehung für nötig zu halten: In Cauefield v. Fidelity and Casualty Co., 378 F.2d 876 (5th Cir. 1967) hatte der Beklagte als Eigentümer eines Grundstücks seine Grenze zu einem benachbarten Friedhof von überwucherndem Unterholz gereinigt. 41 Angehörige der Begrabenen waren mit dieser Aktion unzufrieden und brachten 26 einzelne „Entweihungs"-Klagen *(desecration actions).* Das erste dieser Verfahren endete mit einem Urteil für den Beklagten. Cauefield und Lucas gehörten zu den 41 Angehörigen, sie wurden als Zeugen in dem ersten Verfahren gehört und ließen ihre eigene Klage von demselben Anwalt vertreten, der auch die Kläger des ersten Verfahrens vertreten hatte. Cauefield und Lucas gaben in ihrer eigenen Klage zu, daß es sich um dieselben Streitpunkte und um dieselben zu erhebenden Beweise wie in dem ersten Verfahren handelte. Unter dem Eindruck dieser Fakten hielt das Gericht Cauefield und Lucas durch das Urteil im ersten Verfahren gebunden.

In Friedenthal v. Williams, 271 F.Supp. 524 (E.D.La. 1967), wurde der PKW des Beklagten von einem anderen Fahrzeug von hinten angefahren und über den Mittelstreifen auf die Gegenfahrbahn geschleudert, wo er mit einem entgegenkommenden Wagen zusammenstieß, in dem das Ehepaar Friedenthal saß. Mr. und Mrs. Friedenthal erhoben vor verschiedenen Gerichten Schadensersatzklagen. Mr. Friedenthal wurde abgewiesen mit der Begründung, Williams treffe kein Verschulden. Daraufhin wurde Mrs. Friedenthals Klage abgewiesen, da das Nichtverschulden des Beklagten schon rechtskräftig festgestellt sei. Die Entscheidung wurde auf Cauefield v. Fid. & Cas. Co. (s. o.) gestützt, eine *privity*-Beziehung ausdrücklich verneint. Hätte man in Friedenthal v. Williams zur Not noch eine *privity*-Beziehung zwischen den Eheleuten annehmen können (vgl. Morris, 56 Cal.L.Rev. 1098, 1121 [1968]), so dürfte Cauefield v. Fid. & Cas. Co. die verfassungsrechtlichen Grenzen der Rechtskrafterstreckung endgültig überschritten haben; vgl. 1B Moore, 1970 Supplement, § 0.422 (3), S. 68 ff.

[3] Vgl. z. B. Restatement of Judgments § 93 (b); 1B Moore, § 0.42 (1); Ed. Note, 65 Harv.L.Rev. 818, 861 ff. (1952); 1 Freeman, § 428; James, §§ 11.23, 11.31, 11.34; alle mit reichen Rechtsprechungsnachweisen.

Die *mutuality rule* wird meistens im Zusammenhang mit der Doktrin vom

3. Ausnahmen vom Grundsatz: „Strangers"

Wenn also A gegen B auf Ersatz eines Schadens klagt, der durch eine gemeinschaftliche unerlaubte Handlung von B und X verursacht worden sei, dann kann A trotzdem eine zweite Klage auf Ersatz desselben Schadens mit derselben Begründung gegen X erheben[4]. Hätte A den ersten Prozeß gewonnen, so wäre X an das Urteil nicht gebunden, da er in dem Verfahren weder Partei noch *privy* des B war. Infolgedessen ist es X nach der *mutuality rule* verwehrt, eine *collateral estoppel*-Wirkung des ersten Urteils geltend zu machen, die eine erneute Überprüfung der Feststellung, daß die gemeinsam begangene Handlung keine unerlaubte war, unmöglich machen würde.

Genauso, wenn A und X als Mitfahrer des B in einem Unfall verletzt werden und A seinen Prozeß gegen B gewinnt, dann entfaltet das Urteil keine Rechtskraftwirkungen zu Lasten des B in einem späteren Verfahren zwischen X und B[5]; denn ein Urteil zu Ungunsten des A hätte keine Wirkung auf X gehabt, da dieser in dem früheren Verfahren weder Partei noch *privy* war.

Die hier dargestellte *mutuality rule* wurde häufig als „principle of elementary law and fairness" beschrieben[6].

Früh schon sah sich diese Ansicht zum Teil beißender Kritik ausgesetzt, insbesondere der von Bentham, der eine rationale Rechtfertigung der *mutuality rule* für ausgeschlossen hielt und bemerkte, es sei unerklärlich, wie eine solche Regel, die eigentlich an den Spieltisch gehöre, ihren Weg in den Gerichtssaal gefunden habe[7].

Früh schon sah sich auch das Recht gezwungen, eine Reihe von Ausnahmen von der strikten Befolgung der Regel zuzulassen[8].

Ernsthaft in Frage gestellt wird die Doktrin als solche aber erst seit etwa 50 Jahren, seit der Gedanke der Prozeßökonomie auf dem Gebiete der *res judicata* von Autoren und Gerichten immer mehr in den Vordergrund gerückt wird und die Gerichte daran gehen, zusätzliche Aus-

---

collateral estoppel erörtert, da es sich nach überwiegender Ansicht im zweiten Prozeß immer um eine andere *cause of action* handelt, wenn zwei verschiedene Parteien daran teilnehmen; vgl. Ed. Note, 65 Harv.L.Rev. 818, 861 f. (1952); Moore-Currier, 35 Tul.L.Rev. 301, 303, 309 (1961).

[4] Vgl. Bigelow v. Old Dominion Copper Mining and Smelting Co., 225 U.S. 111, 32 S.Ct. 641, 56 L.Ed. 1009 (1912).
[5] Vgl. Sayre v. Crews, 184 F.2d 723 (1950): Kind konnte nicht die *coll. est.*-Wirkung eines Urteils zugunsten der Eltern geltend machen; Gilman v. Gilman, 115 Vt. 49, 51 A.2d 46 (1947):Ehemann konnte nicht die *coll. est.*-Wirkung eines Urteils zugunsten seiner Ehefrau geltend machen.
[6] So z. B. der Supreme Court in Bigelow v. Old Dominion Copper Mining and Smelting Co., 225 U.S. 111, 127, 32 S.Ct. 641, 56 L.Ed. 1009 (1912).
[7] Vgl. 7 Bentham, Rationale of Judicial Evidence, S. 171.
[8] Vgl. unten zu und in Fn. 14 ff.

nahmen neben den traditionellen anzuerkennen[9]. Mittlerweile besteht unter der bei weitem überwiegenden Mehrzahl der Kommentatoren[10] und den Gerichten der fortschrittlicheren Jurisdiktionen[11] — angeführt von Kalifornien und New York — Einigkeit darüber, daß die *mutuality rule* allenfalls — wegen der von ihr gewährleisteten Symmetrie — ästhetische Bedürfnisse befriedigen, nicht aber als Ausdruck eines allgemein gültigen Prinzips der Gerechtigkeit und damit als verbindliche Richtlinie zur Lösung von Rechtsfällen angesehen werden kann. Der Grund dafür, daß viele Gerichte und einige wenige Autoren[12] immer noch an ihr festhalten zu müssen glauben, dürfte letzten Endes darin liegen, daß ihre Anwendung in einer großen Zahl der Fälle zu vernünftigen Ergebnissen führt; diese Ergebnisse lassen sich aber durchweg eher mit anderen grundlegenden Überlegungen als mit dem abstrakten Prinzip der *mutuality* begründen[13].

b) Die traditionellen Ausnahmen

aa) *Nonparties with Right of Indemnity against Parties*

Die erste allgemein anerkannte Ausnahme von der *mutuality rule* wurde und wird traditionellerweise in den Fällen gemacht, in denen zwei oder mehr Personen voll haften und einzeln in Anspruch genommen werden können, im Innenverhältnis aber nur einer allein verantwortlich ist, so daß der in Anspruch Genommene gegen den letztlich Verantwortlichen einen Ausgleichsanspruch hat.

Ist z. B. ein eigener Wechsel oder eine Inhaberschuldverschreibung von zwei Personen ausgestellt worden, so sind beide dem rechtmäßigen Inhaber auf Zahlung des vollen Betrages verpflichtet; erfolgte die Unterschrift eines von ihnen jedoch nur gefälligkeitshalber und wird der Gefällige in Anspruch genommen, so hat er einen Regreßanspruch gegen den anderen Aussteller[14]. Analoge Situationen ergeben sich im Verhältnis von Versicherten und Versicherern und von Hauptschuldnern

---

[9] Als führenden Aufsatz jener Zeit vgl. Cox, Va.L.Reg.(n.s.) 241 (1923); die erste Entscheidung in diesem Sinne: Coca Cola Co. v. Pepsi Cola Co., 36 Del. 124, 172 A. 260 (1934).

[10] Vgl. z. B. Currie, 9 Stan.L.Rev. 281, 322 (1957): "The fate of the mutuality rule as applied to collateral estoppel is the same as its fate in other fields of law: as a principle of justice it has been shown to be a tinkling cymbal, an empty and fatuous formula productive of more harm than good."

[11] *Leading case* ist hier: Bernhard v. Bank of America Nat'l Sav. & Trust Assn., 19 Cal.2d 807, 122 P.2d 892 (1942); zur Bedeutung dieser Entscheidung vgl. Hazard, 44 S.Cal.L.Rev. 1036 (1971).

[12] Soweit ersichtlich nur noch 1B Moore, § 0.412 (1); Moore-Currier, 35 Tul.L.Rev. 301 (1961); Greenebaum, 45 Ind.L.J. 1 (1969), die aber so viele Ausnahmen zulassen wollen, daß von der Regel kaum noch etwas übrigbleibt.

[13] Vgl. James, § 11.31; Currie, 9 Stan.L.Rev. 281, 322 (1957).

[14] Vgl. Lill v. Gleason, 92 Kan. 75, 142 P. 287 (1914).

3. Ausnahmen vom Grundsatz: „Strangers"

und Bürgern[15]. Es gehört hierher auch der Fall, in dem ein Arbeitnehmer oder Beauftragter in Erfüllung seiner Aufgaben eine unerlaubte Handlung gegenüber einem Dritten verübt und der Arbeit- bzw. Auftraggeber nur für fremdes Verschulden *(vicarious liability)* einzustehen hat; der Arbeit- bzw. Auftraggeber ist hier — theoretisch jedenfalls — nur hilfsweise haftpflichtig *(secondarily* i.Ggs. zu *primarily liable),* und es entsteht ein Rückgriffsrecht für ihn, wenn er in Anspruch genommen wird[16].

Wenn in all diesen Fällen der Gläubiger zuerst den letztlich Ausgleichspflichtigen verklagt und *on the merits* (nach streitiger Verhandlung) verliert, dann kann der Ausgleichspflichtige (also in den Beispielsfällen: der Gefällige, der Auftraggeber, der Bürge) das Urteil zu seinen Gunsten benutzen, wenn er sich gegen eine spätere Klage des Gläubigers zu verteidigen hat, obwohl er durch ein dem Gläubiger günstiges Urteil nicht gebunden worden wäre[17].

Der Grund für diese Ausnahme von der *mutuality rule* liegt in den sinnwidrigen Ergebnissen, die ihre Anwendung hier zur Folge hätte:

---

[15] Vgl. Restatement of Security § 104; Moore-Currier, 35 Tul.L.Rev. 301, 325 f. (1961) mit reichen Rechtsprechungsnachweisen.
Eine solche Ausnahme von der *mutuality rule* braucht selbstverständlich nicht von den wenigen Gerichten angenommen zu werden, die das Verhältnis von *principal* und *surety* als *privity*-Beziehung ansehen. Die bei weitem überwiegende Anzahl der Gerichte steht jedoch auf dem Standpunkt, daß ein Urteil zuungunsten des Hauptschuldners nicht auch gegen den Bürgen wirkt. Diese Ansicht wird aber vielfach dadurch wieder modifiziert, daß man hier eine Ausnahme von dem oben beschriebenen (vgl. S. 97 f.) Grundsatz macht (daß gerichtl. Feststellungen entweder rechtskräftig sind oder gar keine Wirkungen haben) und das Urteil zuungunsten des Hauptschuldners als prima-facie-Beweis für die Existenz einer Forderung im Prozeß des Gläubigers gegen den Bürgen zuläßt. Dieser Mittelweg kann in dem Bürgschaftsfall wohl als überwiegende Ansicht bezeichnet werden; vgl. dazu Restatement of Judgments § 93, comment b, § 96, comment i; Restatement of Security § 139; Simpson, Suretyship, § 51; 72 C.J.S., Principal and Surety, § 261 m. w. Nw.; diese Ansicht wurde adoptiert in Cal.Ev. Code § 1302 und dort sogar auf alle *indemnity*-Fälle erstreckt.
Für eine Rechtskrafterstreckung zugunsten des Bürgen, Verpfänders oder Hypothekars auch die h. L. im dt. Recht, z. T. unter Hinweis auf §§ 768 I 1, 1137 I 1, 1211 I 1 BGB, z. T. aufgrund der Ansicht, daß das Urteil über ein präjudizielles Rechtsverhältnis immer auch zugunsten Dritter wirke, deren Rechtsstellung davon abhängig sei; vgl. Stein-Jonas-Schumann-Leipold, § 325 Anm. VI 3 b bb; Rosenberg-Schwab, § 157 II 1; Blomeyer, § 93 III 1 und BGH WPM 1965, 579 (580); RG JW 1909, 368 f., 419.
Für eine Rechtskrafterstreckung zu Lasten des Bürgen in neuerer Zeit — soweit ersichtlich — nur Schwab mit seiner auf beinahe einhellige Ablehnung gestoßenen Lehre von der sog. Drittwirkung der Rechtskraft; vgl. Rosenberg-Schwab, § 157 II 1; Schwab, ZZP 77 (1964), 147; zustimmend allerdings Martens, ZZP 79 (1966), 428 ff.
[16] Vgl. Restatement of Judgments § 96, comment b; 2 Harper-James, § 26.1.
[17] Vgl. Shippy v. Peninsula Rapid Transit Co., 97 Cal.App. 367, 275 P. 515 (1929); Carter v. Public Service Gas Co., 100 N.J.L. 374, 126 A. 456 (1924); Restatement of Judgments § 96; James, § 11.32; Moore-Currier, 35 Tul.L.Rev. 301, 311 ff. (1961); Ed. Note, 65 Harv.L.Rev. 818, 862 f. (1952).

Denn wollte man nach einem Urteil zugunsten des letztlich Ausgleichspflichtigen *(indemnitor)* dem abgewiesenen Gläubiger gestatten, in einem späteren Verfahren gegen den nur hilfsweise Verantwortlichen *(indemnitee)* die Frage des Bestehens einer Hauptverbindlichkeit erneut aufzurollen, und ihm damit die Möglichkeit geben, ein Urteil zu Ungunsten des *indemnitee* zu erwirken, so würde das bedeuten, daß entweder dieser seinen Regreßanspruch verlöre, oder daß der *indemnitor* seinem *indemnitee* ausgleichspflichtig wäre, obwohl durch das erste Urteil zu seinen Gunsten gerade festgestellt worden war, daß er nicht haftbar sei.

bb) *Nonparty Indemnitors and Nonparties Derivatively Liable without Indemnity*

Wenn in einem der in dem letzten Abschnitt genannten Fälle der Gläubiger zuerst den im Innenverhältnis nicht haftenden *indemnitee* verklagt und *on the merits* verliert, ist die dort vorgetragene Argumentation nicht geeignet, auch hier eine Ausnahme von der *mutuality rule* zu begründen. Wenn einem Urteil zugunsten des im Innenverhältnis nicht Haftenden ein Urteil gegen den im Innenverhältnis Haftenden folgt, dann ergeben sich nur widersprüchliche Entscheidungen in derselben Streitfrage, nicht aber sinnwidrige Konsequenzen.

Dennoch wendet sich seit jeher auch in diesem Fall die überwiegende Zahl der Gerichte gegen eine Anwendung der *mutuality rule* und vertritt die Ansicht, daß die im Innenverhältnis haftende Partei ein früheres Urteil zugunsten des im Innenverhältnis nicht Haftenden im Prozeß gegen den Gläubiger als Verteidigungsmittel benutzen könne[18].

Das *Restatement of Jugments* will allerdings in diesem Fall an der *mutuality rule* festhalten, da es keinen Grund gebe für die „illogical exception not required to prevent an anomalous consequence"[19].

Auf der anderen Seite läßt das Restatement eine — in den Kategorien von *mutuality* — mindestens ebenso unlogische und in ihrem Anwendungsbereich sehr weite Ausnahme zu: Ergeht ein Urteil zugunsten eines Beklagten, der wegen einer schuldhaften Handlung in Anspruch genommen worden ist (Vertragsbruch oder unerlaubte Handlung), und kommt die Haftung eines Dritten in Frage, der für das Ver-

---

[18] Vgl. z. B. Davis v. Perryman, 225 Ark. 963, 286 S.W.2d 844 (1956); Giedrewicz v. Donovan, 277 Mass. 563, 179 N.E. 246 (1931); Wolf v. Kenyon, 242 App.Div. 116, 273 N.Y.S. 170 (1934); Jones v. Valisi, 111 Vt. 481, 18 A.2d 179 (1941).
[19] Restatement of Judgments § 96 (2), comment j; Prof. Seavy, einer der beiden Reporter, gab zu, daß man sich hier nicht in Übereinstimmung mit der überwiegenden Ansicht der Gerichte befinde; vgl. Seavy, 57 Harv.L.Rev. 98, 104 Fn. 23 (1943).

halten des früheren Beklagten rechtlich verantwortlich ist, dann kann der Dritte, wenn er in einem späteren Prozeß von demselben Kläger verklagt wird, diesem das Urteil aus dem früheren Verfahren entgegensetzen, „whether or not the other person has a right to indemnity"[20]. Diese Ausnahme schließt die unter Punkt aa) genannte mit ein; insoweit als sie darüber hinausgeht, wird sie zwar auch überwiegend anerkannt, findet aber nicht die einhellige Zustimmung, die die vorgenannte Ausnahme genießt[21].

Das Restatement sah sich zu dieser weiten Ausnahme offenbar hauptsächlich durch das Vorliegen einer Reihe von Entscheidungen veranlaßt, die einem auf Schadensersatz wegen Verleitens zum Vertragsbruch in Anspruch genommenen Beklagten gestatteten, das Urteil eines Vorprozesses (zwischen Kläger und Vertragspartner) als *conclusive evidence* zu benutzen, um darzutun, daß der Vertrag gar nicht verletzt worden sei[22].

Die Begründung, die für diese Ausnahme angeführt wird, daß nämlich „the person against whom the rule works adversely has had his day in court"[23], kommt gefährlich nahe an die Gründe heran, die für eine völlige Verwerfung der *mutuality rule* sprechen und läßt sich kaum vereinbaren mit der allgemeinen Tendenz des Restatements, an der Doktrin festzuhalten[24]. Den Befürwortern der *mutuality rule* zufolge soll der entscheidende Unterschied darin liegen, daß die hier zur Debatte stehende Ausnahme immerhin eine engere rechtliche Beziehung — wenn auch keine *indemnity* — zwischen den Beklagten der beiden Verfahren verlange, wohingegen die Gegner der *mutuality rule* die Rechtskraft grundsätzlich zugunsten eines jeden Dritten erstrecken wollten[25]. Unklar bleiben allerdings die Kriterien, nach denen das Vorliegen einer solchen *sufficient legal relationship* beurteilt werden soll.

cc) Vor Prozeßbeginn erfolgte Rechtsnachfolge

Eine weitere Ausnahme wird in dem Fall der vor Prozeßbeginn erfolgten Rechtsnachfolge gemacht; hier wirkt das Urteil zwar nicht gegen, wohl aber für den Rechtsnachfolger[26].

---

[20] Vgl. Restatement of Judgments § 99.
[21] Vgl. Moore-Currier, 35 Tul.L.Rev. 301, 311, 317 Fn. 50 (1961).
[22] American Button Co. v. Warsaw Button Co., 31 N.Y.S.2d 395 (1941).
[23] Vgl. Restatement of Judgments § 99, comment a.
[24] Vgl. James, § 11.33; Currie, 9 Stan.L.Rev. 281, 314 (1957).
[25] Vgl. Moore-Currier, 35 Tul.L.Rev. 301, 314 ff. (1961).
[26] Vgl. Restatement of Judgments § 89, comment i; 1B Moore, § 0.411 (12); Moore-Currier, 35 Tul.L.Rev. 301, 327 f. (1961) m. w. Nw.
Diese Frage ist im dt. Recht bekanntlich strittig; für eine Rechtskrafterstreckung zugunsten des Rechtsnachfolgers Grunsky, § 47 VI 2 b; Blomeyer, § 91 II 2; a. A. freilich die h. M.: BGHZ 52, 150 (151); Stein-Jonas-Schuman-Leipold, § 325 Anm. II 4, VI 3 b bb; Baumbach-Lauterbach, § 325 Anm. 2 A b.

dd) Verdeckte Kontrolle der Prozeßführung

Schließlich handelt es sich bei dem schon oben erwähnten Fall, in dem ein Dritter insgeheim die Prozeßführung einer Partei kontrolliert und sich deshalb auf ihn als *privy* die Rechtskraft zu seinen Ungunsten erstreckt, um eine Ausnahme von der *mutuality rule;* denn zugunsten des verdeckt Kontrollierenden wirkt die Rechtskraft nicht[27].

c) Die neuere Entwicklung

Zwar dürften die Gerichte, die der oben dargestellten *mutuality rule* mit ihren Ausnahmen folgen, immer noch in der Überzahl sein[28], aber eine allgemeine Unzufriedenheit mit der Regel hat das Recht auf diesem Gebiet in Fluß gebracht; dabei ist die Tendenz unverkennbar, von der *mutuality rule* abzurücken. Ein Teil der Gerichte versuchte zunächst, die *mutuality rule* beizubehalten und nur die schon anerkannten Ausnahmen auszuweiten oder neue Ausnahmen zu kreieren[29]. Andere Gerichte entschieden gegen die Regel, ohne sie überhaupt zu erwähnen[30]. Wieder andere plädierten ausdrücklich für eine Verwerfung der *mutuality rule*, ohne aber einer Regel das Wort zu reden, die es grundsätzlich in jedem Falle erlaubte, die Rechtskraft zugunsten Dritter zu erstrecken[31].

Es handelte sich bei all diesen Entscheidungen um Fälle eines *defensive use of the judgment*. Die letzten und weitestgehenden Entscheidungen verwerfen ebenfalls die *mutuality rule* als Entscheidungsrichtlinie völlig und lassen ausdrücklich den Gebrauch eines Urteils durch einen Dritten auch dann zu, wenn dieser in dem zweiten Prozeß als Kläger gegen eine der beiden Parteien des Vorprozesses oder deren *privies* auftritt *(offensive use)*[32].

Es gibt aber bisher kein Gericht und keinen Kommentator, die für eine schrankenlose Erstreckung der Rechtskraft zugunsten Dritter in jedem

---

[27] Vgl. Caterpillar Tractor Co. v. International Harvester Co., 120 F.2d 82 (3d Cir. 1941); im übrigen vgl. oben Fn. 47.
[28] Vgl. 1B Moore, § 0.411 (1); Semmel, 68 Col.L.Rev. 1457, 1461 (1968); Currie, 53 Cal.L.Rev. 25, 27, 38 ff. (1965) m. w. Nw.
[29] Das war insbes. die Haltung der New Yorker Gerichte bis Ende der 50er Jahre: Good Health Dairy Products Corp. v. Emery, 275 N.Y. 14, 9 N.E.2d 758, 112 A.L.R. 401 (1937); Elder v. New York & Pennsylvania Motor Express Co., 284 N.Y. 350, 31 N.E.2d 188 (1940); Israel v. Wood Dolson Co., 1 N.Y.2d 116, 151 N.Y.S.2d 1, 134 N.E.2d 97 (1956); Note, 36 N.Y.U.L.Q. 1158 (1961).
[30] Vgl. z. B. Coca-Cola Co. v. Pepsi-Cola Co., 36 Del. 124, 172 A. 260 (1934).
[31] *Leading case* ist hier: Bernhard v. Bank of America Nat'l Sav. & Trust Assn., 19 Cal.2d 807, 122 P.2d 892 (1942).
[32] z. B. B. R. De Witt, Inc. v. Hall, 19 N.Y.2d 141, 225 N.E.2d 195, 278 N.Y.S.2d 596 (1967); dazu: Rosenberg, 44 St.John's L.Rev. 165, 187 f. (1969).

3. Ausnahmen vom Grundsatz: „Strangers"

denkbaren Fall einträten[33], und auch die zukünftige Entwicklung dürfte so weit nicht führen[34].

Zur Illustration die Sachverhalte zweier Entscheidungen:

In *Bernhard v. Bank of America*[35] gehörte Mrs. Bernhard zu den im Testament einer Mrs. Sather Bedachten. Bernhard focht — gleichzeitig im Namen der übrigen Bedachten — die Endabrechnung des von der Erblasserin eingesetzten Testamentsvollstreckers, eines gewissen Mr. Cook, an; sie behauptete, Cook habe Beträge von einem Konto bei (der Rechtsvorgängerin) der Bank of America abgehoben und für sich verwendet, das zum Nachlaß der Erblasserin gehört habe. Das Gericht stellte fest, daß Sather ca. US $ 4 000,— von einer Bank in Los Angeles abgehoben und dem Cook, zu dem sie in mehrfacher Hinsicht ein recht enges Verhältnis hatte, geschenkt hatte[36]; Cook war dann hingegangen und hatte mit dem Geld das fragliche Konto bei der (seinerzeitigen Rechtsvorgängerin der) Bank of America eröffnet „in the name of ‚Clara Sather by Charles O. Cook'"; die Klage von Bernhard wurde infolgedessen abgewiesen.

Nach Cooks Niederlegung des Amtes wurde Bernhard zum Nachlaßverwalter *(d.b.n., c.t.a.*[37]*)* bestellt und klagte gegen die Bank auf Ersatz der Einlage mit der Begründung, Mrs. Sather habe die fragliche Abhebung nie autorisiert. Der *Supreme Court of California* hielt Bernhard und die übrigen von ihr Vertretenen gebunden durch die im ersten Verfahren getroffene Feststellung, es habe sich um ein Geschenk gehandelt; mit anderen Worten: Es wurde der Bank, einer Nichtpartei also, gestattet, sich auf die Feststellungen des Vorverfahrens zu berufen. Das Gericht hätte dieses Ergebnis hier auf eine der klassischen Ausnahmen von der *mutuality rule* stützen können: denn wäre die Bank haftbar gemacht worden, so wäre Cook zu *indemnity* verpflichtet gewesen, obwohl er vorher ein ihn entlastendes Urteil erstritten hatte[38]. Das Gericht ging aber auf diese Frage gar nicht erst ein, sondern verwarf die *mutuality rule* vollkommen als rational nicht zu rechtfertigen. In einer der klassischen Passagen amerikanischer zivilprozeßrechtlicher Entscheidungen führte *Justice Traynor* aus: "In determining the validity

---

[33] Vgl. z. B. die Diskussion in Nevarov v. Caldwell, 161 Cal.App.2d 762, 327 P.2d 111 (1958); Price v. Atchison & Santa Fe Ry. Co., 164 Cal.App.2d 400, 330 P.2d 933 (1958); Currie, 9 Stan.L.Rev. 281 (1957).
[34] Vgl. James, §§ 11.31, 11.33.
[35] Bernhard v. Bank of America Nat'l Sav. & Trust Assn., 19 Cal.2d 807, 122 P.2d 892 (1942).
[36] 19 Cal.2d 809 f., 122 P.2d 893.
[37] = de bonis non, cum testamento annexo.
[38] Vgl. James, § 11.34; Currie, 9 Stan.L.Rev. 281, 290 Fn. 242 (1957); Moore-Currier, 35 Tul.L.Rev. 301, 319 f. (1961).

of a plea of res judicata three questions are pertinent: Was the issue decided in the prior adjudication identical with the one presented in the action in question? Was there a final judgment on the merits? Was the party against whom the plea is asserted a party or in privity with the party the the prior adjudication[39]?"

Nachdem die New Yorker Gerichte die *mutuality rule* schon lange Zeit nicht mehr ernstgenommen hatten, wurde ihr in *B.R. De Witt, Inc. v. Hall*[40] der endgültige Gnadenstoß[41] gegeben: Halls Jeep und De Witts LKW waren zusammengestoßen. Der Fahrer des LKW klagte gegen Hall auf Ersatz des Körperschadens und gewann den Prozeß. Anschließend klagte De Witt, Inc., Arbeitgeber des Fahrers und Eigentümer des LKW, auf Ersatz des an dem Fahrzeug entstandenen Sachschadens und bekam sehr schnell ein zusprechendes *summary judgment*, da ihm das Gericht gestattete, sich — auch als Kläger *(offensive use)* — auf die rechtskräftige Feststellung der Schuldfrage in dem früheren Verfahren zu berufen. Die Begründung enthält den markanten Satz: "The doctrine of mutuality is a dead letter[42]."

Es besteht kein Zweifel, daß in absehbarer Zukunft die Mehrzahl der Gerichte[43] und auch das *Restatement of Judgments*[44] auf diese Linie einschwenken werden. Das heißt aber nicht etwa, daß die Gegenmeinung keine schwerwiegenden Argumente ins Feld führen könnte; zwar wird die *mutuality rule* nicht mehr als elementares Prinzip der Gerechtigkeit gefeiert, es wird aber bezweifelt, ob es der Partei oder einem *privy* des ersten Verfahrens grundsätzlich zugemutet werden kann, einem Dritten gegenüber an den Ausgang des Prozesses bzw. die gerichtlichen Feststellungen in den Urteilsgründen gebunden zu sein. Zumutbar sei eine Bindung nur an solche Feststellungen, deren Bedeutung für eventuelle künftige Prozesse im Zeitpunkt des ersten Verfahrens voraussehbar

---

[39] 19 Cal.2d 813, 122 P.2d 895.
[40] 19 N.Y.2d 141, 225 N.E.2d 195, 278 N.Y.S.2d 596 (1967).
[41] So Rosenberg, 44 St.John's L.Rev. 165, 192 (1969).
[42] Entscheidungen dieser Art sind es, die Habscheid, Festschr. f. Fragistas, S. 23, dazu verführen, im amerikanischen Recht Anklänge an die Theorie der absoluten Rechtskraftwirkung zu entdecken. Daß dies nicht haltbar ist, dürfte aus den bisherigen Erörterungen deutlich hervorgegangen sein. Habscheid widerlegt sich in diesem Punkte auch selbst durch sein eigenes wörtliches Zitat einer an sich eindeutigen Passage aus der Begründung zu Ordway v. White, 14 A.D.2d 498, 217 N.Y.S.2d 334 (1961). Verständlich wäre diese Ansicht nur, wenn sie sich auf die beiden völlig aus dem Rahmen fallenden, in Fn. 2 oben zitierten Entscheidungen stützte.
[43] Vgl. Rachel v. Hill, 485 F.2d 59 (1970): "In keeping with the trend in the state courts, the federal courts are moving toward repudiation of the mutuality doctrine."; James, § 11.34.
[44] So auch die beiden Reporter des A.L.I., die das Restatement of Judgments 2d vorbereiten, die Professoren Kaplan und Shapiro (Harvard Law School), im Gespräch.

3. Ausnahmen vom Grundsatz: „Strangers"

gewesen sei. Diese Voraussehbarkeit sei i. d. R. bei einer fortgesetzten Prozeßführung zwischen denselben Parteien gegeben, nicht aber dann, wenn wildfremde Dritte mit ins Spiel kämen, deren Existenz den Prozeßführenden häufig gar nicht bekannt gewesen sei. Wollte man den Prozeßführenden das Risiko aufbürden, in allen Folgeprozessen Dritten gegenüber an die gerichtlichen Feststellungen gebunden zu sein, deren Bedeutung für spätere Verfahren nicht voraussehbar gewesen sei, dann könne der angestrebte prozeßökonomische Gewinn, der schon bei einer allzu weiten Ausdehnung der objektiven Grenzen der *collateral estoppel*-Wirkung zweifelhaft werde, mit Sicherheit nicht erzielt werden; denn dann sähen sich die Parteien im Hinblick auf spätere mögliche Folgen gezwungen, den Prozeß in allen Phasen mit einer Sorgfalt zu führen, die in keinem Verhältnis zur Bedeutung des gerade anhängigen Verfahrens stehe[45].

Außerdem werden verfassungsrechtliche Bedenken geltend gemacht: Das aus der *due process*-Klausel der Verfassung[46] abgeleitete Erfordernis, daß jemand, um durch gerichtliche Feststellungen gebunden zu werden, seinen *day in court* und eine *opportunity to be heard* gehabt haben müsse[47], bedeute nicht nur, daß dem Betroffenen überhaupt einmal Gelegenheit geboten werden müsse, seine Sache vor Gericht zu vertreten, sondern daß er die Gelegenheit gehabt haben müsse, seine Auffassung zu dem fraglichen Streitpunkt in einem Verfahren gegen gerade denjenigen zu vertreten, demgegenüber er gebunden werden solle[48]; allein diese Ansicht entspreche der Funktion des Prozesses als von den Parteien gestaltetes Verfahren zur Feststellung der zwischen ihnen bestehenden Rechtslage. Zu oft beruhe das Urteil auf dem persönlichen Eindruck, den eine bestimmte Partei hinterlassen habe; insbesondere gelte das für die Verfahren mit einer Jury.

Schließlich werden noch gegen die moderne Tendenz des erlaubten *offensive use* die Schwierigkeiten angeführt, die sich bei der Fallgruppe der sog. *mass accident cases*[49] ergeben, wenn eine größere Anzahl potentieller Kläger durch eine angeblich unerlaubte Handlung verletzt werden, wie beispielsweise bei Eisenbahn-, Bus- oder Flugzeugunglücken.

---

[45] Vgl. Moore-Currier, 35 Tul.L.Rev. 301, 309 f. (1961); von Moschzisker, 38 Yale L.J. 299, 303 f. (1929); Seavy, 57 Harv.L.Rev. 98, 105 (1943).
[46] Vgl. dazu unten Teil B VI 5 a.
[47] Vgl. Hansberry v. Lee, 311 U.S. 32, 61 S.Ct. 115, 85 L.Ed. 22 (1940).
[48] Vgl. Moore-Currier, 35 Tul.L.Rev. 301, 310 (1961).
[49] Vgl. dazu insbes. Price v. Atchison, Topeka & Santa Fe Ry.C., 164 Cal.App.2d 400, 330 P.2d 933 (1958); Desmond v. Kramer, 96 N.J.Super. 96, 232 A.2d 470 (1967); Eevarov v. Caldwell, 161 Cal.App.2d 762, 327 P.2d 111 (1958); James, § 11.34; 1B Moore, § 0.412 (1); Currie, 53 Cal.L.Rev. 25 f. (1965); ders., 9 Stan.L.Rev. 281 f. (1957); Moore-Currier, 35 Tul.L.Rev. 301, 310 f. (1961); Morris, 56 Cal.L.Rev. 1098, 1130 ff. (1968).

Wollte man auch in diesen Fällen die im Bernhard- oder De Witt-Fall aufgestellten Grundsätze anwenden, so würde das dazu führen, daß der Beklagte Gefahr liefe, in einem einzigen Verfahren gegen einen einzigen Kläger alle potentiellen, gegen ihn gerichteten Klagen zu verlieren, ohne gleichzeitig — im Falle seines Obsiegens — die Chance zu haben, in diesem Verfahren gerichtlich feststellen zu lassen, daß er auch allen anderen potentiellen Anspruchsstellern gegenüber aus diesem Lebensvorgang nicht verpflichtet sei. Wenn z. B. der Beklagte zehn Klagen nacheinander abwehrt, dann kann er diese zehn Urteile nicht gegenüber dem elften Kläger geltend machen, da dieser nicht *privy* der Parteien der früheren Prozesse ist. Soll er jetzt, wenn er den zwölften Prozeß aufgrund der Feststellung eines schuldhaften Verhaltens auf seiner Seite verliert, gegenüber den noch verbleibenden, restlichen Klägern gebunden werden? — Ein solches Ergebnis wird allgemein als ungerecht empfunden und abgelehnt[50].

d) Vergleichende Anmerkungen

Es ist wenig sinnvoll, die einzelnen Fälle der Rechtskrafterstreckung in beiden Rechtssystemen einander gegenüberzustellen. Allein interessant ist, daß das deutsche und das amerikanische Recht denselben Ausgangspunkt haben: Grundsätzlich soll die Rechtskraftwirkung auf die Parteien beschränkt, nur in Ausnahmefällen auf Dritte erstreckt werden[51].

Eine Entsprechung zur *mutuality rule* ist im deutschen Recht nie diskutiert worden[52]. Das deutsche Recht hat z. B. keine Bedenken, die

---

[50] So ohne weitere Begründung die Rspr., z. B. Nevarov v. Caldwell, 161 Cal.App.2d 762, 768, 327 P.2d 111, 115 f. (1958): "This looks like the scales of justice are weighted in favor of the plaintiff."
Polasky will immer dann eine *collateral estoppel*-Wirkung zugunsten der Dritten ausschließen, wenn widersprüchliche Urteile vorliegen; vgl. Polasky, 39 Iowa L.Rev. 217, 247 (1954); James, § 11.34, scheint eine Begründung vorzuziehen, die der zur Ablehnung einer *res judicata*-Wirkung bei aufeinanderfolgenden Klagen gegen *indemnitor* und *indemnitee* ähnelt (vgl. oben zu u. in Fn. 14 ff.).

[51] Was im amerikanischen Recht mit der *privity*-Regel erreicht wird, folgt im deutschen Recht aus einer Vielzahl gesetzlicher Bestimmungen, die eine Rechtskrafterstreckung auf Dritte anordnen, darüber hinaus aus den das Gesetz ergänzenden Lehren von der Rechtskrafterstreckung aus prozessualen Gründen und infolge materiellrechtlicher Abhängigkeit; vgl. zum dt. Recht allgemein Blomeyer, §§ 92, 93; Rosenberg-Schwab, § 157; Zöller-Degenhart, § 325 Anm. 2 ff.; Grunsky, § 47 VI; alle mit reichen Nachweisen.

[52] Die *mutuality rule* darf nicht verwechselt werden mit dem im deutschen genauso wie im anglo-amerikanischen Prozeßrecht geltenden *Grundsatz der Chancengleichheit* der Parteien. Nach diesem Grundsatz sind die Parteien im Prozeß gleich zu behandeln, insbesondere ist das Risiko am Prozeßausgang gleich zu verteilen (vgl. Bötticher, Die Gleichheit vor dem Richter, S. 15 f.; Blomeyer, § 15; Stein-Jonas-Pohle, vor § 128 Anm. V 2). Die *mutuality*

3. Ausnahmen vom Grundsatz: „Strangers"

Nebeninterventioswirkung des § 68 ZPO nur zu Lasten des Streithelfers anzuordnen, nicht aber zu seinen Gunsten[53]. Genausowenig ist im Zusammenhang mit der Entscheidung, die Rechtskraft eines Urteils zwischen Gläubiger und Hauptschuldner nur zugunsten des Bürgen, wegen der positiven Ausgestaltung des Akzessorietätsprinzips nicht aber auch zu seinen Lasten wirken zu lassen[54], das etwaige Entgegenstehen eines „Gegenseitigkeitsgrundsatzes" (i. S. der *mutuality doctrine*) als problematisch empfunden worden. Das ist sicherlich ein Indiz für die auch in Amerika in immer stärkerem Maße anerkannte Absurdität der *mutuality rule;* auf der anderen Seite ist zu bedenken, daß sich das deutsche Recht bei seiner engen, nur auf das Ergebnis bezogenen Rechtskraft nie dazu gezwungen sah, die Rechtskraftwirkung zugunsten Dritter einzuschränken; denn die daraus folgende Bindung der Prozeßpartei des Vorprozesses ist nur dann für diese unzumutbar, wenn die Bedeutung der gerichtlichen Feststellungen für künftige Prozesse mit diesen Dritten nicht erkennbar war; das aber dürfte i. d. R. nur bei der rechtskräftigen Feststellung von bedingenden Vorfragen der Fall sein, die das deutsche Recht nach h. L. nicht kennt[55].

In dem Umfang aber, in dem man eine Rechtskraft der Entscheidungsgründe bejaht — sei es, daß man der Zeunerschen Lehre folgt, sei es, daß man sogar noch weiter geht —, in demselben Maße wird man den in der deutschen Lehre an Boden gewinnenden Satz[56] überprüfen müssen, die Tatsache, daß die unterlegene Partei über das Rechtsverhältnis prozessiert habe, rechtfertige ganz allgemein eine Rechtskrafterstreckung zugunsten jedes Dritten, dessen Rechtsverhältnis von der entschiedenen Rechtslage abhänge; diese Überprüfung hätte sich nicht nur auf die Frage der Zumutbarkeit zu beschränken, sondern — ausgehend von der den Zivilprozeß beherrschenden Dispositionsmaxime — gleichzeitig zu fragen, ob nicht Art. 103 I GG der unterlegenen Partei das

---

rule trifft aber eine Aussage über die Behandlung eines außenstehenden Dritten; der Grundsatz der Chancengleichheit wird nicht berührt: jede der beiden Parteien kann unterliegen, jede der beiden Parteien läuft in gleichem Maße Gefahr, einem Dritten gegenüber an die Urteilsfeststellungen gebunden zu werden.
[53] Vgl. z. B. RG HRR 1931, 1255 = SeuffArch. 85, 146; RGZ 153, 271 (274); Rosenberg-Schwab, § 47 IV 6 b; Blomeyer, § 112 III 3 a; Wieser, ZZP 79 (1966), 288. ff.
Das ist zwar streitig geworden, seit allgemein anerkannt ist, daß § 68 ZPO von Amts wegen zu beachten ist und nicht zwischen dem Streitgehilfen günstigen und ungünstigen Teilen des Urteils unterschieden werden kann (vgl. Stein-Jonas-Pohle, § 68 Anm. III m. w. Nw.); aber die Gegenansicht argumentiert vom Sinn des Gesetzes her und stützt sich nicht auf einen formalen „Gegenseitigkeitsgrundsatz".
[54] Vgl. Nw. in Fn. 15 oben.
[55] Vgl. dazu oben Teil B V 2 c.
[56] Vgl. Blomeyer, § 91 II 2; Grunsky, § 47 VI 1; im übrigen Teil B VI 1 Fn. 3.

Recht gibt, ihre Sache (erneut) vor Gericht in einem Prozeß mit dem Dritten zu vertreten[57].

4. Ausnahme vom Grundsatz: In Rem-Urteile

a) Vorbemerkung

Die oben erläuterten Grundsätze gelten im Prinzip für *alle* Urteile, auch für solche, die als *in rem* und *quasi in rem* angesehen werden. Allerdings werden bei diesen Verfahren geringere Voraussetzungen an die Erlangung der *jurisdiction* gestellt, so daß der Kreis derer, die zu *parties*[58] gemacht werden können, und somit auch der Kreis derer, die von den Urteilswirkungen betroffen werden, über die von den — zumindest ehemals — sehr starren Regeln der *in personam jurisdiction* gesetzten Grenzen hinaus erweitert werden kann[59].

Eine Ausnahme macht allein eine bestimmte Gruppe der *in rem*-Urteile: die Urteile *strictly in rem*.

b) Die verschiedenen Verfahrenstypen

Die Unterscheidung zwischen *actions in personam* und *actions in rem* hat außer dem Namen nichts gemein mit der römischrechtlichen Unterscheidung zwischen *actio in rem* und *actio in personam*[60]. Im römischen Recht wurde mit diesen Begriffen bekanntlich nichts anderes als die Geltendmachung eines dinglichen oder die eines persönlichen Anspruchs bezeichnet[61]; im anglo-amerikanischen Recht umschreiben sie die Hauptaspekte eines Zuständigkeitssystems: Zustellungs- und Belegenheitszuständigkeit.

aa) *Actions in Personam*

Personal actions sind nach amerikanischem Recht solche, die als Ziel die Möglichkeit verfolgen, nach Verurteilung des Beklagten zu einer Leistung dessen gesamtes Vermögen, wo immer sich die dazugehörigen Gegenstände befinden mögen, als Haftungssubstrat in Anspruch zu nehmen.

---

[57] Seltsamerweise wird diese Frage auch nicht von Grunsky gestellt, der immer wieder betont, daß der Rechtskrafterstreckung zu Lasten Dritter Grenzen durch den Anspruch auf rechtliches Gehör gesetzt seien; vgl. Grunsky, §§ 25, 47 IV 1, 49.
[58] Der Begriff der *parties* wird hier nicht im technischen Sinne gebraucht; vgl. Restatement of Judgments § 79, comment d.
[59] Vgl. James, § 11.25.
[60] Vgl. Millar, S. 377; Ehrenzweig, S. 79; Peter, S. 50 ff.
[61] Vgl. Kaser, S. 253 ff.

4. Ausnahmen vom Grundsatz: „In Rem"-Urteile

Sie setzen nach einem zählebigen, vom *common law* entwickelten Grundsatz persönliche Zustellung zu eigenen Händen des Gegners *(personal service of process)* voraus. Eine Zustellung an einen Beklagten außerhalb des Gebietes des Urteilsstaates begründet danach keine *jurisdiction in personam*, weil der Staat keine Hoheitsgewalt außerhalb seiner Grenzen habe[62]. Dieses ehrwürdige Prinzip der Zustellungszuständigkeit ist aber gerade in den letzten Jahrzehnten immer stärker durchbrochen worden, nachdem vorher schon die Doktrin vom *forum non conveniens* als Regulativ benutzt worden war, mit dessen Hilfe die Zustellungszuständigkeit versagt werden konnte, wenn ihre Inanspruchnahme unter den gegebenen Umständen untunlich war[63].

Zunächst wurde die Zustellung per Post an einen Beklagten außerhalb des Urteilsstaates *(personal service outside the state)* für wirksam gehalten, wenn der Beklagte im Urteilsstaat wohnhaft war. Diese Regel wurde von den einzelstaatlichen Gerichten schon seit längerem anerkannt[64] und fand ihren Abschluß mit der Entscheidung *Milliken v. Myer*[65]. Dann wurde wirksame Zustellung in Fällen zugestanden, in denen es sich um eine juristische Person *doing business in the state* handelte[66]. In 40 Staaten sehen die Gesetze mittlerweile auch *service out of the jurisdiction* vor, wenn Einzelpersonen Geschäfte in einem Staat betreiben, in dem sie keinen Wohnsitz haben[67]. Später wurde die Zustellung an einen *non-resident* als gültig angesehen, wenn er aufgrund eines Straßenverkehrsunfalls innerhalb des Staates verklagt wurde (vorausgesetzt, daß der Beklagte Fahrer oder Eigentümer des Wagens war)[68].

Die jüngste Entwicklung auf diesem Gebiet zeigt eine Reihe von Gesetzen in den Einzelstaaten, die *out of state*-Zustellung noch in weiteren Fällen zulassen. Der Supreme Court hat über die Verfassungsmäßigkeit dieser *Long-Arm-Statutes* noch nicht entschieden, sie ist aber zu vermuten. Denn spätestens seit *International Shoe Co. v. State of Washington*[69]

---

[62] Vgl. McDonald v. Mabee, 243 U.S. 90, 91, 37 S.Ct. 343 (1917): "The foundation of jurisdiction is physical power ..." (J. Holmes); allgemein dazu vgl. Ehrenzweig, S. 77 ff.; James, § 12.1.
[63] Vgl. J. Schröder, S. 90.
[64] Vgl. Peterson, S. 94; Ehrenzweig, S. 94 f.
[65] 311 U.S. 457 (1940).
[66] Die Entwicklung dieser Regel wurde bestätigt in Washington v. Superior Court, 289 U.S. 361 (1933) und International Shoe Co. v. State of Washington, 326 U.S. 310, 66 S.Ct. 154 (1945); vgl. Ehrenzweig, S. 111 ff.
[67] Vgl. Siemssen, S. 90 f. Die Verfassungsmäßigkeit dieser Gesetze ist zu vermuten; vgl. Ehrenzweig, S. 95.
[68] Vgl. Hess v. Pawlowski, 274 U.S. 352 (1927); Ehrenzweig, S. 96 f. Fast jeder Staat hat jetzt eines dieser sog. *Non-Resident Motorist Acts;* vgl. Note, 44 Iowa L.Rev. 384 (1959).
[69] 326 U.S. 310, 66 S.Ct. 154 (1945).

steht fest, daß Zuständigkeit auch auf *minimal contacts* im Gerichtsstaat gegründet werden darf, sofern nur die hergebrachten Vorstellungen von *fair play and substantial justice* gewahrt bleiben. Das Ende dieser Entwicklung markiert ein Wort von *J. Harlan*: "But jurisdiction is not synonymous with naked power. It is a combination of power and policy[70]."

bb) *Actions in Rem*

Der Begriff der *action in rem* hat im Sprachgebrauch der heutigen amerikanischen Rechtspraxis einen anderen Bedeutungsinhalt als im römischen Recht, aber auch einen anderen, als er im ursprünglichen anglo-amerikanischen Konzept hatte.

Nach dem anglo-amerikanischen Konzept, dessen Begriffswahl offensichtlich auf einem Mißverständnis der römisch-rechtlichen Terminologie beruht[71], bezeichnet er „in the fullest sense a proceeding in which the thing itself occupies the position of the defendant"[72]; das ist der Fall bei den ursprünglichen Typen der *in rem proceedings*, bei Verfahren der Admiralitäts- und Prisengerichte gegen ein Schiff *(admiralty proceedings)* oder bei einer Klage der Zollbehörden gegen beschlagnahmtes Handelsgut, bei Verfahren auf Einziehung der für strafbare Handlungen benutzten Gegenstände *(forfeiture proceedings),* usw.

Streng logisch betrachtet kann ein Prozeß zwar nie gegen eine Sache allein, sondern immer nur — wenn auch mittelbar — gegen Personen geführt werden[73], aber die Idee, den Prozeß direkt gegen die Sache zu führen, in Verbindung mit der Überzeugung, daß ein Gericht in jedem Falle zuständig sei, über das rechtliche Schicksal der in seinem Jurisdiktionsbereich belegenen Sachen abschließend zu entscheiden[74], enthob in diesen *in rem*-Verfahren der Notwendigkeit, den Personen, über deren Rechte an der Sache entschieden wurde, die Klage zuzustellen; zur Begründung der Gerichtsgewalt genügte neben der Belegenheit der Sache eine nur fingierte Zustellung *(constructive service of process)* in Form einer öffentlichen Bekanntmachung. Jeder Interessierte, ja *the whole world,* galt als benachrichtigt und geladen. Daß die Betroffenen Nachricht von der Beschlagnahme zum Zwecke des Verfahrens und damit von dem drohenden Rechtsverlust hatten, wurde aufgrund der *caretaker*-Theorie vermutet, nach der der Eigentümer seine Sachen

---

[70] United States v. First National City Bank, 379 U.S. 378, 387 f., 85 S.Ct. 528, 533 (1965) (J. Harlan, diss.).
[71] So Wolff, S. 65 Fn. 2.
[72] Millar, S. 377; Ehrenzweig, S. 79.
[73] Vgl. Ehrenzweig-Louisell, S. 57.
[74] Vgl. American Land Co. v. Zeiss, 219 U.S. 47, 31 S.Ct. 200 (1911); 3 Freeman, § 1517 m. w. Nw.; Fraser, 34 Corn.L.Q. 29 (1948).

4. Ausnahmen vom Grundsatz: „In Rem"-Urteile

entweder selbst oder durch einen zum Besitz berechtigten *caretaker* besitzt, der ihn benachrichtigen kann[75]. Wer trotz der vermuteten Kenntnis vom drohenden Rechtsverlust nicht intervenierte, der hatte eben seine Rechte nach Maßgabe des Urteils verwirkt bzw. unterwarf sich dem Urteil.

Nachdem ursprünglich nur das Konfiskations- und Prisenurteil *in rem* war, kam so die absolute Rechtskraft des Urteils in die Definition der *in rem*-Urteile[76]. Von da war es dann kein weiter Weg mehr, auch die Status-Urteile den *in rem*-Urteilen beizuzählen; denn daß solche Urteile inter omnes wirken müßten, war allgemein anerkannt[77].

Zudem bot die Klassifizierung eines Verfahrens als *in rem* die willkommene Möglichkeit, den starren Regeln der *in personam jurisdiction* auszuweichen.

Das führte dazu, daß im Laufe der Zeit neben den ursprünglichen *actions in rem*, die sich gegen eine für den Anspruch des Klägers verantwortliche Sache als Rechtssubjekt richteten, und neben den Status-Urteilen weitere Verfahren als *in rem* angesehen wurden, in denen das rechtliche Schicksal bzw. die rechtliche Situation eines bestimmten Gegenstandes zu bestimmen war und sich insofern die Belegenheit der „Sache" in dem Staat des Urteilsgerichts zur Begründung der *jurisdiction* rechtfertigen ließ.

In einigen dieser Verfahren bestand aber gar nicht die Notwendigkeit bzw. das öffentliche Interesse, die Entscheidung inter omnes wirksam werden zu lassen, und angesichts der Tatsache, daß die *in rem jurisdiction* auch ohne tatsächliche Kenntnis bzw. Benachrichtigung der Betroffenen erlangt werden konnte, wollte man bei der subjektiven Begrenzung der Urteilswirkungen nicht über das unbedingt Notwendige hinausgehen.

Es entwickelten sich im Laufe der Zeit drei verschiedene Arten von Verfahren, die auf einer *in rem jurisdiction* beruhen:

(1) Verfahren *Strictly in Rem*

Es handelt sich hierbei um Feststellungs- und Gestaltungsurteile (nach deutscher Terminologie), deren Wirkung mit Mitteln eines aufgebotsähnlichen Verfahrens auf alle Interessenten erstreckt wird. Sie befassen sich damit, das rechtliche Schicksal eines bestimmten Gegen-

---

[75] Vgl. Pennoyer v. Neff, 95 U.S. 714, 727 (1877): „... property is always in possession of its owner"; Ballard v. Hunter, 204 U.S. 241, 262, 27 S.Ct. 261, 269 (1907).
[76] Vgl. 3 Freeman, §§ 1517 ff.
[77] Vgl. 2, 3 Freeman, §§ 900, 910, 1534 ff. m. w. Nw.

standes oder den Status einer Person ein für allemal mit Wirkung für und gegen jedermann *(against all the world)* festzulegen[78].

Neben den traditionellen *in rem proceedings (admiralty proceedings, forfeiture proceedings, proceedings with respect to status*[79], *proceedings for the registration of title to land*[80] und einige *probate proceedings*[81]) werden solche Verfahren nur in sehr begrenztem Umfang von den Prozeßordnungen der einzelnen Staaten zugelassen; z. B. *quiet title actions* auch gegen etwaige unbekannte Berechtigte[82], Verfahren zur Wiederherstellung vernichteter *land records*[83], Teilungsverfahren *(partition proceedings)* gegen alle bekannten und unbekannten Mitberechtigten[84], usw.[85].

Die am Ende dieser Verfahren stehenden Urteile entfalten zwischen den tatsächlich vor Gericht als Parteien erschienenen Personen dieselbe Wirkung wie *in personam*-Urteile. Die inter omnes-Wirkung — also die Wirkung gegenüber allen Dritten, die nicht an dem Verfahren beteiligt waren, sei es, daß sie auf eine solche Beteiligung verzichtet hatten, sei es, daß sie von dem Verfahren gar keine tatsächliche Kenntnis hatten — kommt nur der Entscheidung als solcher zu, also dem feststellenden oder gestaltenden Ausspruch, nicht dagegen den Urteilsgründen[86]. Wenn

---

[78] Vgl. Restatement of Judgments §§ 2, 32, 33, 73, 74: "Judgments (strictly) in rem establish or adjudicate interest in property against all persons."
Cal.C.Civ.P. § 1908 (1): "In case of a judgment or order against a specific thing, or in respect to the probate of a will, or the administration of the estate of a decedent, or in respect to the personal, political, or legal condition or relation of a particular person, the judgment or order is conclusive upon the title to the thing, the will, or administration, or the condition or relation of the person." 50 C.J.S., Judgments, § 910 (3): "As a general rule a judgment in rem is binding and conclusive on all the world with respect to the res or status adjudicated."

[79] Hauptbeispiele sind hier die Scheidung, Adoption, Ehenichtigkeitsklage, Vaterschaftsklage; vgl. Ehrenzweig, S. 236 ff., 85 ff., 300 ff., 398 ff.; H. H. Clark, S. 380 ff., 664 ff., 137 ff., 175 ff.

[80] Nach dem sog. *Torrens Land Registration System*, das — im Gegensatz zu den üblichen *land records* in den USA — eine ähnlich weitgehende Publizitätswirkung erreicht wie das deutsche Grundbuchrecht; vgl. dazu Parker S. 90 ff.; Schlesinger, S. 472 ff.; Rheinstein, 3 U.Chi.L.Rev. 624, 633 ff. (1936); von Metzler, S. 65 m. w. Nw.; instruktiv auch United States v. Ryan, 124 F.Supp. 1 (1954).

[81] Es kommen hier sowohl der gerichtl. Beschluß, *to admit the will to probate* (Zulassung des Testaments) als auch der Verteilungsbeschluß *(distribution decree)* in Frage; vgl. Louisell-Hazard, S. 321 f.; Simes, 43 Mich. L.Rev. 675 (1945); Rheinstein, S. 273 ff.

[82] Vgl. z. B. Cal.C.Civ.P. §§ 749.1, 750.

[83] Vgl. z. B. Cal.C.Civ.P. §§ 751.01 ff.

[84] Vgl. z. B. Cal.C.Civ.P. §§ 753 ff.; 59 AmJur2d, Partition, §§ 194 ff. m. w. Nw.

[85] Vgl. Aufzählung für Kalifornien bei Adams, 5 Hast.L.J. 199, 201 ff. (1954).

[86] Vgl. 3 Freeman, § 1524; Fraser, 34 Corn.L.Q. 29, 46 f. (1948); 50 C.J.S., Judgments, § 910 (3) m. w. Nw.

4. Ausnahmen vom Grundsatz: „In Rem"-Urteile

also in einem *probate*-Verfahren ein Testament für gültig erklärt worden ist, obwohl es von einigen Erben wegen angeblicher Geisteskrankheit des Erblassers angefochten worden war, dann wirkt die inzidenter getroffene Entscheidung über den Geisteszustand des Erblassers nicht gegen den Gläubiger, der sich an dem gleichen Tag, an dem das Testament errichtet worden war, von dem Erblasser eine Hypothek hatte bestellen lassen[87]. Genausowenig wird durch ein Scheidungsurteil über die der Scheidung zugrundeliegenden Tatsachen, z. B. die des Ehebruchs[88], der seelischen Grausamkeit oder die der Existenz einer gültigen Ehe vor dem Urteil[89], mit Wirkung gegenüber Dritten abschließend entschieden, obwohl die Beziehung der beiden Personen durch das Scheidungsurteil mit Wirkung für und gegen jedermann festgelegt ist, die Scheidung bzw. die Tatsache des Nichtverheiratetseins als solche also von keinem Dritten mehr in Frage gestellt werden kann[90].

(2) (Einfache) Verfahren *in Rem*

sind solche Verfahren, in denen zwar die Belegenheit der Sache als Anknüpfungspunkt für die *jurisdiction* ausreicht, die sich aber hinsichtlich ihrer Urteilswirkungen nicht von Verfahren *in personam* unterscheiden. Hierzu gehören z. B. der Normalfall der Eigentumsfeststellungsklage, die Klage auf Herausgabe eines Grundstücks, auf Zulässigkeit der Verwertung einer Hypothek oder anderen Belastung, auf Erfüllung eines Kaufvertrages über ein Grundstück, usw.[91].

Allerdings ist der objektive Umfang der Wirkung eines solchen Urteils beschränkt: Abschließend entschieden wird nur über das rechtliche Schicksal des beschlagnahmten Gegenstandes; z. B. muß über den den Wert der Hypothek übersteigenden Teil der gesicherten Forderung erneut verhandelt werden, wenn der Kläger die Zwangsvollstreckung in andere Vermögensgegenstände des Beklagten betreiben will. Diese Beschränkung gilt natürlich nicht, wenn der Beklagte tatsächlich vor Gericht erscheint und das Gericht auf diese Weise zusätzlich noch *in personam jurisdiction* erlangt.

(3) Verfahren *Quasi in Rem*

Der Gebrauch des Begriffs der *action quasi in rem* ist uneinheitlich, bedeutet aber im Sprachgebrauch des amerikanischen Obersten Gerichts-

---

[87] Vgl. Restatement of Judgments § 74, comment c.
[88] z. B. Green v. Green, 228 S.C. 364, 90 S.E.2d 253 (1955).
[89] z. B. Rediker v. Rediker, 35 Cal.2d 796, 221 P.2d 1 (1950); Otte v. Pierce, 111 Colo. 386, 142 P.2d 280 (1943).
[90] Vgl. 2, 3 Freeman, §§ 910, 1524 m. w. Nw.; H. H. Clark, S. 412; 24 AmJur2d, Divorce and Separation, § 504.
[91] Aufzählungsversuche in N.Y.Civ.Pr.L.R. § 312 (2) und bei Ehrenzweig-Louisell, S. 58.

hofs und der führenden Literatur — im Gegensatz zu dem des *Restatement of Judgments*[92] — das auf die Beschlagnahme eines dem Beklagten gehörigen, im Gerichtsbereich belegenen Vermögensgegenstandes hin erfolgende Verfahren, das auf die Befriedigung einer persönlichen Forderung durch Versteigerung der Sache bzw. Einziehung der Forderung beim Drittschuldner abzielt[93]. Ein solches *quasi in rem*-Urteil ist in jedem Falle Leistungsurteil. Seine Wirkung ist allerdings durch den Wert der beschlagnahmten Sache begrenzt; über den den Wert der Sache eventuell übersteigenden Teil der Forderung kann bzw. muß erneut verhandelt werden, wenn der Kläger auch das übrige Vermögen des Beklagten als Haftungssubstrat in Anspruch nehmen will[94]. In subjektiver Hinsicht ist die Rechtskraft auf die Parteien und ihre *privies* beschränkt.

Allen drei genannten Verfahrensgruppen war ursprünglich gemeinsam, daß bei ihnen zur Begründung der *jurisdiction* neben der Belegenheit des Gegenstandes[95] in dem Staat des Urteilsgerichts eine nur fingierte Zustellung an den innerhalb oder außerhalb des Staates wohnenden Beklagten *(constructive service of process)* ausreichte. In früheren Zeiten ließ man hierfür die bloße Bekanntmachung der Anhängigkeit an allgemein zugänglichen Plätzen oder in einer örtlichen Zeitung über einen gewissen Zeitraum hinweg genügen.

Bald aber stellten sich rechtsstaatliche Bedenken ein[96]: Dadurch daß die Zustellung zu eigenen Händen Bestandteil der Zuständigkeitsregelung bei den *personal actions* war, wurde dort sichergestellt, daß der Beklagte Kenntnis von der Anhängigkeit des Verfahrens erhielt. Sollte man den Betroffenen bei *in rem*-Verfahren einen derartigen rechtsstaatlichen Schutz versagen? — Denn daß die *caretaker*-Theorie den Anforderungen im neuzeitlichen Geschäftsleben nicht genügte — insbesondere wenn man an die Belegenheit von unkörperlichen Gegenständen denkt —, war für jedermann offenkundig. In *Mullane*

---

[92] Vgl. Restatement of Judgments §§ 3, 34 ff., 75 f.; viele Gerichte benutzen noch immer die Terminologie des Restatements, das den Begriff der *judgments in rem* auf die Gruppe der hier als *judgments strictly in rem* vorgestellten Urteile beschränkt und die beiden übrigen Gruppen unter den Begriff der *judgments quasi in rem* faßt.
[93] *Leading case: Pennoyer v. Neff,* 95 U.S. 714 (1877); James § 12.1; Ehrenzweig, S. 80, 99 ff.: "These proceedings are more properly dealt with in the context of personal actions." Vgl. auch J. Schröder, S. 391 ff.
[94] Hier liegt der entscheidende Unterschied zur Regelung des § 23 ZPO!
[95] Schwierigkeiten macht häufig die Lokalisierung der Belegenheit unkörperlicher Gegenstände. Bei Forderungen gilt der Wohnsitz oder Aufenthalt des Drittschuldners; vgl. Harris v. Balk, 198 U.S. 215, 25 S.Ct. 625 (1905). Für die Scheidungsklage gilt seit Williams v. North Carolina, 317 U.S. 287 (1942), das Domizil des Klägers. Viele andere Fälle sind streitig.
[96] Vgl. Ehrenzweig, S. 82 f.

4. Ausnahmen vom Grundsatz: „In Rem"-Urteile

v. Hanover Bank & Trust Co.[97] wurde dann endgültig klargestellt, daß die *due process*-Klausel der Verfassung gebietet, auch bei *in rem*-Verfahren diejenige Form der Benachrichtigung der Betroffenen zu wählen, die unter den gegebenen Umständen am ehesten geeignet ist, den Betroffenen tatsächliche Kenntnis von dem bevorstehenden Verfahren und damit die Möglichkeit zu geben, ihre bedrohten Rechte vor Gericht persönlich zu verteidigen. Das heißt, daß die praktischen Unterschiede zur *in personam jurisdiction* hinsichtlich des *notice*-Erfordernisses weitgehend verschwunden sind[98] und nur im Falle der Verfahren *strictly in rem* eine echte Besonderheit geblieben ist: gegenüber von der Entscheidung betroffenen Unbekannten genügt die bloße öffentliche Bekanntmachung. Ansonsten ist auch bei *in rem*-Verfahren stets Zustellung auf dem Postwege bzw. — bei unbekannter Adresse — öffentliche Zustellung nötig[99].

c) Ausblick

Nach allem weist nur die erstgenannte Gruppe der Verfahren *strictly in rem* Besonderheiten hinsichtlich der subjektiven Grenzen der Urteilswirkungen auf.

In diesem Zusammenhang muß allerdings auf eine Tendenz in Praxis und Lehre hingewiesen werden, die auf lange Sicht dazu führen wird, daß die Klassifizierung eines Verfahrens als *in rem* oder *in personam* jeden Aussagewert für die Bestimmung der subjektiven Grenzen der Urteilswirkungen verlieren wird: Hand in Hand mit der Entwicklung eines immer flexibler werdenden Konzepts der *in personam jurisdiction* und der weitergehenden Angleichung der Zustellungsvorschriften in den beiden Verfahrensarten geht eine ständige Aufweichung der *in rem*-Theorie, die selbst vor den Statusurteilen nicht haltmacht[100]. Die Gerichte zögern in steigendem Maße, Streitigkeiten unter Hinweis auf die Begriffsbestimmung *in rem* und *in personam* zu lösen[101]. Die Urteilswirkungen werden in zunehmendem Maße von dem Verfahrenscharakter gelöst, über eine eventuelle inter omnes-Wirkung läßt man allein das öffentliche Interesse entscheiden[102].

---

[97] 339 U.S. 306, 70 S.Ct. 652 (1950); vgl. dazu O'Dea, Wash.L.Rev. 165 (1957); Fraser, 100 U.Pa.L.Rev. 305 (1951).
[98] Vgl. Laz v. Southwestern Land Co., 97 Ariz. 69, 397 P.2d 52 (1964).
[99] Vgl. Ehrenzweig, S. 82 f. m. w. Nw.
[100] Vgl. Ehrenzweig, S. 80.
[101] Beginnend mit Mullane v. Central Hanover Bank & Trust Co., 339 U.S. 306, 70 S.Ct. 652 (1952).
[102] So ordnet z. B. New York Domestic Relations Law § 146 für die Ehenichtigkeitsklage an: "... is conclusive evidence of the invalidity of the marriage in every court of record or not of record, in any action or special proceeding, civil or criminal."
Dagegen California Family Law Act § 4451: "A judgment of nullity is conclusive only as to parties to the proceedings and those claiming under them."

5. Der rechtsstaatliche Schutz der betroffenen Dritten

a) Die Bedeutung der *Due Process*-Klausel

Die Gerichte sind sich in hohem Grade bewußt, daß einer jeden Erstreckung der Urteilswirkungen in subjektiver Hinsicht durch die *due process*-Klausel der Verfassung Grenzen gesetzt sind[1].

Das *V. Amendment* schreibt für den Bund vor, daß keine Person des Lebens, der Freiheit oder des Eigentums beraubt werden dürfe außer unter *due process of law*[2]; das *XIV. Amendment* wiederholt die Bestimmung als verfassungsrechtliches Verbot an die Adresse der Staaten[3]. Diese beiden Bestimmungen sind die Grundlage, auf der alle anderen Freiheitsrechte beruhen. Gleichermaßen verbindlich für Regierung, Gesetzgeber und Gerichte ist die *due process*-Klausel heute die stärkste Schutzmauer der bürgerlichen Freiheitsrechte gegen Eingriffe der öffentlichen Gewalt[4].

Obwohl die *due process*-Klausel zur praktisch wichtigsten aller Verfassungsbestimmungen geworden ist und in mehr Streitfällen angerufen wird als irgendeine andere, fehlt es nach wie vor an einer erschöpfenden Begriffsbestimmung. Eine solche ist weder in der Verfassung enthalten, noch ist sie je von den Gerichten versucht worden. Inhalt und Grenzen sind rein kasuistisch umrissen. Die Gerichte beschränken sich ganz bewußt darauf, die Klausel graduell durch Einbeziehung oder Ausklammerung von Sachverhalten pragmatisch zu handhaben[5].

Die Feststellung des formellen, prozessualen Inhalts der *due process*-Klausel (*procedural due process* im Gegensatz zu *substantive due process*) ist aber vergleichsweise einfach und eindeutig: In erster Linie bedeutet *procedural due process*, daß dem von einer obrigkeitlichen Maßnahme Betroffenen offiziell eine förmliche Mitteilung von dem beabsichtigten Eingriff in seine Rechte gemacht werden muß (*notice*) und ihm Gelegenheit gegeben werden muß, seinen Standpunkt vorzutragen (*hearing*).

---

[1] Vgl. z. B. Hansberry v. Lee, 311 U.S. 32 (1940); Postal Telephone Cable Co. v. Newport, 247 U.S. 464 (1918); 1B Moore, § 0.411 (1); Semmel, 68 Col.L. Rev. 1457, 1459 f. (1968); Vestal, 62 Mich.L.Rev. 33, 50 ff. (1963).

[2] „... (no person shall) be deprived of life, liberty, or property, without due process of law"; U.S.C.A. Const.Amend. 5.

[3] „... nor shall any State deprive any person of life, liberty, or property, without due process of law"; U.S.C.A. Const.Amend. 14, section 1.

[4] Zur Geschichte und Bedeutung der *due process*-Klausel vgl. Corwin, S. 248 ff.; Freund-Sutherland-Howe-Brown, S. 1026 ff.; Kelly-Harbison, S. 521 ff.; an deutschsprachiger Literatur: Loewenstein, S. 510 ff.; Hausheer, S. 47 ff.

[5] Eine sehr anschauliche Darstellung der *leading cases* auf diesem Gebiet findet sich bei Hausheer, S. 50 ff.

5. Der rechtsstaatliche Schutz der betroffenen Dritten

Im Zusammenhang mit Urteilswirkungen gegenüber Nichtparteien heißt das jedoch nicht, daß dem Dritten *notice* und *opportunity to be heard* in jedem Fall gegeben werden müsse[6]; in einzelnen klassischen Fällen der Rechtskrafterstreckung ist das gar nicht möglich. Vielmehr erfordert *due process of law* nur dann tatsächliche Kenntnis des Dritten und *opportunity to be heard*, wenn sie sich unter den gegebenen Umständen vernünftigerweise ermöglichen lassen und nicht überwiegende Interessen für eine Erstreckung der Rechtskraft auch ohne Erfüllung dieser Voraussetzungen sprechen[7]. So wird eine Erstreckung der Rechtskraft in den sog. *class actions* nur dann für zulässig gehalten, wenn die Nichtpartei Kenntnis von dem Verfahren hatte und die tatsächliche Möglichkeit, durch Intervention ihre Interessen vor dem Gericht persönlich zu vertreten[8]; dagegen ist bei den Verfahren *strictly in rem* häufig tatsächliche Kenntnis der gebundenen Dritten nicht nötig[9].

b) Zusätzliche Sicherungen der Rechte Dritter

Alle im letzten Teil dieser Untersuchung (B VI 2 - 4) genannten Fälle der Rechtskrafterstreckung werden als mit der *due process*-Klausel im Einklang befindlich angesehen. Aber die Einsicht, daß das verfassungsmäßig Zulässige nicht auch per se fair ist, hat zu einem deutsche Juristen geradezu abenteuerlich anmutenden Pragmatismus auf dem Gebiete zusätzlicher Sicherungen für die Rechte Dritter geführt:

Einige Regeln sind allgemein anerkannt: z. B. daß sich jeder von einer Rechtskrafterstreckung bedrohte Dritte — soweit er Kenntnis von dem Verfahren hat — durch *intervention* zur Partei machen und so seine Rechte verteidigen kann[10], daß jeder von den Urteilswirkungen beeinträchtigte Dritte auf dem Wege eines *collateral attack* die Unwirksamkeit der Entscheidung wegen fehlender *jurisdiction* oder wegen arglistiger Erwirkung *(fraud committed by one party, or collusion of both parties)* geltend machen kann[11] und daß er sich unter bestimmten Vor-

---

[6] Vgl. Behrens v. Skelly, 173 F.2d 715, 718 f., cert. den. 338 U.S. 821 (1949): "... Under the rule of privity one who purchased property after a suit has begun against the vendor with respect to the property purchased is 'chargeable with legal or constructive notice so as to render his purchase subject to the event of that suit' even though he may have no actual knowledge of the suit."
[7] Hansberry v. Lee, 311 U.S. 32, 42 (1940): "The Fourteenth Amendment does not compel state courts ... to adopt any particular rule for establishing the conclusiveness of judgments."
[8] Vgl. dazu oben Teil B VI 2 zu u. in Fn. 68 ff.
[9] Vgl. dazu die Ausführungen zu den *in rem*-Verfahren oben Teil B VI 4.
[10] Vgl. z. B. Cache La Poudre Irrigating Ditch Co. v. Hawley, 43 Colo. 32, 95 P. 317 (1908); 59 AmJur2d, Parties, §§ 137 ff. m. w. Nw.
[11] Vgl. z. B. Bannock Title Co. v. Lindsey, 86 Idaho 583, 388 P.2d 1011 (1963); Restatement of Judgments § 91, 46 AmJur2d, Judgments, § 656 m. w. Nw.

aussetzungen — insbesondere bei *fraud* — durch einen Antrag auf *equitable relief* von den Urteilswirkungen befreien kann[12]. Daneben finden sich eine Reihe von Entscheidungen, die *privies* und anderen, zum Teil vom Urteil nur sehr mittelbar berührten Dritten die Einlegung von Rechtsmitteln gestatten, soweit sie dieses Recht nicht durch Nichtgebrauchmachen von einer Interventionsmöglichkeit verwirkt haben[13]. Ferner bietet das Konzept der *indispensible parties* für einige, von den Urteilsauswirkungen mittelbar betroffene Dritte einen gewissen Schutz[14]. Schließlich finden sich in einigen gesetzlichen Vorschriften starke Elemente der Inquisitionsmaxime, der das amerikanische Prozeßrecht ansonsten mit großem Mißtrauen begegnet[15].

Eine Analyse der auf diesem Gebiet ergangenen Entscheidungen ist für die Rechtsvergleichung unergiebig, insbesondere für einen Vergleich mit dem Problemkreis „Urteilswirkungen und rechtliches Gehör"[16], der im deutschen Recht seit einigen Jahren diskutiert wird, ohne daß sich eine befriedigende Lösung abzeichnete[17]. Die Begründung der amerikanischen Entscheidungen enthalten keinerlei Argumente, die der Diskussion im deutschen Recht neu wären; im allgemeinen wird nur schlicht festgestellt, in diesem Falle solle man den Dritten schützen, in jenem nicht.

So z. B. in den Entscheidungen, in denen das Recht des Ehebrechers, im Ehescheidungsverfahren durch „intervention" Ehre und Ansehen zu schützen, abgelehnt wird[18], und in den Entscheidungen, in denen eine

---

[12] Vgl. z. B. Sherrard v. Johnston, 193 Pa. 166, 44 A. 252 (1899); 46 AmJur2d, Judgments, § 802 m. w. Nw.; Restatement of Judgments § 115. Das kann sogar für einen Gläubiger gelten, der durch ein Urteil zugunsten eines anderen Gläubigers gegen den Schuldner geschädigt wird, weil dieser dadurch zahlungsunfähig wird; vgl. Restatement of Judgments § 115, comment e.

[13] Für *appeal* vgl. z. B. Re Thomas' Estate, 74 Cal.App.2d 389, 168 P.2d 773 (1946); Application of Dodd, 131 Conn. 702, 42 A.2d 36 (1945); 4 AmJur2d, Appeal and Error, §§ 173 ff. m. w. Nw.; für *motion to open, modify or vacate the judgment* vgl. z. B. Leslie v. Gibson, 80 Kan. 504, 103 P. 115 (1909); Continental Gin Co. v. Arnold, 66 Okl. 132, 167 P. 613 (1916); dagegen Restatement of Judgments § 93; 46 AmJur2d, Judgments, §§ 694 ff. m. w. Nw.

[14] Vgl. James, § 9.16.

[15] z. B. California Family Law Act § 4600: Das Gericht hat eigene Ermittlungen vorzunehmen, wenn es um das Sorgerecht über Kinder aus geschiedenen Ehen geht und — wenn eine ausreichende Reife vorhanden ist — die Wünsche der Kinder zu berücksichtigen; nach § 4602 dieses Gesetzes kann der Bericht eines „probation officer or domestic relations investigator" angefordert werden; im gleichen Sinne: N.Y. Domestic Relations Law § 240. Zur Rolle der Inquisitionsmaxime im amerikanischen Zivilprozeß allgemein vgl. Millar, 18 Ill.L.Rev. 1, 9 ff., insbes. 16 ff. (1923).

[16] So der Titel des Aufsatzes von Schlosser, JZ 1967, 431.

[17] Vgl. dazu Nw. in Fn. 6 der Einleitung.

[18] z. B. San Chez v. Superior Court of Los Angeles County, 153 Cal.App.2d 162, 314 P.2d 135 (1957). — Die Frage ist mittlerweile in einzelnen Staaten gesetzlich im gegenteiligen Sinne geregelt: z. B. N.Y. Domestic Relations

5. Der rechtsstaatliche Schutz der betroffenen Dritten

Beteiligung des späteren (zweiten) Ehegatten an dem Verfahren, in dem es um die Aufhebung des früheren Scheidungsurteils geht, für zulässig, aber nicht für zwingend erforderlich erklärt wird[19].

Das dürfte hauptsächlich darauf zurückzuführen sein, daß die *due process*-Bestimmung als rechtsstaatliche Generalklausel wesentlich flexibler ist als der in diesem Zusammenhang einschlägige[20] Anspruch auf rechtliches Gehör im deutschen Recht; das amerikanische Recht sieht sich nicht wie das deutsche gezwungen, durch zusätzliche Sicherungen der Rechte Dritter seine alten Verfahrensordnungen mit den relativ starren Bestimmungen einer jüngeren Verfassungsgebung in Einklang zu bringen, sondern es steht in den hier zur Diskussion stehenden Fällen immer nur vor der Frage, ob man dem Dritten ausnahmsweise ein höheres Maß an rechtsstaatlicher Sicherheit zugestehen soll, als an sich von der Verfassung geboten ist.

Law § 172, Cal.C.Civ.P. § 1019; für das deutsche Recht vgl. den Beschluß des BVerfG v. 19. 2. 1963, FamRZ 1963, 614, der sich gegen die damals noch h. L. aussprach, welche eine Anhörung des Ehebrechers für nicht erforderlich hielt.
[19] z. B. Sampson v. Sampson, 223 Mass. 451, 112 N.E. 84 (1916); Tarr v. Tarr, 184 Va. 443, 35 S.E.2d 401 (1945).
[20] Daß Art. 103 I GG — nicht etwa nur Art. 19 IV GG und das Rechtsstaatsprinzip — im Zusammenhang mit den subjektiven Grenzen von Urteilswirkungen einschlägig ist, dürfte seit dem Beschluß des BVerfG v. 1. 2. 1967 (BVerfG 21, 132) als endgültig geklärt angesehen werden können.
Gegen eine Ausdehnung des Rechts auf rechtl. Gehör auf nicht unmittelbar am Verfahren Beteiligte Stein-Jonas-Pohle, vor § 128 Anm. IX 2 a; Stein-Jonas-Schumann-Leipold, § 325 Anm. I 1 (Fn. 2).

Schrifttumsverzeichnis

Adams: California Procedure for Obtaining Judicial Decrees Binding on Unborn or Unascertained Persons, 5 Hast.L.J. 199 (1954).
Albritton: Res Judicata and the Common Automobile Accident — Problems of Splitting the Cause of Action, 12 Ala.L.Rev. 364 (1960).
American Law Institute: Model Code of Evidence, Philadelphia 1942.
— Restatement of the Law of Judgments, St. Paul 1942.
— Restatement of the Law of Security, St. Paul 1941.
— Restatement of the Law — 1948 Supplement, St. Paul 1949.
Arnold: The Code „Cause of Action" Clarified by United States Supreme Court, 19 A.B.A.J. 215 (1933).
Arnold-James: Cases and Materials on Trials, Judgments and Appeals, St. Paul 1936.
Barron-Holtzoff: Federal Practice, revised by C. A. Wright, vol. 1A: St. Paul—Brooklyn, N.Y. 1960; vol. 2: St. Paul—Brooklyn, N.Y. 1961.
Baumbach-Lauterbach: Zivilprozeßordnung mit Gerichtsverfassungsgesetz und anderen Nebengesetzen, 30. Aufl. München 1970.
Baumgärtel: Treu und Glauben, gute Sitten und Schikaneverbot im Erkenntnisverfahren, ZZP 69 (1956), 89.
Baumgärtel-Mes: Einführung in das Zivilprozeßrecht mit Examinatorium, 2. Aufl. (JA-Sonderheft 5) Berlin 1971.
Baur: Richtermacht und Formalismus im Verfahrensrecht, Tübingen 1963, in: Ius summum iniuria, S. 97.
Benkard: Patentgesetz/Gebrauchsmustergesetz, 5. Aufl. München 1969.
Bentham: The Rationale of Judicial Evidence, in: The Works of Jeremy Bentham, vol. 7 (published under the superintendence of his executor John Bowring), Edinburgh 1843.
Bericht der Kommission zur Vorbereitung einer Reform der Zivilgerichtsbarkeit, herausgegeben vom Bundesjustizministerium, Bonn 1961.
Bettermann: Die Vollstreckung des Zivilurteils in den Grenzen seiner Rechtskraft, Hamburg 1948.
Bigelow: A Treatise on the Law of Estoppel or of Incontestable Rights, 6th ed. Boston 1913.
Blomeyer, A.: Zivilprozeßrecht, Berlin—Göttingen—Heidelberg 1963.
— Zum Urteilsgegenstand im Leistungsprozeß, in: Festschrift für F. Lent, München—Berlin 1957, S. 43.
Blomeyer, J.: Zum Streit über Natur und Wirkungsweise der materiellen Rechtskraft, JR 1968, 407.
— Rechtskraft und Rechtsmittel bei Klagabweisung, NJW 1969, 587.
Blume: American Civil Procedure, Englewood Cliffs, N.J. 1955.

Blume: The Scope of a Civil Action, 42 Mich.L.Rev. 257 (1943).
— Required Joinder of Claims, 45 Mich.L.Rev. 797 (1947).
Blumenwitz: Einführung in das anglo-amerikanische Recht, München 1971.
Bötticher: Zur Lehre vom Streitgegenstand im Eheprozeß, in: Festgabe für L. Rosenberg zum 70. Geburtstag, München—Berlin 1949, S. 73.
— Anm. MDR 1962, 724.
— Die Gleichheit vor dem Richter, Hamburger Universitätsreden, Hamburg 1954.
Borchard: Declaratory Judgments, 2d ed. Cleveland 1941.
Brinz: Lehrbuch der Pandekten, Bd. I, 2. Aufl. Erlangen 1873.
Brox: Die objektiven Grenzen der materiellen Rechtskraft im Zivilprozeß, JuS 1962, 121.
— Der Schutz der Rechte Dritter bei zivilgerichtlichen Gestaltungsurteilen, FamRZ 1963, 392.
Bruns, R.: Zivilprozeßrecht, Berlin—Frankfurt/M. 1968.
Bruns, H. J.: Teilrechtskraft und innerprozessuale Bindungswirkung, Berlin —Frankfurt/M. 1961.
Buchka: Die Lehre vom Einfluß des Prozesses auf das materielle Rechtsverhältnis, 1. Theil, Rostock und Schwerin 1846.
Catlett: The Development of the Doctrine of Stare Decisis and the Extent to Which It Should Be Applied, 21 Wash.L.Rev. 158 (1946).
Chadbourn-Levin: Cases and Materials on Civil Procedure, Mineola, N.Y. 1961.
Clark, C. E.: Handbook of the Law of Code Pleading, 2d ed. St. Paul 1947.
— The Code Cause of Action, 33 Yale L.J. 817 (1924).
— The Cause of Action, 82 U.Pa.L.Rev. 354 (1934).
Clark, H. H.: The Law of Domestic Relations in the United States, St. Paul 1968.
Claus: Die vertragliche Erstreckung der Rechtskraft, Diss. Köln 1973.
Cleary: Res Judicata Reexamined, 57 Yale L.J. 340 (1948).
Cohn: Die materielle Rechtskraft im englischen Recht, in: Festschrift für H. C. Nipperdey zum 70. Geburtstag, München—Berlin 1965, Bd. 2, S. 875 ff.
Corbin: Corbin on Contracts, vol. 1: St. Paul, Minn. 1963; vol. 3A: St. Paul, Minn. 1960; vol. 4: St. Paul, Minn. 1951; vol. 6: St. Paul, Minn. 1962.
Corwin: The Constitution and What It Means Today, 11th ed. Princeton, N.J. 1958.
Cox: Res Adjudicata: Who Entitled to Plead? 9 Va.L.Reg. (n.s.) 241 (1923).
Cribett: Principles of the Law of Property, Brooklyn, N.Y. 1962.
Cross: Precedent in English Law, 2d ed. Oxford 1968.
Currie: Civil Procedure: The Tempest Brews, 53 Cal.L.Rev. 25 (1965).
— Mutuality of Collateral Estoppel: Limits of the Bernhard Doctrine, 9 Stan.L.Rev. 281 (1957).
David: Die Bindung des Richters an das Präjudiz im englischen Recht, Winterthur 1962.
Editorial Note: Developments in the Law — Res Judicata, 65 Harv.L.Rev. 818 (1952).

Editorial Note: Developments in the Law — Damages — 1935-1947, 61 Harv.L.Rev. 113 (1947).
— Developments in the Law — Multiparty Litigation in the Federal Courts, 71 Harv.L.Rev. 874 (1958).
Ehrenzweig: A Treatise on the Conflict of Laws, St. Paul, Minn. 1962.
— Das Common Law. ZfRV 1960, 145.
Ehrenzweig-Louisell: Jurisdiction in a Nutshell, 2d ed. St. Paul, Minn 1968.
Einmahl: Buchbesprechung (Geimer-Schütze, Internationale Urteilsanmerkung, Bd. II, München 1971), NJW 1972, 1612.
Engelmann: Der Civilprozess — Geschichte und System, 2. Bd., 1. Heft, Breslau 1890.
— A History of Continental Civil Procedure (translated and edited by Robert W. Millar), Boston 1927.
Esser: Grundsatz und Norm in der richterlichen Fortbildung des Privatrechts, 2. Aufl. Tübingen 1964.
— Richterrecht, Gerichtsgebrauch und Gewohnheitsrecht, in: Festschr. f. v. Hippel, Tübingen 1967, S. 95.
Falkner: Hearsay Rule and its Exceptions, Proposed Uniform Rules, 2 U.C.L.A.L.Rev. 70 (1954).
Farnsworth: An Introduction to the Legal System of the United States, New York 1963.
Field-Kaplan: Materials for a Basic Course in Civil Procedure, 2d ed. Mineola, N.Y. 1968.
Fraser: Jurisdiction by Necessity — an Analysis of the Mullane Case, 100 U.Pa.L.Rev. 305 (1951).
— Actions in Rem, 34 Corn.L.Q. 29 (1948).
Freeman: A Treatise of the Law of Judgments, vol. 1-3, 5th ed. San Francisco 1925.
Freudenstein: Die Rechtskraft nach der Reichscivilprocessordnung und ihre Wirkungen auf die subjectiven Rechte, 2. Aufl. Hannover 1884.
Freund-Sutherland-Howe-Brown: Constitutional Law — Cases and Other Problems, 2d ed. Boston—Toronto 1961.
Fulda: Einführung in das Recht der USA, Baden-Baden 1966.
Gál: Die Prozeßbeilegung nach den fränkischen Urkunden des VII.-IX. Jahrhunderts, in: (Gierkes) Untersuchungen zur deutschen Staats- und Rechtsgeschichte, Bd. 102, Breslau 1910.
Gaul: Zur Frage nach dem Zweck des Zivilprozesses, AcP 168 (1968), 27.
— Materielle Rechtskraft, Vollstreckungsabwehr und zivilrechtliche Ausgleichsansprüche, JuS 1962, 2.
— Randbemerkungen zum Wesen der Ehelichkeitsanfechtung, FamRZ 1963, 630.
— Die Grundlagen des Wiederaufnahmerechts und die Ausdehnung der Wiederaufnahmegründe, Bielefeld 1956.
— § 826 BGB und die Rechtskraft des Scheidungsurteils und Schuldspruchs, FamRZ 1957, 237.
Geimer: Zur Prüfung der Gerichtsbarkeit und der internationalen Zuständigkeit bei der Anerkennung ausländischer Urteile, Bielefeld 1966.

Georgiades: Die Anspruchskonkurrenz im Zivilrecht und Zivilprozeßrecht, München 1968.

Germann: Präjudizien als Rechtsquelle, Stockholm 1960.

Goldschmidt: Kann durch Zerlegung eines zur landgerichtlichen Zuständigkeit gehörigen Anspruchs in mehrere, gleichzeitig erhobene Teilklagen die amtsgerichtliche Zuständigkeit begründet werden? JW 1931, 1753.

Goodhart: Determining the Ratio Decidendi of a Case, 40 Yale L.J. 161 (1930).

Greenebaum: In Defense of the Doctrine of Mutuality of Estoppel, 45 Ind.L.J. 1 (1969).

Greenleaf: A Treatise on the Law of Evidence, vol. I, 16th ed. Boston 1899.

Grunsky: Grundlagen des Verfahrensrechts, Bielefeld 1970.

— Anm. FamRZ 1966, 642.

— Rechtskraft von Entscheidungsgründen und Beschwer, ZZP 76 (1963), 165.

Habscheid: Der Streitgegenstand im Zivilprozeß und im Streitverfahren der freiwilligen Gerichtsbarkeit, Bielefeld 1956.

— Rechtsvergleichende Bemerkungen zum Problem der materiellen Rechtskraft des Zivilurteils, in: Festschrift für C. N. Fragistas, Thessaloniki 1967, S. 1 ff. (Vorabdruck eines noch nicht erschienenen Teils der Festschrift).

— Rechtskraft und Präklusion im Eheauflösungsverfahren, FamRZ 1964, 174.

— Die Sperrvorschrift des § 54 PatG — Zugleich ein Beitrag zur Lehre von Rechtshängigkeit, Rechtskraft und Präklusion im Patentrechtsstreit, GRUR 1954, 239.

— Urteilswirkungen und Gesetzesänderungen, ZZP 78 (1965), 401.

Hahn: Die gesamten Materialien zur Civilprocessordnung und dem Einführungsgesetz zu derselben vom 30. Januar 1877, Erste Abtheilung, Berlin 1880.

Halsbury: The Laws of England, Vol. 15, 3rd ed. London 1956.

Harnon: Res Judicata and Identity of Actions — Law and Rationale, 1 Isr.L.Rev. 539 (1966).

Harper-James: The Law of Torts, vol. 2, 3, Boston—Toronto 1956, Supplement to vol. 2, Boston—Toronto 1968.

Hausheer: Rechtsgleichheit — Due Process und Equal Protection, Bern 1966.

Hazard: Res Nova in Res Judicata, 49 S.Cal.L.Rev. 1036 (1971).

Heldrich: Internationale Zuständigkeit und anwendbares Recht, Berlin—Tübingen 1969.

Hellwig: System des deutschen Zivilprozeßrechts, Bd. 1 u. 2, Leipzig 1912.

Henckel: Parteilehre und Streitgegenstand im Zivilprozeß, Heidelberg 1961.

— Prozeßrecht und materielles Recht, Göttingen 1970.

Hoegen: Required Joinder of Claims, 55 Mich.L.Rev. 799 (I), 967 (II) (1957).

Holdsworth: A History of English Law, vol. IX, 3rd ed. London 1944 (reprinted 1966).

Homburger: State Class Actions and the Federal Rule, 71 Col.L.Rev. 609 (1971).

Huber: Rechtskrafterstreckung bei Urteilen über präjudizielle Rechtsverhältnisse, JuS 1972, 621.

Isobe: Civil Procedure, 15 Japan Annual of Law and Politics 77 (1967).

James: Civil Procedure, Boston—Toronto 1965.
— Consent Judgments as Collateral Estoppel, 108 U.Pa.L.Rev. 173 (1959).
Jauernig: Das fehlerhafte Zivilurteil, Frankfurt/M. 1958.
Kalven-Rosenfield: The Contemporary Function of the Class Suit, 8 U.Chi. L.Rev. 684 (1941).
Kaplan-v. Mehren-Schaefer: Phases of German Civil Procedure, 71 Harv.L. Rev. 1193 (1958).
Karlen: Primer of Procedure, Madison, Wisc. 1952.
Kaser: Das römische Zivilprozeßrecht, München 1966.
Kegel: Internationales Privatrecht, 3. Aufl. München 1971.
Kelly-Harbison: The American Constitution — Its Origin and Development, 3rd ed. New York 1963.
Kerameus: Die Rechtskraftwirkung der Entscheidungsgründe nach gemeinem und partikularem Recht, AcP 167 (1967), 240.
Keßler: Die Fahrlässigkeit im nordamerikanischen Deliktsrecht, Berlin—Leipzig 1932.
Kimmel: The Impacts of Defensive and Offensive Assertion of Collateral Estoppel by a Nonparty, 35 Geo.Wash.L.Rev. 1010 (1967).
Klauer-Möhring: Patentrechtskommentar, Bd. II, 3. Aufl. München 1971.
Klöppel: Die Einrede der Rechtskraft nach der Deutschen Civilprocess-Ordnung, Berlin 1882.
Kriele: Theorie der Rechtsgewinnung, Berlin 1967.
Kruse: Das Richterrecht als Rechtsquelle des innerstaatlichen Rechts, Tübingen 1971.
Kuttner: Die privatrechtlichen Nebenwirkungen der Zivilurteile, München 1908.
Larenz: Methodenlehre der Rechtswissenschaft, 2. Aufl. Berlin—Heidelberg—New York 1969.
— Über die Bindungswirkung von Präjudizien, in: Festschr. f. Schima, Wien 1969, S. 247.
— Allgemeiner Teil des deutschen Bürgerlichen Rechts, 2. Aufl. München 1972.
Lauterpacht: Private Law Sources and Analogies of International Law, London 1927.
Lent: Zur Lehre vom Entscheidungsgegenstand, ZZP 72 (1959), 63.
— Der Umfang der Interventionswirkung des § 68 ZPO, ZAkDR 1940, 129.
Lent-Jauernig: Zivilprozessrecht, 15. Aufl. München 1970.
Loewenstein: Verfassungsrecht und Verfassungspraxis der Vereinigten Staaten, Berlin—Göttingen—Heidelberg 1959.
Louisell-Kaplan-Waltz: Cases and Materials on Evidence, Mineola, N.Y. 1968.
Luhmann: Legitimation durch Verfahren, Neuwied 1969.
Martens: Rechtskraft und materielles Recht, ZZP 79 (1966), 404.
McBaine: Introduction to Civil Procedure, St. Paul, Minn. 1950.
McCaskill: Actions and Causes of Action, 34 Yale L.J. 614 (1925).
McCormick: Damages for Anticipated Injury to Land, 37 Harv.L.Rev. 574 (1924).

McCormick: Handbook on the Law of Damages, St. Paul, Minn. 1935.
— Handbook of the Law of Evidence, St. Paul, Minn. 1954.
McGregor: Personal Injury and Death, in: International Encyclopedia of Comparative Law, Vol. XI. Ch. 9, Tübingen—Paris—New York 1972.
von Mehren: The Civil Law System, Boston—Toronto 1957.
von Mettenheim: Der Grundsatz der Prozeßökonomie im Zivilprozeß, Berlin 1970.
von Metzler: Das anglo-amerikanische Grundbuchwesen. Eine rechtsvergleichende Untersuchung unter besonderer Berücksichtigung Englands, Australiens und der USA, Hamburg 1966.
Mendelssohn Bartholdy: Grenzen der Rechtskraft, Leipzig 1900.
Meyer-Cording: Die Rechtsnormen, Tübingen 1971.
Millar: Civil Procedure of the Trial Court in Historical Perspective, New York University 1952.
— The Formative Principles of Civil Procedure, 18 Ill.L.Rev. 1 (I), 94 (II), 150 (III) (1923).
— The Historical Relation of Estoppel by Record to Res Judicata, 35 Ill.L.Rev. 41 (1940).
— The Premises of the Judgment as Res Judicata in Continental and Anglo-American Law, 39 Mich.L.Rev. 1 (I), 238 (II) (1940).
Mitteis-Lieberich: Deutsche Rechtsgeschichte, 11. Aufl. München 1969.
Moore: Moore's Federal Practice, vol. 1B: 2nd ed. 1965, vol. 3: 2nd ed. 1968, Albany—San Francisco—New York.
Moore-Cohn: Federal Class Actions — Jurisdiction and Effect of Judgment, 32 Ill.L.Rev. 555 (1938).
Moore-Currier: Mutuallity and Conclusiveness of Judgments, 35 Tul.L.Rev. 301 (1961).
Moore-Oglebay: The Supreme Court, Stare Decisis and Law of the Case, 21 Tex.L.Rev. 514 (1943).
Morris: Nonparties and Preclusion by Judgment: The Privity Rule Reconsidered, 56 Cal.L.Rev. 1098 (1968).
von Moschzisker: Res Judicata, 38 Yale L.J. 299 (1929).
Müller: Zum Begriff der „Anerkennung" von Urteilen in § 328 ZPO, ZZP 79 (1966), 199.
Nikisch: Die Lehre vom Streitgegenstand im Zivilprozeß, AcP 154 (1955), 269.
Note: Collateral Estoppel in New York, 36 N.Y.U.L.Rev. 1158 (1961).
— Collateral Estoppel: Application to Actions Between Former Codefendants (1961) Duke L. J. 167.
— Effect of Judgment in Prior Class Suit, 49 Yale L.J. 1125 (1939/40).
— Problems of Res Judicata Created by Expanding „Cause of Action" under Code Pleading, 104 U.Pa.L.Rev. 955 (1956).
— Judgments as Evidence, 46 Iowa L.Rev. 400 (1961).
— Revised Federal Rule 23 — Class Actions, 52 Minn.L.Rev. 509 (1967).
— Rule 14: Federal Third-Party Practice, 58 Col.L.Rev. 532 (1958).
Nußbaum: Jurisdiction and Foreign Judgments, 41 Col.L.Rev. 221 (1941).
O'Dea: Adequacy of Notice — Due Process, 32 Wash.L.Rev. 165 (1957).
Oliphant: A Return to Stare Decisis, 14 A.B.A.J. 71 (I), 107 (II), 159 (III) (1928).

Parker: Das Privatrecht der Vereinigten Staaten von Amerika, Wien 1960.
Patton: American Law of Property, vol. 3, Boston 1952.
Pawlowski: Aufgabe des Zivilprozesses, ZZP 80 (1967), 345.
Peter: Actio und Writ, Tübingen 1957.
Peters: Zur Rechtskraftlehre Zeuners, ZZP 76 (1963), 229.
Peterson: Die Anerkennung ausländischer Urteile im amerikanischen Recht; Entwicklungstendenzen in Gesetzgebung und Rechtsprechung, Frankfurt/ Main 1964.
Planck: Das deutsche Gerichtsverfahren im Mittelalter, Bd. I, Braunschweig 1878.
Pohle: Gedanken über das Wesen der Rechtskraft, in: Scritti giuridici in memoria di Piero Calamandrei (Gedächtnisschrift für Calamandrei), Band II, Padova 1958, S. 377.
— Über die Rechtskraft im Zivil- und Strafprozeß, ÖJBl. 1957, 113.
Polasky: Collateral Estoppel — Effects of Prior Litigation, 39 Iowa L. Rev. 217 (1954).
Pomeroy: Code Remedies: Remedies and Remedial Right by the Civil Action, According to the Reformed American Procedure, 5th ed. Boston 1929.
— A Treatise on Equity Jurisprudence as Administered in the United States of America, vol. III, 5th ed. San Francisco—Rochester, N.Y. 1941.
Prosser: The Borderland of Tort and Contract, in: Selected Topics on the Law of Torts, Ann Arbor 1953.
Radbruch: Der Geist des englischen Rechts, Göttingen 1946 (5. Aufl. 1965).
Raum: The Sunnen Case and Res Judicata in Federal Tax Litigation, 7 Inst.Fed.Tax. 253 (N.Y.U. 1949).
Reed: Compulsory Joinder of Parties in Civil Actions, 55 Mich.L.Rev. 327 (1957).
Rheinstein: The Law of Decedent's Estates — Intesty, Wills, Probate and Administration — Text, Cases and Other Materials, 2d ed. Indianapolis 1955.
— Book Review: Ehrenzweig's Treatise on Conflict of Laws, 8 J.Pub.L. 551 (1959).
— Some Fundamental Differences in Real Property Ideas of the „Civil Law" and the Common Law Systems, 3 U.Chi.L.Rev. 624 (1936).
Riezler: Internationales Zivilprozeßrecht, Berlin—Tübingen 1949.
Roberts: Virtual Representation in Actions Affecting Future Interests, 30 Ill.L.Rev. 580 (1936).
Roquette: Rechtskraft und Ausschlußwirkung klagabweisender Urteile im Mietaufhebungsprozeß, DR 1942, 874.
Rosenberg: Collateral Estoppel in New York, 44 St. John's L.Rev. 165 (1969).
Rosenberg-Weinstein: Elements of Civil Procedure — Cases and Materials, Brooklyn, N.Y. 1962.
Rosenberg-Schwab: Zivilprozeßrecht, 10. Aufl. München 1969.
v. Savigny: System des heutigen Römischen Rechts, Bd. VI, Berlin 1847.
Schlechtriem: Vertragsordnung und außervertragliche Haftung. Eine rechtsvergleichende Untersuchung zur Konkurrenz von Ansprüchen aus Vertrag und Delikt im französischen, amerikanischen und deutschen Recht. Frankfurt/M. 1972.

Schlesinger: Comparative Law, 3rd ed. Mineola, N.Y. 1970.
Schlosser: Gestaltungsklagen und Gestaltungsurteile, Bielefeld 1966.
— Einverständliches Handeln im Zivilprozeß, Tübingen 1968.
— Urteilswirkungen und rechtliches Gehör, JZ 1967, 431.
Schlüter: Das Obiter Dictum, München 1973.
Schmidt, R.: Lehrbuch des Deutschen Civilprocessrechts, Leipzig 1898.
Schönke-Kuchinke: Zivilprozeßrecht, 9. Aufl. Karlsruhe 1969.
Schopflocher: Civil Procedure: A Comparative Study of Some Principal Features under German and American Law (1940) Wisc.L.Rev. 234.
— What is a Single Cause of Action for the Purpose of Res Judicata? 21 Ore.L.Rev. 319 (1942).
Schröder, J.: Internationale Zuständigkeit, Opladen 1971.
— Widerklage gegen Dritte? AcP 164 (1964), 517.
— Buchbesprechung (R. Bruns, Zivilprozeßrecht, Berlin—Frankfurt/M. 1968), FamRZ 1969, 348.
— Der tragende Rechtsgrund einer Entscheidung — Zur Abgrenzung von ratio decidendi und obiter dictum, MDR 1960, 809.
Schumann: Die Prozeßökonomie als rechtsethisches Prinzip, in: Festschr. f. Larenz, München 1973, S. 271.
Schwab: Der Streitgegenstand im Zivilprozeß, München—Berlin 1954.
— Der Streitgegenstand im Eheprozeß, ZZP 65 (1952), 101.
— Der Stand der Lehre vom Streitgegenstand im Zivilprozeß, JuS 1965, 81.
— Buchbesprechung (Zeuner, Die objektiven Grenzen der Rechtskraft im Rahmen rechtlicher Sinnzusammenhänge, Tübingen 1959), JZ 1959, 786.
— Rechtskrafterstreckung auf Dritte und Drittwirkung der Rechtskraft, ZZP 77 (1964), 124.
Scott: Collateral Estoppel by Judgment, 56 Harv.L.Rev. 1 (1942).
Scott-Simpson: Cases and Other Materials on Civil Procedure, Boston 1950.
Seavy: Res Judicata with Reference to Persons neither Parties nor Privies — Two California Cases, 57 Harv.L.Rev. 98 (1943).
Seelmann: Der Rechtszug im älteren deutschen Recht, in: (Gierkes) Untersuchungen zur deutschen Staats- und Rechtsgeschichte, Bd. 107, Breslau 1911.
Semmel: Collateral Estoppel, Mutuality and Joinder of Parties, 68 Col.L.Rev. 1457 (1968).
Siemssen: Eine Analyse der Anknüpfungen für die internationale Zuständigkeit im internationalen Zivilprozeß, Diss. Hamburg 1966.
Simes: The Administration of a Decedent's Estate as a Proceeding in Rem, 43 Mich.L.Rev. 675 (1945).
Simpson: Handbook of the Law of Sureship, St. Paul, Minn. 1950.
— Handbook of the Law of Contracts, St. Paul, Minn. 1965.
Smit: The Terms Jurisdiction and Competence in Comparative Law, 10 Am.J.Comp.L. 164 (1961).
Stein-Jonas-Pohle: Kommentar zur Zivilprozeßordnung, 19. Aufl. Tübingen 1964 ff., seit 1967 bearbeitet von Grunsky, Leipold, Münzberg, Schlosser und Schumann.

Stelter: Die Hearsay Rule und ihre Ausnahmen im englischen Strafprozeß, Berlin 1969.

Thomas-Putzo: Zivilprozeßordnung mit Gerichtsverfassungsgesetz und Einführungsgesetzen, 6. Aufl. München 1972.

Unger: System des allgemeinen österreichischen Privatrechts, Bd. II, Leipzig 1859.

Vestal: Res Judicata/Preclusion, New York 1969.

— The Constitution and Preclusion/Res Judicata, 62 Mich.L.Rev. 33 (1963).

— Rationale of Preclusion, St. Louis U.L.J. 29 (1964).

— Preclusion — Res Judicata Variables: Parties, 50 Iowa L.Rev. 27 (1964).

de Vries-Lowenfeld: Jurisdiction in Personal Actions — A Comparison of Civil Law Views, 44 Iowa L. Rev. 306 (1959).

Weinstein: Revison of Procedure: Some Problems in Class Actions, 9 Buff. L.Rev. 433 (1960).

Wells: A Treatise on the Doctrine of Res Adjudicata and Stare Decisis, Des Moines, Iowa 1878.

Wetzell: System des ordentlichen Civilprocesses, 3. Aufl. Leipzig 1878.

Wieser: Die Interventionswirkung nach § 68 ZPO, ZZP 79 (1966), 246.

Wigmore: A Treatise on the Anglo-American System of Evidence in Trials at Common Law, vol. 4: 3rd ed. Boston 1940, vol. 6: 3rd ed. Boston 1940.

Williston: A Treatise on the Law of Contracts, vol. 3, 3rd ed. Mount Kisco, N.Y. 1960.

Windscheid: Lehrbuch des Pandektenrechts, Bd. I, 5. Aufl. Leipzig 1879.

Wolff: Private International Law, 2d ed. Oxford 1950.

Wright, C. A.: Handbook of the Law of the Federal Courts, 2d ed. St. Paul, Minn. 1970.

— Estoppel by Rule: The Compulsory Counterclaim under Modern Pleading, 38 Minn.L.Rev. 423 (1954).

— Joinder of Claims and Parties under Modern Pleading Rules, 36 Minn. L.Rev. 580 (1952).

Zeuner: Die objektiven Grenzen der Rechtskraft im Rahmen rechtlicher Sinnzusammenhänge, Tübingen 1959.

Zöller: Zivilprozessordnung mit Gerichtsverfassungsgesetz und Nebengesetzen, 10. Aufl. München 1968.

Zweigert: Rechtsvergleichend-Kritisches zum gutgläubigen Mobiliarerwerb, 23 RabelsZ (1958), 1.

Zweigert-Kötz: Einführung in die Rechtsvergleichung auf dem Gebiete des Privatrechts, Bd. I: Grundlagen, Tübingen 1971, Bd. II: Institutionen, Tübingen 1969.

Die Zitierweise der amerikanischen Periodika und Gerichtsentscheidungen richtet sich nach:

A Uniform System of Citation

(8th ed. Cambridge, Mass 1949, published and distributed by The Harvard Law Review Association for the Columbia, Harvard, and University of Pennsylvania Law Reviews and the Yale Law Journal.)

Entscheidungsverzeichnis

Ajamian v. Schlanger, 14 N.J. 483, 103 A.2d 9 (1954).
American Button Co. v. Warsaw Button Co., 31 N.Y.S.2d 395 (1941).
American Land Co. v. Zeiss, 219 U.S. 47, 31 S.Ct. 200 (1911).
Anheuser-Busch, Inc. v. Starley, 28 Cal.2d 347, 170 P.2d 448 (1946).
Application of Dodd, 131 Conn. 702, 42 A.2d 36 (1945).
Archer v. United States, 268 F.2d 687 (1959).
Arkansas Gates v. Mortgage Loan and Insurance Agency, 200 Ark. 276, 139 S.W.2d 19 (1940).
Armstrong v. Illinois Bankers Life Assn., 217 Ind. 601, 29 N.E.2d 415, 131 A.L.R. 769 (1940).
Armstrong Furniture Co. v. Nickle, 110 Ga.App. 686, 140 S.E.2d 72 (1964).
Ash v. Mortensen, 24 Cal.2d 654, 150 P.2d 876 (1944).
Ballard v. Hunter, 204 U.S. 241, 27 S.Ct. 261 (1907).
Bank of America Nat. Trust & Sav. Assn. v. McLaughlin Land & Livestock Co., 40 Cal.App.2d 620, 105 P.2d 607 (1940), cert. den., 313 U.S. 571 (1941).
Bannock Title Co. v. Lindsey, 86 Idaho 583, 388 P.2d 1011 (1963).
Behrens v. Skelly, 173 F.2d 715, cert. den., 338 U.S. 821 (1949).
Bernhard v. Bank of America National Sav. & Trust Assn., 19 Cal.2d 807, 122 P.2d 892 (1942).
Bigelow v. Old Dominion Copper Mining & Smelting Co., 225 U.S. 111, 32 S.Ct. 641 (1912).
Boeing Airplane Co. v. Aeronautical Industrial District Lodge, 91 F.Supp. 596, aff'd, 188 F.2d 356 (1951).
Booth v. Frankenstein, 209 Wisc. 362, 245 N.W. 191 (1932).
B. R. De Witt, Inc. v. Hall, 19 N.Y.2d 141, 225 N.E.2d 195, 278 N.Y.S.2d 596 (1967).
Bruce v. O'Neal Flying Serv., Inc., 234 N.C. 79, 66 S.E.2d 312 (1951).
Brummund v. Vogel, 168 N.W.2d 24 (Neb. 1969).
Bruszewski v. United States, 181 F.2d 715, cert. den., 340 U.S. 865 (1950).
Buchanan v. General Motors Corp., 64 F.Supp. 16 (1946).
Cache La Pondre Irrigating Ditch Co. v. Hawley, 43 Colo. 32, 95 P. 317 (1908).
Cambria v. Jefferey, 307 Mass. 49, 29 N.E. 2d 555 (1940).
Carter v. Hinkle, 189 Va. 1, 52 S.E.2d 135 (1949).
Carter v. Public Service Gas Co., 100 N.J.L. 374, 126 A. 456 (1924).
Caterpillar Tractor Co. v. International Harvester Co., 120 F.2d 82 (1941).
Cauefield v. Fidelity and Casualty Co., 378 F.2d 876 (1967).
Chakeless v. Djiovanides, 161 Va. 48, 170 S.E. 848 (1933).

Chamberlain v. Mo.-Ark. Coach Lines, 354 Mo. 461, 189 S.W.2d 538 (1945).
Chicago, Indianapolis & Louisville Ry. Co. v. Ramsey, 168 Ind. 390, 81 N.E. 79 (1907).
Chicago, Rock Island & Pacific Ry. Co. v. Schendel, 270 U.S. 611, 46 S.Ct. 420, 70 L.Ed. 757 (1926).
Coca-Cola Co. v. Pepsi-Cola Co., 36 Del. 124, 172 A. 260 (1934).
Cofax Corp. v. Minnesota Mining & Mfg. Co., 79 F.Supp. 842 (1947).
Cokins v. Frandsen, 141 N.W.2d 796 (N.D. 1966).
Commercial Standard Ins. Co. v. Winfield, 24 Cal.App.2d 477, 75 P.2d 525 (1938).
Commissioner of Internal Revenue v. Sunnen, 333 U.S. 591, 68 S.Ct. 715, 92 L.Ed. 898 (1948).
Connecticut Gen. Life Ins. Co. v. Bryson, 148 Tex. 86, 219 S.W.2d 799 (1949).
Continental Gin Co. v. Arnold, 66 Okl. 132, 167 P. 613 (1916).
Cromwell v. County of Sac, 94 U.S. 351, 24 L.Ed. 195 (1876).
Davis v. Perryman, 225 Ark. 963, 286 S.W.2d 844 (1956),
Del Peschio v. Del Peschio, 356 F.2d 402 (1966).
Desmond v. Kramer, 96 N.J.Super. 96, 232 A.2d 470 (1967).
Drummond v. United States, 324 U.S. 316 (1945).
Elder v. New York & Pennsylvania Motor Express Co., 284 N.Y. 350, 31 N.E.2d 188 (1940).
Elliot v. Mosgrove, 162 Ore. 540, 93 P.2d 1070 (1934).
Estelle v. Placock, 48 Mich. 469, 12 N.W. 659 (1882).
E. W. Bliss Co. v. Cold Metal Process Co., 1 F.R.D. 193 (1940).
First Commercial Bank v. Valentine, 209 N.Y. 145, 102 N.E. 544 (1913).
Friedenthal v. Williams, 271 F.Supp. 524 (1967).
Gallagher v. Harrison, 86 Ohio App. 73, 88 N.E.2d 589 (1949).
Garside v. Garside, 80 Cal.App.2d 318, 181 P.2d 665 (1947).
Georgia R. & Power Co. v. Endsley, 167 Ga. 439, 145 S.E. 851, 62 A.L.R. 256 (1928).
Giedrewicz v. Donovan, 277 Mass. 563, 179 N.E. 246 (1931).
Gillette v. Goodspeed, 69 Conn. 363, 37 A. 973 (1897).
Gilman v. Gilman, 115 Vt. 49, 51 A.2d 46 (1947).
Gleason v. Hardware Mutual Casualty Co., 324 Mass. 695, 88 N.E.2d 632 (1949).
Good Health Dairy Products Corp. v. Emery, 275 N.Y. 14, 9 N.E.2d 758, 112 A.L.R. 401 (1937).
Green v. Green, 228 S.C. 364, 90 S.E.2d 253 (1955).
Greif v. Dullea, 66 Cal.App.2d 986, 153 P.2d 581 (1944).
Guaranty Underwriters, Inc. v. Johnson, 133 F.2d 54 (1943).
Hansberry v. Lee, 311 U.S. 32, 61 S.Ct. 115, 85 L.Ed. 22 (1940).
Hare v. Winfree, 131 Wash. 138, 229 P. 16 (1924).
Harris v. Balk, 198 U.S. 215, 25 S.Ct. 625 (1905).
Harris v. Barnhardt, 97 Cal. 546, 32 P. 589 (1893).
Hennepin Paper Co. v. Fort Wayne Corrugated Paper Co., 153 F.2d 822 (1946).

Hess v. Pawlowski, 274 U.S. 352 (1927).
Hinchey v. Sellers, 7 N.Y.2d 287, 197 N.Y.S.2d 129, 165 N.E.2d 1956 (1959).
Hogan v. Bright, 214 Ark. 691, 218 S.W.2d 80 (1949).
Hudson Transit Corp. v. Antonucci, 137 N.J.L. 704, 61 A.2d 180, 4 A.L.R.2d 1374 (1948).
Hughes v. Dundee Mortgage & Trust Investment Co., 28 F. 40 (1886).
Hyman v. Regenstein, 258 F.2d 502 (1958).
International Shoe Co. v. State of Washington, 326 U.S. 310, 66 S.Ct. 154 (1945).
Israel v. Wood Dolson Co., 1 N.Y.2d 116, 151 N.Y.S.2d 1, 134 N.E.2d 97 (1956).
Jacobson v. Miller, 41 Mich. 90, 1 N.W. 1013 (1879).
Johnson Co. v. Wharton, 152 U.S. 252, 14 S.Ct. 608, 38 L.Ed. 429 (1894).
Jones v. Valisi, 111 Vt. 481, 18 A.2d 179 (1941).
Kertz v. National Paving & Construction Co., 214 Md. 479, 136 A.2d 229 (1957).
Kimmel v. Yankee Lines, 224 F.2d 644 (1955).
King v. Chase, 15 N.H. 9 (1944).
Knioum v. Slattery, 239 S.W.2d 865 (1951).
Knotts v. Clark Construction Co., 191 Ind. 354, 131 N.E. 921 (1921).
Last Chance Mining Co. v. Tyler Mining Co., 157 U.S. 683, 15 S.Ct. 733, 39 L.Ed. 859 (1895).
Lawlor v. National Screen Service Corp., 349 U.S. 322, 75 S.Ct. 865, 99 L.Ed. 1122 (1955).
Laz v. Southwestern Land Co., 97 Ariz. 69, 397 P.2d 52 (1964).
Leahy v. Leahy, 208 Ore. 659, 303 P.2d 952 (1956).
Leslie v. Molica, 236 Mich. 610, 211 N.W. 267 (1926).
Leslie v. Gibson, 80 Kan. 504, 103 P. 115 (1909).
Levitt v. Simco Sales Serv., Inc., — Del. —, 135 A.2d 910 (1957).
Lill v. Gleason, 92 Kan. 75, 142 P. 287 (1914).
Little v. Goose Motor Coach Co., 251 Ill.App. 282 (1929).
Locher v. Locher, 112 N.J.Eq. 25, 163 A. 251 (1932).
Louisville Gas Co. v. Kentucky Heating Co., 134 Ky. 435, 111 S.W. 374 (1909).
Lovejoy v. Ashworth, 94 N.H. 8, 45 A.2d 218 (1946).
Lyman v. Billy Rose Exposition Spectacles, Inc., 179 Misc. 512, 39 N.Y.2d 752 (1943).
McCormick Harvesting Mach. Co. v. Aultman-Miller Co., 169 U.S. 606, 42 L.Ed. 875 (1898).
McDaniel v. McDaniel, 75 Va. 402, 9 S.E.2d 360 (1940).
McDonald v. Mabee, 243 U.S. 90, 37 S.Ct. 343 (1917).
McElmoyle v. Cohen, 38 U.S. 312, 10 L.Ed. 177 (1939).
Mellen v. Hirsch, 171 F.2d 127 (1948).
Miller v. Texas & Pacific Ry., 132 U.S. 662 (1890).
Milliken v. Myer, 311 U.S. 457 (1940).
Missouri Pacific Ry. Co. v. Scammon, 41 Kan. 521, 21 P. 590 (1889).
M & P Stores, Inc. v. Taylor, 326 P.2d 804 (Okl. 1958).
Morris Inv. Co. v. Moore, 352 Ill.App. 653, 75 N.E.2d 782 (1947).

Mullane v. Central Hanover Bank & Trust Co., 339 U. S. 306, 70 S.Ct. 652 (1950).
Myrha v. Park, 193 Minn. 290, 258 N.W. 515 (1935).
Nevarov v. Caldwell, 161 Cal.App.2d 762, 327 P.2d 111 (1958).
Norwood v. McDonald, 142 Ohio St. 299, 52 N.E.2d 67 (1943).
O'Brien v. O'Brien, 362 Pa. 66, 66 A.2d 309 (1949).
Ordway v. White, 14 A.D.2d 498, 217 N.Y.S.2d 334 (1961).
Otte v. Pierce, 111 Colo. 386, 142 P.2d 280 (1943).
Paulos v. Janetakos, 46 N.M. 390, 129 P.2d 636 (1942).
Pennoyer v. Neff, 95 U.S. 714 (1877).
People v. Bank of San Luis Obispo, 159 Cal. 65, 112 P. 866 (1910).
Petty v. Clark, 113 Utah 205, 192 P.2d 589 (1948).
Picerne v. Redd, 72 R.I. 4, 47 A.2d 906, 166 A.L.R. 397 (1946).
Pope v. Shipp, 38 Ga.App. 483, 144 S.E. 345 (1928).
Postal Telephone Cable Co. v. Newport, 247 U.S. 464 (1918).
Presidio County v. Noel-Young Bond & Stock Co., 212 U.S. 58, 29 S.Ct. 237, 53 L.Ed. 402 (1909).
Price v. Atchison, Topeka & Santa Fe Ry. Co., 164 Cal.App.2d 400, 330 P.2d 933 (1958).
Rachel v. Hill, 485 F.2d 59 (1970).
Rediker v. Rediker, 35 Cal.2d 796, 221 P.2d 1 (1950).
Re Thomas' Estate, 74 Cal.App.2d 389, 168 P.2d 773 (1946).
Reynolds Irrigation District v. Sproat, 65 Idaho 617, 151 P.2d 773 (1944).
Sampson v. Sampson, 223 Mass. 451, 112 N.E. 84 (1916).
San Chez v. Superior Court of Los Angeles County, 153 Cal.App.2d 162, 314 P.2d 135 (1957).
Sayre v. Crews, 184 F.2d 723 (1950).
Sayre v. Davis, 111 Ohio App. 471, 170 N.E.2d 276 (1960).
Schriver v. Eckenrode, 87 Pa. 213 (1878).
Schumacker v. Industrial Accident Commission, 46 Cal.App.2d 95, 115 P.2d 571 (1941).
Sherrard v. Johnston, 193 Pa. 166, 44 A. 252 (1898).
Shippy v. Peninsula Rapid Transit Co., 97 Cal.App. 367, 275 P. 515 (1929).
Silberstein v. Begun, 232 N.Y. 319, 133 N.E. 904 (1922).
Simodejka v. Williams, 360 Pa. 332, 62 A.2d 17 (1948).
Smith v. Kirkpatrick, 305 N.Y. 66, 111 N.E.2d 209 (1953).
Smith v. Smith, 102 Ind.App. 431, 200 N.E. 90 (1936).
Southern Ry. v. King, 160 F. 332 (1908).
Stephens v. Coca-Cola Bottling Co., 232 S.W.2d 181 (1950).
Sutcliff Storage & Warehouse Co. v. United States, 162 F.2d 849 (1947).
Szostak v. Chevrolet Motor Co., 279 Mich. 603, 273 N.W. 284 (1937).
Tait v. Western Maryland Ry., 289 U. S. 620 (1933).
Tarr v. Tarr, 184 Va. 443, 35 S.E.2d 401 (1945).
Thayer v. Harbican, 70 Wash. 278, 126 P. 625 (1912).
The Evergreens v. Nunan, 141 F.2d 927 (1944), cert. den., 323 U.S. 720 (1944).

True-Hixon Lumber Co. v. Thorne, 171 Miss. 783, 158 So. 909 (1935).

Tudar v. Kennet, 87 Vt. 99, 88 A. 520 (1913).

United States v. American Bell Telephone Co., 128 U.S. 315, 32 L.Ed. 450, 9 S.Ct. 90 (1888).

United States v. First National City Bank, 379 U.S. 378, 85 S.Ct. 528 (1965).

United States v. Moser, 266 U.S. 236 (1926).

United States v. Munsingwear, Inc., 340 U.S. 36, 71 S.Ct. 104, 95 L.Ed. 36 (1950).

United States v. Ryan, 124 F.Supp. 1 (1954).

Universal Oil Products Co. v. Winkler-Koch Engeneering Co., 27 F.Supp. 161 1939).

Vasu v. Kohlers, Inc., 145 Ohio St. 321, 61 N.E.2d 707, 166 A.L.R. 855 (1945).

Vaughn's Administrator v. Louisville & Nashville R. R. Co., 287 Ky. 309, 179 S.W.2d 441 (1944).

Washington v. Superior Court, 289 U.S. 361 (1933).

Washington, Alexandria & Georgetown Steam Packet Co. v. Sickles, 65 U.S. 333, 16 L.Ed. 650 (1860); 72 U.S. 580, 18 L.Ed. 550 (1867).

Weede v. Bechtel, 239 Iowa 1298, 31 N.W.2d 853, cert. den. sub nom. Bechtel v. Thacher, 337 U.S. 918 (1949).

White v. Croker, 13 F.2d 321, cert. den., 273 U.S. 715 (1926).

White v. Higgins, 116 F.2d 312 (1940).

Wiles v. Young, 167 Tenn. 224, 68 S.W.2d 114 (1934).

Williams v. North Carolina, 317 U.S. 287 (1942).

Wills v. De Wees, 141 W.Va. 782, 93 S.E.2d 484 (1958).

Wolf v. Kenyon, 242 App.Div. 116, 273 N.Y.S. 170 (1934).

Wright v. Chandler, 264 F.2d 249 (1959).

Printed by Libri Plureos GmbH
in Hamburg, Germany